上合组织国家农业技术交流、培训与示范需求分析报告

主 编：聂凤英 赵新力　副主编：刘洪霞

АНАЛИТИЧЕСКИЙ ОТЧЁТ О ПОТРЕБНОСТЯХ СТРАН ШОС В ОБМЕНАХ, ОБУЧЕНИИ И ДЕМОНСТРАЦИИ СЕЛЬСКОХОЗЯЙСТВЕННЫХ ТЕХНОЛОГИЙ

Главные редакторы: Не Фэнъин, Чжао Синьли
Заместитель главного редактора: Лю Хунся

Demand Analysis on Agri-tech Exchange, Training and Demonstration of SCO

Editors–in–Chief: Nie Fengying, Zhao Xinli
Deputy Editor–in–Chief: Liu Hongxia

（2019）

SPM 南方出版传媒 广东人民出版社

·广州·

西北农林科技大学出版社
Northwest A&F University Press

·杨凌·

图书在版编目（CIP）数据

上合组织国家农业技术交流、培训与示范需求分析报告.2019: 汉、英、俄 / 聂凤英，赵新力主编. — 广州：广东人民出版社；杨凌：西北农林科技大学出版社，2021.8

ISBN 978-7-218-15187-8

Ⅰ.①上…　Ⅱ.①聂…　②赵…　Ⅲ.①上海合作组织—农业经济—国际合作—研究报告—2019—汉、英、俄　Ⅳ.①F31-20

中国版本图书馆 CIP 数据核字（2021）第 160807 号

SHANG-HEZUZHI GUOJIA NONGYE JISHU JIAOLIU PEIXUN YU SHIFAN XUQIU FENXI BAOGAO.2019

上合组织国家农业技术交流、培训与示范需求分析报告.2019

聂凤英　赵新力　主编

版权所有　翻印必究

出 版 人：肖风华

责任编辑：陈志强　王庆芳　范先鋆　麦永全
特约编辑：周雨晴
责任技编：吴彦斌　周星奎

出版发行：广东人民出版社
地　　址：广州市海珠区新港西路 204 号 2 号楼（邮政编码：510300）
电　　话：（020）85716809（总编室）
传　　真：（020）85716872
网　　址：http://www.gdpph.com
印　　刷：广东鹏腾宇文化创新有限公司
开　　本：787 毫米 × 1092 毫米　1/16
印　　张：23.25　字　　数：372 千
版　　次：2021 年 8 月第 1 版
印　　次：2021 年 8 月第 1 次印刷
定　　价：128.00 元

如发现印装质量问题，影响阅读，请与出版社（020-85716849）联系调换。
售书热线：（020）85716826

编委会

主要编撰者简介

聂凤英，女，经济学博士，二级研究员，博士生导师，国务院政府特殊津贴专家。现任中国农业科学院海外农业研究中心副主任、中国农业科学院农业信息研究所副所长、海外农业研究创新团队首席专家，兼任国务院扶贫开发领导小组专家咨询委员会委员、中国农业现代化协会秘书长、联合国粮食系统峰会顾问委员会委员等。

长期从事粮食安全与减贫、海外农业战略研究工作。主持了 100 多个研究项目，包括国家社科基金重大项目、国家自然科学基金国际合作重点项目和面上项目；农业部、科技部、国务院扶贫办、国开行和农发行等部委和行业项目；以及 FAO、WFP、IFAD，UNDP 和 ADB 等国际组织项目。建立了 130 个村 1560 农户的四轮重访贫困地区粮食安全与减贫综合数据库，构建了海外农业研究智库体系和发布体系，组织召开了海外农业大会等系列国际会议。公开发表论文 140 余篇，出版了《"一带一路"国家农业发展与合作》《中拉农业合作研究》《中欧农业合作研究》《海外农产品市场研究》《粮食安全与食品安全研究》《中国食物安全状况研究》《中国贫困县农户食物安全及脆弱性研究》等著作。

出访 40 多个国家，参与 G20、APEC、上合组织、东盟等国际合作活动。获得多项奖励，研究团队 2019 年被评为"全国巾帼标兵文明岗"。

赵新力，男，1961年生，辽宁沈阳人，航空宇航工学博士，系统工程博士后，国家科技部二级专技，清华大学中国科技政策研究中心资深顾问研究员，哈尔滨工业大学管理学院兼职教授，国际欧亚科学院院士，博士生导师。国务院政府特殊津贴专家。曾任国家专利协调小组成员、中国信息协会常务理事、中国地方科技史学会副理事长等。主持完成"863"计划、自科基金、社科基金、攻关、标准化等国家级课题数十项，参加国家级或主持省部级课题数十项，获得省部级奖励多项。发表中英文论文200多篇、著作30多部。曾在北京航空航天大学、沈阳飞机工业集团、美国洛克希德飞机公司、清华大学、原国家科委、澳门中联办、中国科技信息研究所、中共中央党校、中国科技交流中心、中国常驻联合国代表团等学习或工作。中国农业科学院海外农业研究中心专家委员会委员。粤港澳大湾区丝路科技创新研究智库主任。上合现代农业发展研究院专家咨询委员会委员。

▌前言

　　为积极落实中国国家主席习近平在上合组织比什凯克峰会上提出的关于在陕西省设立上海合作组织农业技术交流培训示范基地的倡议，更好地服务上合组织国家现代农业领域的交流合作，立足中国经济实力、农业发展经验与农业科技优势，依托上合组织农业技术交流培训示范基地建设，结合上合组织国家农业技术发展水平及未来农业发展目标，对上合组织国家开展农业技术交流、培训与示范将具有重要的战略意义。

　　本报告通过四部分内容对上合组织国家农业技术交流、培训与示范需求进行深度分析。第一部分对开展上合组织国家农业技术交流、培训与示范的必要性进行分析；第二部分从基本概况、农业生产、农业科技、农产品贸易和农业政策这五个方面阐述各成员国农业与科技发展概况。第三部分作为本报告重点内容，以第二部分为分析基础，结合近三年中国农业科学院农业信息研究所聂凤英研究团队"一带一路"沿线国家农业发展与合作研究成果，从四个方面对上合国家农业科技交流、培训与示范的需求内容进行深度分析，包括对区域发展共同面临问题分析、对各成员国农业发展面临问题分析、对农业科技交流、培训与示范对象和内容的深度剖析，以及对培训方案多角度设计等。最后一部分从组织层面和资金层面阐述促进上合组织国家农业技术交流、培训与示范的保障措施。

序

2001 年 6 月 15 日，上海合作组织（以下简称上合组织）正式成立。今年恰逢上合组织成立 20 周年。20 年来，上合组织秉承"互信、互利、平等、协商、尊重多样文明、谋求共同发展"的"上海精神"，已成为全球最大的地区性国际组织之一。其年经济总量已经接近 20 万亿美元，比成立之初增加了 13 倍多，对外贸易总额达到 6.6 万亿美元，比 20 年前增加了 100 倍，地域超过欧亚总面积的 60%，人口超过 30 亿。据国际货币基金组织专家预测，2025 年经济总量占比将上升至 38%—40%。

农业是上合作组织各成员国的重要经济支柱。农业发展直接关系到各国粮食和食品安全、全民生命健康、农民生活水平、经济发展，甚至国家的稳定。但是，上合组织成员国提高粮食安全所面临的问题依然严峻，如上合地区大都处在气候风险较高的区域，受温室效应影响大；各成员国因人口增加而对食品的需求日益增多；上合成员国农业基础设施、技术、信息等需要现代化。

2019 年 6 月 14 日，中国国家主席习近平先生在比什凯克出席上海合作组织成员国元首理事会第十九次会议提出建设上海合作组织农业技术交流培训示范基地，加强同地区国家现代农业领域合作。作为世界上人口最多的国家，中国政府一直非常重视农业发展，几十年来每年都会针对农业发展出台指导性文件。作为上合组织的创始国，为了提高上合组织成员国粮食安全和促进农业领域合作，提出建设"上海合作组织农业技术交流培训示范基地"体现了中国的担当和贡献。2020 年 10 月 22 日，上合组织成员国同意在中国陕西省杨凌国家农业高新技术产业示范区设立了上合组织农业技术交流培训示范基地。我有幸出席了基地的揭牌仪式。

在基地揭牌的几天之后，我的中国朋友们就在杨凌农高会期间，在上合现代农业发展研究院举办了基地的第一场智库发布会。会上用中俄英三种文字发布了《上海合作组织农业科技创新能力发展报告（2009—2018）》和《上合组织国家农业技术交流、培训与示范需求分析报告（2019）》两份智库报告。这是陕西省杨凌农业高新技术产业示范区管委会为了进一步促进上合组织各成员国之间在农业技术交流、培训与示范方面的务实合作，资助国际欧亚科学院中国科学中心联合东北农业大学现代农业发展研究中心、中国农业科学院海外农业研究中心、中国农业科学院农业信息研究所、西北农林科技大学等单位的专家学者共同努力完成的。两本报告系统地阐述了上合组织国家农业科技创新能力、培训与示范需求，并针对不同群体，提出了不同的培训示范方案。

2021 年 5 月我出席在清华大学举办的一场国际论坛时，遇到了我的好朋友、论坛主讲嘉宾、这两本智库报告的主编、中国常驻联合国代表团原科技参赞赵新力院士。他向我介绍了两本报告发布会上上海合作组织成员国的同行专家学者对报告的评价，并提出两本报告即将正式出版，请我写序。我欣然应允。

我相信，这两份报告的正式出版，即是作者们献给上合组织 20 周年的珍贵智库礼物，更会对提高各成员国农业科技创新发展能力，搭建农业科技交流合作平台，寻求最佳农业科技发展解决方案，实现农业技术资源共享、优势互补，进而促进各成员国农业科技协调发展。

祝"上海合作组织农业技术交流培训示范基地"取得更多更大的成就。

上合组织秘书长

2021 年 7 月 北京

上合现代农业发展研究院智库报告发布会致辞

西北农林科技大学校长吴普特先生的致辞

尊敬的各位领导，各位专家，现场在座及线上平台的各位嘉宾，媒体朋友们：

大家好！

首先，请允许我代表上合现代农业发展研究院对前来参加发布会的各位领导、专家和来宾表示热烈的欢迎！

在第二十七届杨凌农高会召开之际，我们隆重举办《上合组织国家农业技术交流、培训与示范需求分析报告（2019）》与《上海合作组织农业科技创新能力发展报告（2009—2018）》发布会，两个报告的面世，是我们贯彻落实习近平总书记"在陕西省设立上海合作组织农业技术交流培训示范基地"讲话精神的重要举措，是上合现代农业发展研究院自 2020 年 7 月 6 日成立以来，取得的阶段性成果。

2020 年 3 月，陕西省人民政府发布《陕西省上海合作组织农业技术交流培训基地建设实施方案》，明确了 14 项重点工作，其中 10 项工作由西北农林科技大学和杨凌示范区负责完成。

上合现代农业发展研究院旨在围绕上合组织各成员国农业发展需求以及上合组织农业基地建设需要，重点开展现代农业发展战略研究、技术集成示范模式与标准化研究，以及人才培训体系与成效评价等工作。当前报告以及后续系列报告的组织编写，已成为研究院开展上合组织国际农业问题研究的重要任务，在此也诚挚地邀请上合组织国家的广大专家加入研究院智库建设，群策群力，为上合组织农业发展提供更丰富成果。

两个报告的编写过程和主要内容，在后续环节将由主编详细介绍，在此，我谨代表上合现代农业发展研究院对从事"报告"研究和编写的专家团队致以崇高的敬意和诚挚的感谢！也衷心地希望各位领导、专家和嘉宾能够一如既往地支持研究院的各项工作！

2021 年是上海合作组织成立二十周年，我们愿同国际社会一道努力，朝着构建新型国际关系、构建人类命运共同体的目标不断迈进！

借此机会，再次向各位领导、来宾长期以来对西北农林科技大学的发展给予的支持和帮助致以衷心的感谢！

谢谢大家！

2020 年 10 月 25 日

上合现代农业发展研究院智库报告发布会致辞

杨凌示范区党工委委员、管委会副主任程津庆先生的致辞

吴校长、赵院士、罗校长，各位专家、各位嘉宾：

大家下午好！值此第二十七届农高会召开之际，我们在这里隆重举行上合现代农业发展研究院智库报告发布会，这是我们贯彻落实习近平总书记关于建设上合农业基地倡议的杨凌担当，也是我们打造农业开放发展新高地的重要举措。在此，我谨代表杨凌示范区党工委、管委会，对本次发布会的成功举办表示热烈祝贺！对各位领导、专家、嘉宾莅临农高盛会表示诚挚欢迎！向长期以来关心支持上合农业基地建设发展的各界人士表示衷心感谢！

2019 年 6 月，习近平总书记在上合组织国家元首理事会第十九次会议上提出建设上海合作组织农业技术交流培训示范基地，加强同地区国家现代农业领域合作的重要倡议。这是总书记从构建人类命运共同体的高度，着眼加强中国与上海合作组织国家现代农业合作交流做出的重大战略部署。作为全国第一个农业高新区、唯一的农业自贸试验片区，贯彻落实总书记倡议、积极履行农业对外开放，是杨凌义不容辞的国家使命。

为贯彻落实好习近平总书记关于上合农业基地建设的倡议，我们提出了上合组织现代农业国际合作实训基地实施方案，明确了"一基地多园区、一中心多平台、一院多所"的运行体系。2020 年 7 月，上合现代农业发展研究院正式揭牌，重点开展现代农业产业发展研究、技术集成示范模式与标准研究、技术人才培训体系与成果评价研究等。今天，由西北农林科技大学、杨凌示范区管委会、中国农业科学院海外农业研究中心、中国农业科学院农业信息研究所、国际欧亚科学院中国科学中心、东北农业大学现代农业发展研究中心共同组织有关专家研究编写的《上海合作

组织农业科技创新能力发展报告（2009—2018）》和《上合组织国家农业技术交流、培训与示范需求分析报告（2019）》成功发布，这是上合现代农业发展研究院成立以来取得的重要阶段性成果，对上合组织国家农业科技交流合作具有重要意义。

报告全面深入地阐述了上合组织国家农业科技创新能力、培训与示范需求，为国家农业科技创新宏观调控与管理提供了重要依据，对深化上合组织国家科技创新和农业发展，实现农业技术资源共享、优势互补具有重要意义，也必将充分彰显杨凌乃至陕西在全球农业技术领域的国际影响力。在此，我代表示范区党工委、管委会，对从事报告研究和编写的专家团队致以崇高的敬意和诚挚的感谢！

各位领导，各位专家，同志们！进取的脚步不能停歇，奋进的姿态要一往无前。我们将在省委、省政府的坚强领导下，在社会各界的大力支持下，高标准推动上合组织农业技术交流培训示范基地建设，以新模式、新平台、新理念，进一步强化上合农业基地"交流、培训、示范"功能，为上合组织国家现代农业发展贡献更多"杨凌智慧"和"杨凌力量"。

谢谢大家！

2020 年 10 月 25 日

上合现代农业发展研究院智库报告发布会致辞

国际欧亚科学院院士、中国科学中心主席团原常委兼秘书长赵新力先生的致辞

尊敬的西北农林科技大学副校长、上合现代农业发展研究院常务副院长罗军先生，

尊敬的杨凌示范区党工委委员、管委会副主任程津庆先生，

尊敬的来自上合组织的线上线下各位嘉宾，

女生们、先生们，

大家下午好！

今天是中国的传统节日"重阳节"。重阳节始于上古，是华夏子孙举行丰收祭天、祭祖的吉庆节日。

杨凌是中国农业发祥地之一。据中国《史记·周本记》记载，4000多年前，中国历史上最早的农官——后稷在此"教民稼穑，树艺五谷"。

3天前，第二十七届中国杨凌农高会开幕。开幕式上，中国陕西省省委书记刘国中、上合组织秘书长诺罗夫、中国农业农村部副部长张桃林、中国科技部副部长徐南平、陕西省省长赵一德、陕西省政协主席韩勇为"上海合作组织农业技术交流培训示范基地"揭牌。

此时此地，我们举办"上合组织农业技术交流培训示范基地智库报告发布会"，既有谢天地、祖先恩德之意，更有借"第二十七届中国杨凌农高会"和"上海合作组织农业技术交流培训示范基地"成立之东风、借杨凌和西北农林科技大学这块人杰地灵之地，为上海合作组织农业技术交流贡献中国专家智慧和寻求在"上海合作组织农业技术交流培训示范基地"支持下联合国内外专家学者开展相关智库研究之想。

在杨凌农业高新技术产业示范区管委会的支持下，国际欧亚科学院中国科学中心联合东北农业大学现代农业发展研究中心、中国农业科学院海外农业研究中心、中国农业科学院农业信息研究所、西北农林科技大学等单位的专家学者历时一年多，形成了《上海合作组织农业科技创新能力发展报告（2009—2018)》和《上合组织国家农业技术交流、培训与示范需求分析报告（2019)》两份智库报告。西北农林科技大学上合现代农业发展研究院资助翻译和印刷了这两份报告。今天，我们在这里进行两份报告的中、英、俄文三种语言发布。作为两份报告编委会的常务副主任和主编之一，希望能够为"上海合作组织农业技术交流培训示范基地"开门大吉做出贡献。

国际欧亚科学院总部设在莫斯科，现任院长是俄罗斯国家科学院副院长邦杜 [Valery Bondur, President of the International Eurasian Academy of Sciences (IEAS), Vice-President of Russian Academy of Sciences (RAS)] 教授，分别在欧洲（法国）、欧亚（俄罗斯）和亚太地区（中国）建立区域中心，并在 15 个国家建立了科学中心。国际欧亚科学院中国科学中心是人数与俄罗斯科学中心相当的中心，也是最活跃的中心，其当选的二百余位院士在国际学术界中享有崇高的地位。中国科学中心定位为：重视科学技术与经济的融合，重视科学与技术的交叉优势，重视人类与自然、与社会的和谐发展，重视社会发展重大问题的战略研究，重视国际尤其是欧亚大陆资源的创新融合。

未来，我们准备在上海合作组织合作的框架下，特别是依托"上海合作组织农业技术交流培训示范基地"，联合国内外有关机构和专家学者，开展议题更加深入、领域更加宽泛、建议更有成效的智库研究并形成报告发布。为此，建议下一批的智库报告，以来自上海合作组织成员国、观察员国、对话伙伴国的农业方面智库机构和专家学者为主，联合更多的关注上海合作组织发展的智库和专家学者，共商报告主题和框架、共写相应的篇章、共享智库研究成果。请大家在本次会议的研讨环节以及会后多提相关的意见建议。

预祝本次发布会圆满成功！

再一次感谢杨凌农业高新技术产业示范区管委会和西北农林科技大学的支持！

祝各位参会者阖家幸福安康！

谢谢！

2020 年 10 月 25 日

目 录

第一章
上合组织国家农业技术交流培训与示范的必要性

2001 年 6 月 15 日，中国、俄罗斯、哈萨克斯坦、乌兹别克斯坦、吉尔吉斯斯坦、塔吉克斯坦六国元首在上海签署了《上海合作组织成立宣言》，标志着"上海合作组织"正式成立，构建起了横跨欧亚大陆的新型区域经济合作组织。2017 年 6 月 8 日，上合组织"阿斯塔纳峰会"接纳印度与巴基斯坦为正式成员，首次实现阵容增扩，上合组织吸引力增强，"朋友圈"扩大，已成为当今世界人口规模最大、国土面积最宽广的综合性区域经合组织，树立了地区合作新典范。此外，在上合组织的"朋友圈"中，除了上述 8 个成员国外，还有 4 个观察员国（阿富汗、白俄罗斯、伊朗和蒙古）和 6 个对话伙伴国（阿塞拜疆、亚美尼亚、柬埔寨、尼泊尔、土耳其和斯里兰卡）。

上合组织国家迫切需要发展现代农业。目前，上合组织国家都面临着提高粮食安全保障水平、调整农业生产结构、发展农业技术、稳定农产品价格、增加农业投入等重任，都需要在适应民众饮食需求、满足工业原材料供应、增加农产品出口收入、保障粮食供应安全四大目标之间做出综合权衡。除俄罗斯和中国外，上合组织其他各成员国农业生产技术相对落后，劳动生产率和农业机械化水平低，肥料及药物等物资供应短缺，农业种植和畜牧产品加工等劳动、技术密集型农业产业落后，单产水平和农业机械化水平普遍低于中国。他们的综合国力有限、农业根基薄弱、现代化水平低成为深化农产品贸易合作的"瓶颈"。上合组织大多数成员国在世界农产品市场的影响力和竞争力孱弱。吉尔吉斯斯坦、塔吉克斯坦尚为最不发达国家，经济总量、农作物产量、消费规模与层次低下。部分成员国农业经济在国民经济中地位突出，保护壁垒高；经济层次低下，农业开放度低，贸易投资管制多；农产品良莠不齐，质检标准差异大，缺乏统一标准；在海关、检验检疫部门合作机制尚未健全，协调性弱，协议落实困难，缺乏配套措施，合作不顺畅。

"青岛峰会"引领上合组织农业合作步入新阶段。2018 年 6 月 10 日，国家主席习近平在上合组织"青岛峰会"上倡议继续弘扬"上海精神"（互信、互利、平等、协商、尊重多样文明、谋求共同发展），共筑"上海合作组织命运共同体"，签署《上合组织成员国粮食安全合作纲要》，联合发表《青岛宣言》，指出继续深化农业领域全方位合作，推进在跨境动物疫病防控、农产品准入政策和质量安全、卫生检疫、产品认证等方面深度合作，以保障粮食安全，构建农业信息平台，农业领域逐渐成为上合组织经贸合作发展的新亮点、新方向，同时也是经济合作的一大亮点。"一带一路"倡议的提出，更是为上合国家间加强农产品贸易和农业经济技术交流提供了新的契机。

中国首次与上合组织在农业领域设立全面系统的合作平台。2019 年 6 月 14 日，国家主席习近平在比什凯克出席上海合作组织成员国元首理事会第十九次会议上，发表题为《凝心聚力 务实笃行 共创上海合作组织美好明天》的重要讲话，其中包括：中方愿在陕西省设立上海合作组织农业技术交流培训示范基地，加强同地区国家现代农业领域合作。目前，交流培训示范基地选在陕西省杨凌农业高新技术产业示范区。杨凌作为中国首个国家级农业高新区，全国唯一以农业为主题的自贸区，在推动现代农业创新发展和发展国际产业合作等方面，具有得天独厚的优势。相信未来在与上合组织国家之间探讨农业科技交流与合作、保障区域粮食安全、加强重大动植物疫病防控、创新合作方式、鼓励和支持农业科研机构与企业建立直接合作关系等方面将会取得更多成果，为世界农业发展贡献更多"杨凌方案"。

立足中国经济实力、农业发展经验与农业科技优势，结合上合组织国家农业科技发展水平及未来农业发展目标，促进各成员国现代农业共同发展，具有重要战略意义。为了积极响应习近平总书记提出的"推动建设人类命运共同体"这一时代主题，服务于上合组织国家现代农业交流合作，深化农业内全产业链合作，促进各成员国农业现代化建设，推动其农业转型升级和提质增效，那么，立足中国经济实力与经验，对上合组织各成员国开展农业技术交流、培训与示范将具有非常重要的战略意义。中国在作物品种选育、土壤改良、节水灌溉、作物栽培、小型农机具、肉牛肉羊育肥等现代化畜禽养殖技术及农副产品深加工等方面积累了丰富适用的生产经验与技术，鉴于中国农业技术优势及上合组织国家农业发展目标，通过加大农业领域投资与技术支持，开展农业技术交流、培训与示范，推动中国与上合国家农业合作交流搭建平台，进而促进各成员国协同发展，打造区域农业合作新典范。

第二章
上合组织国家农业与科技发展概况

（一）巴基斯坦

1. 基本概况

巴基斯坦位于南亚次大陆西北部，占据南亚、中东和中亚十字路口位置，具有十分重要的地缘政治区位。作为典型的农业国家，农业在其经济体系中占据重要地位，对 GDP 的贡献率超过了工业，仅次于服务业。农业从业人口占就业劳动力的比重为 43%，超过 62% 的人口生活在农村，直接或间接地以农业为生。

农业以种植业和家庭畜牧业为主，粮食作物以小麦、水稻为主，经济作物以棉花和甘蔗为主。畜牧业基础较好，人均占有大牲畜比例在亚洲国家中名列前茅，畜牧业在农业产值中占比 38%，对 GDP 的贡献约为 10%，并且畜牧业是重要的外汇收入部门，每年出口创汇约占总外汇收入的 16% 左右。

2. 农业生产

(1) 种植业

种植业在巴基斯坦农业体系中占有重要地位。由于国家人口数量众多，粮食安全是巴基斯坦面临的重要问题之一。小麦、水稻、玉米这三种作物产量占据粮食总产量的 75% 以上。粮食作物中，小麦产量最大，对 GDP 的贡献约为 1.9%，大米对 GDP 的贡献为 0.6%。巴基斯坦是全球第四大产棉国和第三大棉花消费国。棉花对 GDP 的贡献为 1%，是重要的出口创汇资源。

巴基斯坦是一个缺水干旱的国家，生产和生活用水很大程度上依赖于每年的冰川融化和季风降水，大约 92% 的土地位于干旱或半干旱地区，农业生产活动高度依赖灌溉。巴基斯坦小麦、水稻、玉米、甘蔗和棉花单产低于世界平均水平，更低于中国。2018 年，巴基斯坦小麦、水稻、玉米、甘蔗和棉花的单产分别为 2.85 吨／公顷、3.84 吨／公顷、4.79 吨／公顷、60.96 吨／公顷和 2.03 吨／公顷；世界平均单产水平分别为 3.43 吨／公顷、4.68 吨／公顷、5.92 吨／公顷、72.59 吨／公顷和 2.19 吨／公顷；中国单产水平为 5.42 吨／公顷、7.03 吨／公顷、6.10 吨／公顷、76.83 吨／公顷和 5.28 吨／公顷。在巴基斯坦，影响其作物单产的主要因素是水资源缺乏，其次为种子质量不佳、管理方式粗放、灌溉技术和病虫害防治技术落后等。

（2）畜牧业

畜牧业在巴基斯坦经济中占重要地位，对农业总产值的贡献超过种植业。畜牧业是许多农民的主要生计来源，甚至在一些偏远地区，牲畜和家禽养殖成为唯一的家庭收入来源，因此畜牧业在巴基斯坦农业扶贫中也发挥重要作用。主要的牲畜种类有奶牛、水牛、绵羊、山羊、骆驼以及骡马等。

在畜牧业中，动物奶（牛奶、羊奶、骆驼奶等）是最为重要的农产品，巴基斯坦是排在中国、印度和美国之后的第四大产奶国，每年通过乳制品出口获得超过 300 亿美元的收入。水牛奶的产量占其国内总产奶量的 2/3 以上，此外还有产量比较可观的山羊奶和骆驼奶。水牛奶综合营养价值是黑白花牛奶的 1.8 倍左右，优于普通牛奶，作为一类高级营养食品，水牛奶制品在牛奶消费市场中日益受到消费者的青睐，水牛奶制品的价格远高于普通牛奶制品。骆驼奶被认为是一种功能强大的补品，并且具有一定的药用价值，国际市场上骆驼奶的需求远远大于供给。尽管巴基斯坦是世界上第四大产奶国，但是国内奶产品的出口量远低于同等产量的其他国家。巴基斯坦牛奶商品化率低及出口较少的主要原因包括：缺乏现代畜牧业发展所需要的配套产业设施和物流基础设施，缺乏牛奶采集、运输和配送冷链等方面的合适规划，缺乏增值方式和相关加工设备等。巴基斯坦每天有数以百万升的牛奶被浪费掉。

巴基斯坦为南亚地区主要的禽肉生产国和进口国。多年来，中国一直是巴基斯坦禽肉的主要供应国。周边许多伊斯兰国家，如阿联酋、卡塔尔、阿曼、巴林和沙特阿拉伯，它们对清真家禽进口依存度较高，因而未来巴基斯坦家禽及其产品的加工与出口潜力巨大。目前，巴基斯坦家禽业也面临诸多问题，如高投入、养殖成本高、缺乏检验检疫设施等，同时还面临中国和印度的竞争。此外，在疫苗、药物、饲料添加剂及一体化的订单农业等方面非常匮乏。

3. 农业科技

农业整体实力较弱，农业科技投入低，农业劳动力科技文化素质低，又面临恶劣资源环境的影响，农业发展挑战较大。巴基斯坦科技研发支出占 GDP 比重仅为 0.25%（2015 年），中国科技研发支出占 GDP 比重为 2.15%（2018 年）。巴基斯坦农业科技人员去向主要是政府部门，约占 85.5%，从事基础研究和应用研究的科研人员比例很低，根本不利于农业科技发展。农业机械化水平在整个南亚地区中最低。据巴政府估计，全国 660 万公顷耕地中使用拖拉机耕作的比重不足 10%。

（1）种植业技术

通过对巴基斯坦种植业生产状况分析，可以发现导致巴基斯坦农作物单产较低的原因有：农业生产方式粗放，机械化水平较低，手工或者较低的机械化手段较为普遍，效益比较低；种子质量较差，缺乏优质良种。棉花、水稻、玉米、小麦等种子的认证率均不到 50%，不能满足粮食生产要求；以及施用化肥数量不够等。据估计，如能达到足够的施肥量，农作物还有 20% 的增产潜力。

（2）养殖业技术

巴基斯坦是世界上第四大奶业生产国，但牛奶并未被有效利用。由于奶牛产业缺乏发展动力、组织性及完善的基础设施，奶牛每头年产 1000 千克，仅为世界平均水平的一半，提升潜力大。另外，奶牛所产 97% 的奶都是经过非正式或者非官方渠道进行销售，仅有 3% 的奶是经过官方渠道进行销售，牛奶消费源头和流向不清晰，交易市场管理不规范。畜牧业饲料营养不足，管理技术水平较低，导致养殖效益较低。通过对肉牛和奶牛产业发展潜力的科学分析与研究发现，如果有充足的饲料，并保证充足的营养供应，通过精细化管理，可以进一步提升养殖业的发展空间，发挥养殖业最大的生产潜力。另外，可通过发展农业废弃物回收系统，利用农作物秸秆和畜禽粪便进行还田，来改善生态环境，减少资源浪费，有效提高农民就业，拉动经济发展。

（3）节水灌溉技术

巴基斯坦是一个严重缺水的国家，人均可用地表水资源由 1951 年的 5260 立方米下降至 2016 年的 1000 立方米。随着人口的继续快速增加，水资源紧张局面将继续加剧，预计到 2025 年人均可用地表水资源将下降至 860 立方米，水资源缺乏对农业生产带来巨大压力，节水农业成为巴基斯坦农业发展的有效解决途径。印度河流域是巴基斯坦农业的主体经营区域，高度依赖基于河水和地下水的灌溉系统，传统灌溉系统在技术和节水等层面都存在缺陷，需要升级改造，同时利用一些最新的节水灌溉技术，如直接滴灌、微灌、低能耗精密喷头、废水回收和处理来提高水资源利用效率，缓解目前水资源紧张的局面，成为巴基斯坦农业迈向现代化亟须解决的问题，否则巴基斯坦农业生产赖以生存的土地和水资源难以持续服务于农业生产系统，甚至还会引起严重的生态问题，进而对整个经济运行造成系统性风险。

（4）农业机械化水平

农业机械化进程仍处于初期阶段，85% 的耕地仍以人畜力作业为主，数以百万计的小农户在土地上劳作，而播种、施肥和收获等作业环节基本还都是依靠人工或非常简陋的非动力设备。国内农机工业基础薄弱，农业机械供应不足，农业机械化水平亟待提高。当地属热带气候，高温干旱，降水较少，年降水量少于 250 毫米的地区占全国总面积的 3/4 以上，对自动化灌溉机械的需求非常强烈。农业机械化水平低下的原因繁多，但有一个关键的原因是被多数农业专家认可的，那就是对农业的投资不足，而其中最为欠缺的就是对农业机械方面的投资。

（5）农产品储存加工技术

发达国家都非常重视农产品的加工及深度利用，把农产品产后的储存、保鲜、加工放在农业的首位。巴基斯坦出口的农产品以初级产品为主；农产品粗加工多，精加工少；初级产品多，深加工产品少；低档产品多，高档产品少；粮食储藏和果蔬产后损耗率高。归其原因在于巴基斯坦加工技术较为落后、加工体系不够完整、加工企业规模偏小、加工标准不够健全以及综合利用不足等，进而严重影响农产品对外出口。如 2015 年，巴基斯坦芒果丰收后，由于缺乏蒸汽高温消毒工厂，芒果不能满足病虫害防治等检验检疫要求，未能打入日本等高附加值市场，出口量为 5 年来最低。巴基斯坦素有"东方水果篮"之称，在北部高原地区和其他部分地区生产较多优质瓜果、蔬菜等农产品，但由于缺乏相应的冷链物流运输设备设施和农产品加工基础设施，约 50% 的农产品在收获和运输过程中腐坏、变质，导致大量农产品浪费，降低了农产品附加值。

4. 农产品贸易

巴基斯坦国家外贸外汇收入的 42% 通过农产品出口实现。农业收成的好坏，对该国整体经济的增长速度和对外贸易起决定性作用。

农产品进口来源地保持基本稳定，主要来自印度尼西亚、马来西亚（以动物油脂、棕榈油为主）、印度（以棉花、食糖、茶叶为主）、加拿大（以油菜籽为主）、美国（以棉花为主）、肯尼亚（以茶叶为主）、中国（以蔬菜及其制品为主）、澳大利亚、巴西和泰国等。

农产品主要出口至邻国、中东和欧洲。近年来政府和企业积极开拓非洲、东南亚等新兴市场。棉花主要出口至中国，其次是孟加拉、土耳其和意大利。谷类出口至肯尼亚、阿联酋和阿富汗。咖啡和茶叶出口至沙特阿拉伯、美国、阿联酋、英国等目的地。鱼和鱼制品出口至越南、泰国、中国等目的地。

近年来，巴基斯坦农产品在出口数量和质量都存在较大问题，亟须扩大农产品出口，解决巴基斯坦经济困境。当前，巴基斯坦存在的出口问题主要有以下几点。

第一，各政府部门缺乏合作。一些政府经济部门，如计划部门、工业部门、纺织品部门、科技部门、食品安全部门"各自为战"、缺少协同，给贸易出口带来不利影响。

第二，对产品质量不够重视。在科技部下面，有三个国家层面的机构负责产品质量标准认证，但在现实中话语权不足、缺少足够影响力。一些机构闭门造车，研究自己的产品认证标准，检测设施和实验室，无法与国际接轨，这也是很多国家要求巴基斯坦出口商品必须符合国际标准，而非当地标准的原因。有的出口企业认为提高质量是一项"成本"，而非"投资"，厌恶烦琐的合规程序和检测费用。

第三，巴基斯坦的出口优势集中在农业领域，但农业出口潜力尚未充分挖掘。政府政策往往偏斜于主要经济作物，对提升果蔬、渔业等行业小企业的能力和效率重视不足。即使在主要经济作物方面，一些有巨大出口潜力的产品也未能受到足够重视。大米是除纺织品外出口最多的产品，但附加值较高的印度香米的产量过去十年持续下滑，其他如小麦、糖的出口也愈加依赖补贴。

5. 农业政策

巴基斯坦历来比较重视农业发展，积极采取有效措施提高农业发展水平，包括加强农业科研、大力兴修水利，完善农田灌溉网、逐步实行农业机械化、坚持为农业提供大量信贷和补贴、实行农产品优惠收购价格政策，刺激农民生产积极性等。此外，还努力开发土地潜力、提高单位产量、发展多种经营等。经过几十年的发展，巴基斯坦的农业取得了长足进步。在20世纪80年代初期实现了粮食自给自足，并逐步开始出口粮食。

在《巴基斯坦国家 2030 年展望》中指出，要将本国农业发展为高效率的、有竞争力的、可持续发展的农业，保障国家粮食安全，并对经济发展做出应有的贡献。总体目标是实现农村地区的可持续发展和包容性经济增长。

（二）印度

1. 基本概况

印度为南亚次大陆最大的国家，位于亚洲南部，是一个以农业为主的发展中国家。2016 年，总人口为 13.24 亿，世界排名第二，80% 的人口以农业为生。耕地面积排世界第二位，达到了 1.7 亿公顷，人均耕地面积（1.86 亩）大于中国（1.35 亩）。全境炎热，属热带季风气候，降水和光照条件好于中国，大多数地区谷物一年两熟或三熟，非常适合农业发展。农业以种植业为主，约占农业总产值的 80%；其次为畜牧业、渔业、林业。在年度农村地区居民总收入中，92% 来自种植业和畜牧业，林业收入只占 4%，渔业收入只占 1.3%。印度农业田间管理水平、机械化水平和水利建设水平低于中国，降水不均，旱灾严重，作物产量不稳定。

2. 农业生产

农业规模大，种类多，是世界上主要的农产品生产国和消费国。农业主要包括种植业和畜牧业，其中种植业主要包括粮食作物和经济作物。

（1）种植业

粮食作物以水稻、小麦为主，水稻是最重要的粮食作物，占粮食总产量的 40%，是世界第二大稻谷生产国。小麦占粮食总产量 30%，在世界也居第二位。2018 年，印度水稻和小麦单产分别为 3878 千克／公顷和 3371 千克／公顷，显著低于中国水稻和小麦单产（7028 千克／公顷和 5416 千克／公顷）。

经济作物约占总播种面积的 24%，产值占种植业总产值的 45%，种类繁多，以棉花、黄麻、茶叶、甘蔗以及花生为主，是世界第一大棉花生产国和第二大棉花出口国，但棉花单产（1187 千克／公顷）低于中国（5280 千克／公顷）；为最大茶叶生产大国、消费大国和主要出口国；同时也是全球最大的食糖消费国，第二大食糖生产国。

此外，印度也是世界第二大水果和蔬菜生产国，最大的芒果、香蕉、椰子、腰果、木瓜和石榴生产国，以及最大香料生产和出口国。

（2）畜牧业

畜牧业占农业总产值的 30%，其中养牛业占畜牧业总产值的 65.8%，印度是世界上养牛最多的国家，全球活牛存栏及出栏量最大，其中水牛占世界总量的 57%，奶牛占世界总量的 16%。牛对印度农业的发展具有举足轻重的作用，是农业经济的重要组成部分。牛是主要的动力来源，可以耕作、拉车、磨面等。牛奶产量世界排名第一，占全球超过 20% 的比重，牛奶出口较少，大部分产量在国内消费。

家禽业是畜牧业的一个重要组成部分。近几年来，印度家禽业快速发展，正在成为世界第二大家禽市场，其年均增长率达到 15%～20%，在世界各国禽肉部门中，印度是增长最快的国家。在肉鸡生产以年产 290 万公吨的产量位居世界第五，消费量全球第七。

3. 农业科技

耕地面积全球第一，粮食产量全球第三。2018 年粮食产量 3.183 亿吨，相当于中国的一半（6.122 亿吨），粮食产量低于中国的原因主要表现在：粮食单产低、基础设施不完善、机械化程度低等。此外，农业科技投入 90% 来自政府，私营部门仅占 10% 左右。

（1）种植技术

农业生产水平总体不高，农田灌溉大多以漫灌为主，滴灌技术较欠缺，农业灌溉用地占农业用地总量的 36.3%。主要粮食作物、经济作物等单产水平显著低于世界平均水平，更低于中国。主要原因在于：第一，农业对气候和雨水等自然条件的依赖性很大，抗御自然灾害的能力较差，经常遭受季风的危害而造成水旱灾害；第二，以传统的生产工具和手工劳动为主，现代农机设备投入较少。85% 的耕地依靠人畜力耕作，70% 的耕地无灌溉设施，靠雨水灌溉。第三，良种覆盖率低，农业先进技术推广缓慢，农业先进技术大都局限于小麦和水稻，而对豆类和油料作物没有重大影响，造成这些作物产量低下，每年须进口大量食用油才能满足国内需要。第四，农业主要以个体农户为经营单位，每个农户经营的土地面积小，购买力弱，没有能力对先进种植技术投资。

在杂交种子中，BT 棉花种子占主导，然后是杂交玉米、水稻、珍珠粟、向日葵、蓖麻和高粱。尽管水稻目前种植面积最大，但杂交种子的使用率仅维持在 3% 的低水平。政府对杂交水稻很重视，但没有组织协调好全国杂交水稻研究和推广工作。研究成果与实际需求脱节，水稻室内研究多，生产第一线研究者较少。杂交水稻推广中并未对农民进行技术培训，让农民能够自觉地按照杂交水稻高产栽培技术要求种植水稻。

(2) 养殖技术

水牛数量居世界第一位，是牛奶生产最大国家。但奶制品加工规模并不大，只有 12% 的牛奶被送到奶制品工厂进行深加工，而世界牛奶平均加工水平为 70%。家禽饲养以分散和个体饲养为主，大多数农户把养禽作为家庭的副业，商品率不高。家禽生产成本不高，饲料成本是家禽生产成本最大构成部分。天然草地少，优质饲料种子缺口大，严重困扰着畜牧业的发展。此外，畜禽良种覆盖率低，也制约着畜牧业的发展。

(3) 节水灌溉技术

印度是一个用水非常紧张的国家，不断增长的人口和浪费水资源的传统漫灌使印度成为一个水资源赤字国家。目前，全国只有 1/3 的农田能够得到有效灌溉，大部分仍然依靠变化莫测的季风雨灌溉。大约 5% 的灌溉耕地采用了微灌 (MIS) 技术。印度对水利化的综合措施缺乏统一考虑，工程措施与生物措施结合不够，水土流失严重。此外不当的灌溉也同样引起了土壤盐渍化问题。水资源利用效率低，灌溉设施缺乏维护。为保持农业产量可持续增长，印度就必须扩大耕地的灌溉面积并大力推广微灌等新的农业灌溉技术。

(4) 农业机械化水平

工业化水平低，农机制造业还处于起步阶段，本土农机制造企业不多。印度虽有一些现代化的资本主义农场，但小农经济仍处绝对优势，每个个体农户的经营规模较小，很多农民还是靠人力和畜力进行农业生产，由于缺乏机械购买资金，所以难以实现现代化、机械化的耕作方式。在发展农业机械化方面接受的外援数量大、范围广、历史长及形式多，在第三世界各国中名列前茅。

(5) 农产品储存加工技术

缺乏农产品深加工和存储的技术，多数农产品不分等级，加工深度不高。例如，作为世界上最大的洋葱生产国，洋葱85%的重量是水分，但其脱水很快。如果天气异常，25% ~ 30%的洋葱都有可能腐烂。大多数地区都没有实现冷链存储。印度大约有7000个冷库，主要在北方邦用于存储土豆。除非印度有高效的食物存储系统，否则对农民来说洋葱大丰收很快就可能变成大灾难。另外，印度也没有足够食品加工工艺。再以洋葱为例，延长洋葱保存期的一种方法就是脱水处理。不过印度现在还没有这种工艺。目前印度只有不到5%的蔬菜和水果被加工。要解决目前农业的问题，印度必须要对农业生产方式、物流、存储做一系列的改革。而对于印度分散型的小农经济，这样的改变还是要靠政府来解决。

(6) 农业生物技术

粮食安全问题一直是该国任务的重中之重。生物技术产业发展一向受到政府的高度重视。近年来，印度政府一直将农业生物技术确定为国家优先发展的重点项目，在许多层面具有相当高的技术水平。印度在农业生物技术领域正成为另一个继中国之后在亚洲领先的国家。转基因抗虫棉的推广使印度成为世界棉花生产和出口大国。当前印度市场上唯一被许可进口的转基因食品是转基因大豆油，主要来自美国。

（7）农业信息技术

IT 产业非常发达，成就了一大批互联网公司，这些公司技术实力强大、资金雄厚，但它们几乎没有参与印度电子农业发展，没有为印度电子农业的发展做出贡献。电子农业的发展得益于政府的大力推广，越来越多的农民开始使用互联网等信息通信手段来获取农业生产技术、农产品市场信息，进而做出符合市场需求的生产和出售决策，以此来提高了农业现代化水平、农业生产效率和自身收入。但是，单纯依靠政府大力推动电子农业，其发展还是非常有限的。印度电子农业发展的最大挑战是农村人口受教育水平仍然非常低；其次是基础设施落后，通电地区也经常出现停电的情况，通信基础设施水平则更低。

4. 农产品贸易

作为农产品生产和消费大国，印度在对外贸易方面，大多数农产品属于自给性质，在全球农产品贸易中所占比重并不高，进出口数量也不多。2017 年，出口额排在前五位的农产品分别为谷物；鱼、甲壳动物等；肉和食用杂碎；咖啡、茶、调味香料；以及食用水果等。2018 年进口额排在前五位的农产品分别为：动、植物油等，食用蔬菜等，食用水果和坚果等，谷物和食糖。

总体来看，印度农产品贸易集中度较低，其重要农产品贸易伙伴国是印度尼西亚、美国、中国、越南和伊朗。目前，因农业整体水平落后，农产品生产成本过高，因此农产品价格相对较高，在国际市场上缺乏价格竞争力，丧失不少先前的出口市场。

印度政府目标是到 2022 年农产品出口额从 2018 年的 300 亿美元增加到 600 亿美元，并在未来数年增至 1000 亿美元，同时使农民收入在未来持续增加。政府将帮助农民丰富农产品出口种类，开拓更多出口目的地，推动高附加值农产品出口。政府将更多关注市场准入、卫生和植物检疫以及其他技术性问题，重点推动特色农产品和有机农产品等出口。

5. 农业政策

为保障十三多亿人口的粮食安全，印度政府自独立以来开始实施支持政策，在农业发展的四个时期采取一系列的政策支持措施。印度与农业和粮食直接相关的支持政策主要由五大类构成：管理多种农产品价格和营销渠道；以政府补贴价格提供可变农业投入；为整个农业部门提供一般服务（如研究和推广等）；以政府补贴的价格向选定的人口群体提供主食；以及通过贸易政策管理边境交易。

印度政府实施的支持政策解决了粮食生产自给和减少贫困人口两大难题，但限制市场信号的作用和挤压私人投资，有损可持续生产力培育，不利于构建现代、高效和富有弹性的农业产业体系。面临美国等西方发达国家不断的市场呼声以及国内市场健康稳定发展的需要，未来印度应深化农业市场化改革，推动国内支持由价格支持向收入补贴转变，构建更加开放、稳定的贸易政策体系。

印度农业相对于第二、三产业，发展相对较弱。未来一段时期内，印度农业发展将围绕完善基础设施建设、增强农业科技支撑、提升农业可持续发展能力等主题展开。

（三）俄罗斯

1. 基本概况

俄罗斯地跨欧亚两大洲，国土面积为 1709.82 万平方千米，是世界上国土面积最大的国家。水资源极其丰富，耕地面积广阔，土地肥沃，拥有全世界 10% 的耕地资源，可耕种面积约 4.16 亿公顷，包括 1.68 亿公顷世界最大、最肥沃的黑土和草甸黑土区，人均耕地面积达到 0.84 公顷，是中国的 9 倍。农业是俄罗斯经济最重要的部门之一，农业占 GDP 的比重约为 4%。农村人口约占总人口的 25%，从事农业生产活动的人口仅为 1346 万人，约占总人口的 9%。农业发展水平低于其工业发展水平，农业被称为俄罗斯"经济的未来"。最近几年，俄罗斯已经从农产品进口国，变成了农产品净出口国，成绩显著。

农业包括种植业和畜牧业，其中种植业占农业生产总值的 55%。谷物种植是农业的基础。粮食作物种类较少，主要为麦类作物，在世界占有重要地位。畜牧业在农业中居十分重要的地位，占其农业生产总值的 45%。奶业一直是畜牧业中的重点产业。近年来俄罗斯农业出现了逆向增长。农业迅速增长的主要原因在于政府和金融机构增加了农业补贴、强化了农业私有化改革和减少了农产品进口数量。但是，目前俄罗斯农业生产却面临资金短缺、技术创新不足和劳动力匮乏等问题。

2. 农业生产

俄罗斯是世界上唯一横跨 9 个时区的国家，全境只有 30% 的地区气候条件比较适宜，有明显的周期性规律。农业作为国民经济的重要组成部分，近年来取得了颇为出色的成果。

(1) 种植业

种植业主要包括谷类作物、经济作物（棉花、甜菜、向日葵、亚麻等）以及土豆、蔬菜、瓜类、水果和饲料作物等生产部门。谷类作物是种植业最重要的部分，种类包括小麦、大麦、燕麦和黑麦等。小麦是俄罗斯最主要的粮食作物，产量占谷物产量的比重一直在 55% 以上，对国家粮食储备做出卓越的贡献。大麦是第二大谷类作物，占粮食生产总量的 1/4，主要作为基础饲料用于混合饲料生产；作为粮食作物，用作啤酒酿造、脱皮大麦和压缩食品生产等。土豆是居民的基本食品之一，被称为"第二面包"。除谷类作物外，经济作物中油料作物收获面积居于前列。传统油料作物为葵花子，但大豆、油菜籽这些非传统油料作物的种植近年来获得较快增长。葵花子是最主要的油料作物，其播种面积占全部油料作物面积的 3/4，产量约占 80%。

近年来，种植业迅猛发展。2017 年粮食产量 1.34 亿吨，创 40 年来历史纪录。2018 年尽管存在不良气候条件，但谷物收成仍然比过去 5 年的平均值高出了 11%，产量超过 1.1 亿吨。自 2000 年以来，俄罗斯谷物产量出现多次波动，产量波动主要来自小麦产量的波动。因俄罗斯全面禁止转基因，且地广人稀，土地管理方式较为粗放，导致农作物整体单产水平相比全球较低。其中，小麦与葵花子作为俄罗斯传统种植作物，因管理经验较为先进，与全球单产水平差距不大，但仍低于中国。2018 年，俄罗斯小麦单产为 2725 千克／公顷，低于中国小麦单产（5416 千克／公顷）。葵花子单产为 1604 千克／公顷，低于中国葵花子单产（2898 千克／公顷）。作为非传统作物的大豆及油菜籽，其单产也低于中国。2018 年，俄罗斯大豆与油菜籽单产分别为 1469 千克／公顷与 1327 千克／公顷，低于中国大豆与油菜籽单产（1780 千克／公顷与 2028 千克／公顷）。

（2）畜牧业

草原面积辽阔，拥有 4.03 亿公顷的草地，约占国土总面积的 23.6%。饲料资源丰富，有利于发展畜牧业，畜牧业主要部门有：养牛业、养猪业、养羊业和养禽业；此外，还包括小规模的各个部门，如养马业、养蚕业等。当前畜牧业产值占农业总产值的 45%。

近年来肉类和禽蛋产量均表现出明显的增长趋势，其中肉类产量增长最快，肉类产量进入全球前五，这主要得益于其科学化，专业化水平的不断提高。2018 年，俄罗斯肉类进口已降至最低水平，其中禽肉出口大于进口，而猪肉进口大幅降低。

近 10 年来，生猪养殖量逐步增长，2018 年猪肉产量为 371 万吨。俄罗斯主要猪场工业化生产得到很大发展，2005 年工业化出栏猪比例是 28%，而 2018 年达到 86%（由 70 个一体化企业供应），家庭散养户出栏猪不到 15%。2009 年开始鸡肉取代猪肉成为俄罗斯第一大肉类，目前鸡肉和猪肉是俄罗斯最主要的两大肉类，分别约占肉类总产量的 40% 和 35%。奶业一直是畜牧业中的重要部分，2007 年以前其奶类产量占畜产品产量比重基本保持在 80% 以上，近年来尽管这一比重有所下滑，但仍达到了 70% 左右。俄罗斯计划成为禽肉和猪肉出口国，在未来实现肉类、牛奶和食糖完全自给。国家扶持畜牧业发展的措施是为了实现技术现代化，刺激牲畜存栏量及其生产力的增加，提高牲畜的遗传潜力。

3. 农业科技

俄罗斯拥有 310 个农业研究单位、528 个试验农场、63 个育种中心（作物 49 个，畜牧 14 个）、9.4 万名科研人员以及数十万头优良种畜资源。每年有 250～300 个作物、畜牧新品种进行区域性试验，尤其是粮食新品种培育的杂交技术方面处于世界领先水平；每 2～3 年就会培育出一批农业作物新品种，同时施肥、灌溉技术，病虫害防治、动物疫苗等方面处于世界技术领先地位。

(1) 种植技术

在俄罗斯，全国将近有 100 家研究单位，从事植物的培育工作。据测算，近 30 年农产品产量增长的一半是良种的作用。目前俄罗斯在品种资源研究、传统农作物资源的收集和评价、冬小麦品种选育工作、啤酒大麦和杂种黑麦的研究、玉米杂交种研究以及甜玉米新品种培育、高油分高产量向日葵品种的选育以及农作产量涉及程序等多项主要内容取得重要成果。俄罗斯农业科学院是实力强大的科研机构，有很强的农业科学研究实力。经过长期选育过程，已获得了一批世界上著名的抗旱和抗寒的冬小麦品种。全俄作物栽培研究所建立了世界上独一无二的作物种质基因库，为育种学家提供了大量珍贵的育种材料。

但是科技成果转化率比较低，一些科技成果只适应某种特定条件，有些良种只适用于特定的气候，一旦遇到不利气候，作物产量甚至还低于原先的品种，研究缺乏广谱性。每年的研究成果大约 70% 得不到应用与推广。由于种植业领域生产组织管理水平参差不齐、农艺师短缺等因素，目前俄罗斯种植业在精准农业领域存在巨大市场。

(2) 养殖技术

畜牧兽医有很强的研究基础，特别在畜种改良、优化养殖、优质饲料作物培育和种植、饲草青贮加工等方面的研究工作中尤为独到，达到了世界领先水平。俄罗斯农业科学院畜牧良种研究所为了保存大量的高产种畜资源建立了种公牛精液库。鉴于近年来的政策导向，畜牧技术发展以及肉类和食品的供应越来越依靠自给自足。因此，建造大中型规模的商业畜牧场受到政府高度重视。目前，70%的畜牧设备，饲料添加剂和农场投入依靠进口，某些地区100%依赖于进口。另外，俄罗斯牧场面积不断萎缩，甚至有的私营牧场主在整个放牧季只给牲畜饲喂干草。如果大力推广现代农业技术，就可以提高牧草的生产率，例如，提高播种技术、适时适量施肥等，都可以在更小面积的草场上收获更多的牧草，既节省用地，又提高收益。

（3）智慧农业技术

2016年，俄罗斯以国家战略启动物联网基础应用技术的发展路线图规划，预计在2017—2020年将组织在联邦层面推行物联网系统的工作。从路线图规划来看，俄罗斯在农业方面聚焦于智慧农业发展领域。2017年的技术重点为控制器、传感器、联网设备控制系统、分析解决方案如接收数据的云端处理服务；以及机器学习技术、自动驾驶系统、人工智能。同时，俄罗斯工业贸易部，俄罗斯通信与大众传媒部，互联网创新发展基金，俄罗斯各联邦主体和其他有关政府机构，将确定在物联网基础上应用俄罗斯技术的试点行业和地区。预计2017—2018年试验项目将在首个地区启动，到2020年计划将在物联网基础上共计实施至少20个项目。

（4）生物技术

政府十分重视生物技术的发展。研制的单细胞饲料蛋白目前处于世界领先水平，解决了畜禽饲养中的营养问题。另外在赖氨酸、苏氨酸研究、微生物农药及其他防治药剂生产、应用胚胎工程技术、合理解决处理液体粪便技术方案及工业生产脱毒马铃薯方面已经取得突破性进展。

（5）设施农业技术

近年来，俄罗斯对设施农业的投入持续增加。2014—2018年建造和升级了1000多公顷的高科技温室，其中约350公顷于2018年投入使用。2017—2019年，温室建设达到高峰期。新建温室效能大大优于原有温室。与2014年相比，2018年温室大棚蔬菜总产量增加了65%。四年间反季温室面积增加了1/4。尽管如此，俄产蔬菜仍旧无法完全满足其国内市场需求，50% 的西红柿和 20% 的黄瓜仍需从国外进口。人才短缺是影响温室快速发展的一个潜在问题，特别是能操作现代化温室的农艺师非常缺乏。俄罗斯大部分温室管理技术工人主要从荷兰、意大利、西班牙等国家招募，大部分温室设备也从国外进口。

（6）农业机械化水平

俄罗斯地域广大，农业区土地平坦、肥沃、规模大，非常适合于机械化作业。但就耕种面积来说，农业机械设备相对不足，平均每公顷仅为 0.0065 台机械设备。生产工具效率过低，大多数小农场部分或全部依靠人力工作，因为他们买不起机械设备。在机械设备使用和维护方面，缺乏专业技术和人员。一项研究显示，自 2007 年以来，尽管俄罗斯农作物产量不断增加，但其农业设备却在持续减少。犁减少 57%、播种机减少 52%、拖拉机减少 51%，粮食收割机减少 50%，耕种机减少 47%。俄罗斯每台拖拉机平均服务 247 公顷的土地，而美国为 38 公顷，法国为 14 公顷。俄罗斯约 60% 的拖拉机已经超过正常 10 ~ 12 年的使用寿命。目前，俄罗斯机械商尚不能满足国内需求。

（7）农产品储存加工技术

国内仓储和运输基础设施薄弱，粮食损失率约在 7% ~ 8%。农业存储设施落后导致农产品浪费严重，根据俄罗斯农业科学院统计，由于物流、仓储、运输体系发展滞后以及技术和设备不足等，每年造成谷物损失约 1500 万 ~ 2000 万吨、肉类损失 100 万吨，以及牛奶损失 700 万吨。此外，农产品深加工技术不发达，导致农产品的附加值较低。

4. 农产品贸易

21 世纪以来，俄罗斯农产品进口额整体呈现增长趋势，增速呈放缓态势，农产品主要进口国为白俄罗斯、巴西、中国、厄瓜多尔和德国。2000 年之后，俄罗斯农产品出口总体上进入增长期。农产品主要出口目的地为埃及、土耳其、中国、哈萨克斯坦、白俄罗斯。

在众多农产品中，谷物依然表现为贸易顺差，2001 年以来一直表现为净出口，且贸易顺差逐年扩大。近年来俄罗斯不仅解决了粮食自给自足的问题，保障了国家粮食安全，已成为世界三大粮食出口国之一，俄罗斯有能力继续增加海外供应，同时保障国内供给和确保国家粮食安全。俄罗斯已连续三年（2016—2018）保持小麦出口量世界第一的位置。

畜产品供给不能满足国内需求。肉类和乳制品是主要进口农产品。与畜产品进口相比，出口比重很小。猪肉是主要进口肉类之一，主要进口来源地为巴西、智利和白俄罗斯等国家。来自巴西的质优价廉冻猪肉块已成为俄罗斯的主要猪肉进口品类。俄罗斯从巴西进口冷冻猪肉约占猪肉进口量的90%。在俄罗斯猪肉市场供应国家中，智利是俄罗斯猪肉第二大进口国，白俄罗斯占据第三位。俄罗斯牛肉进口来源地主要是巴西、巴拉圭和白俄罗斯等国家。此外，由于受气候条件限制，俄罗斯果蔬生产十分有限，果蔬仍需要大量进口。

俄罗斯农业部表示，如果保持当前农产品出口增速，则俄可在未来进入农产品前十大出口国之列。农业已成为推动俄经济快速增长的重要因素，当前在某些种类农产品的出口上已名列前茅。

5. 农业政策

近些年，俄政府在扶持农业生产方面采取了一系列政策。2007年，俄罗斯新《农业法》生效。随后政府又颁布了《2008—2012年农业发展、农产品市场调节、农村发展规划》，这是俄罗斯颁布的第一个农业发展五年规划。该规划提出：一是可持续性农村发展；二是提升俄罗斯农业竞争能力，其中包括加大财政支持、实现现代化和加快重点领域发展以替代进口；三是保护和恢复自然资源，其中包括土壤保护。农业正式成为国民经济优先发展方向之一，政府也在农业发展中再次发挥了主导作用。

俄罗斯农业部发布报告《2019年俄国家农业发展规划》表明，目前，俄已实现农产品自给自足，粮食、鱼类、植物油、肉和肉制品产量已经超过《粮食安全原则》中设定的指标。俄农业未来发展方向包括发展土壤改良系统、酸性土壤治理、恢复农业用地和落实国家农业科技发展规划。

2019 年用于土壤改良的资金将达 158 亿卢布（相当于 2.47 亿美元），2018 年该数字为 112 亿卢布。促进农产品出口仍是未来重点工作方向，国家将对遭受自然灾难的农民实施扶持，未来仍将促进小型农企发展，推动农村地区全面发展，并对农工综合体提供物资和技术支持。

俄罗斯政府于 2019 年发布了《2019—2027 年联邦基因技术发展规划》。主要目标是加速发展基因技术，为医学、农业等创造科技储备，并监测和预防生物性紧急状况的发生。该规划以三年计划的形式进行，利用基因遗传编辑技术开发出植物、动物及水产养殖产品，用于保健、农业和工业生物技术的生物制品以及系统诊断和免疫生物产品。

（四）哈萨克斯坦

1. 基本概况

哈萨克斯坦地处中亚大陆，领土横跨亚欧两洲，是世界上面积最大的内陆国。国土广阔，大部分领土为平原和低地；位于北温带，光热资源丰富；境内拥有众多的河流、湖泊和冰川，水资源地区分布不平衡，且受气候的影响较大。近几年，哈萨克斯坦农业总产值占 GDP 的比重基本保持在 7% 左右。农村人口 832.39 万人，占总人口的 46.77%。

农业以畜牧业和种植业为主。种植业主要以粮食作物、蔬菜作物和油料作物为主，是中亚最大的粮食生产国。哈萨克斯坦幅员辽阔，土地资源丰富，拥有广阔的草场和牧场，具备发展畜牧业得天独厚的自然条件。种植业产值占农业总产值的比重为 49.1%，畜牧业产值占农业总产值的比重为 50.6%。

2. 农业生产

（1）种植业

种植业主要包括粮食作物、棉花、果蔬和油料作物。小麦是第一大粮食作物，约占全部粮食作物产量的 3/4。其他粮食作物包括大麦、玉米、水稻和燕麦等。棉花生产条件优越，是主要出口创汇产品。哈萨克斯坦是种植棉花纬度最高的国家，目前，可耕地中棉花播种面积约占 1/3。主要蔬菜为马铃薯、番茄、洋葱、胡萝卜和甘蓝等。近年来，蔬菜播种面积整体呈持续增长态势。油料作物种植也有所增加，油料作物主要是向日葵，约占油料作物种植面积的一半。

土地面积广大并且人口稀少，劳动力资源有限，水资源分布不平衡，所以农业长期以来一直处于广种薄收、粗放经营状态。农作物播种面积很大，但单位面积产量较低。由于农业生产方式粗放、投入不足、技术落后等因素，导致农业生产率较低，粮、棉及果蔬单产远低于中国。2018 年，哈萨克斯坦小麦产量 1394.41 万吨，单产 1228 千克／公顷，不到中国小麦单产（5416 千克／公顷）的 1/4。棉花产量为 34.36 万吨，单产为 2592 千克／公顷，为中国棉花单产（5280 千克／公顷）的 1/2 左右。

（2）畜牧业

畜牧业在国民经济中占有重要地位，但近年发展较为缓慢。畜牧业技术装备落后，以小规模散养为主，集约化程度不高。90% 以上的肉、奶、毛均由私营企业和农场主生产，而大型农牧企业集约化程度低，其产品在哈萨克斯坦市场份额低。如生产的肉、原奶和毛分别只占哈市场份额的 5.7%、4% 和 5%。主要养殖牛、羊、马、骆驼、猪等牲畜，生产肉、奶、蛋、毛等畜产品。乳制品产业无法满足本国需求，受进口产品挤压严重，进口乳制品占哈萨克斯坦市场份额的 60%。

小规模散养和饲养成本的增加导致哈本国肉产品价格近年来急剧上涨。畜牧业以小规模散养经济为主，这不利于降低生产成本。近年来由于干旱等不良气候的影响，种植的农作物包括饲料作物减产，直接导致了饲料价格上扬；每年可获得的饲料如干草、麦秸和麸皮等情况日趋紧缩；此外，每年燃料油、石油、天然气、煤以及水的价格不断上涨，这些均直接导致畜牧业饲养成本大幅增长，牲畜数量减少，也使得肉类的价格上涨。此外，哈萨克斯坦畜牧业还存在下列问题：畜牧业育种不发达；动物防疫形势严峻和防疫水平有待进一步提高；缺乏所饲养牲畜数量的准确信息；以及科学研究与商业实际需求相脱节等。

3. 农业科技

苏联解体时，哈萨克斯坦国内农民和农业职工的收入大幅下降，只相当于工业工人的 30%，收入少、待遇差，大批年轻人和技术人员离开粮食产业，大批的农技推广站和农机修配站荒废。很多粮食研究人员离开研究部门，致使研究工作陷入停滞。独立后，政府对农业科研的投入极少，农业科研创新少，主要依靠引进国外新工艺、新技术来改进本国的农业生产。

(1) 种植技术

近年来，由于耕地面积的扩大，化肥和优质种子的使用以及现代化科学技术的运用，农业生产有了大幅提升，作物产量大幅提高。但是相对世界发达国家和地区来说，农业投资不足，农业基础设施落后，产粮业"靠天吃饭"程度较高，作物种植方式粗放，缺乏先进的种植栽培技术，产量波动起伏大、单产仍低于世界平均水平。

目前，设施农业仍处于起步阶段，其发展的限制性因素在于成本投入高，严重缺乏高级农业技术人员。大多温室标准不统一，引进的温室主要来自荷兰、西班牙、以色列、中国。由于缺乏经营温室的菜农，栽培工艺落后，管理不善，导致温室产量很低。

(2) 养殖技术

牲畜数量下降，畜禽良种化进程缓慢，严重影响了该国畜产品的生产，肉、奶、蛋、毛的产量一直处于较低水平，进而影响到市场供应和居民的生活消费。产肉大牲畜良种率约为 2%，所使用的牲畜线性繁殖法效率不高。良种繁育体系不健全，缺乏良种繁育基地，影响到种畜生产与质量的同时，也导致了家畜个体生产性能水平低下。在传统畜牧业生产模式占主导的情形下，如人工授精、胚胎移植、同期发情、超数排卵等生物领域新技术的推广与应用受到了限制。

(3) 节水技术

河流多为内流河，气候极其干燥，蒸发量大，雨水稀少，植被以草原荒漠为主，水资源短缺。由于农业节水灌溉普及率较低，农业灌溉水资源利用率低，快速的农业发展，加大了农业用水量，更加剧了水资源短缺。棉花为主要经济作物，用水量大。由于降水量较少、自身水资源有限，因此哈萨克斯坦对农业节水灌溉技术有很强的需求。

(4)农业机械化水平

粮食生产的农机设备严重老化，农业机械多为大型机械，耕、耙、播种、收获机械偏多，其中50%以上为苏联时代留下来的农业机械，中耕、追肥、植保机械偏少。哈萨克斯坦把提高农业现代化水平，引进农业生产技术和设备作为国家重点战略之一。

(5)农产品储存加工技术

粮食加工特别是深加工、精加工发展水平低下，农产品加工企业数量少，加工能力低，加工设备基本上是苏联时期留下来的，95%的企业生产工艺陈旧，生产品种单一，而且耗能大、包装粗糙，已无法适应市场经济条件下消费者多样化的需求。根据哈萨克斯坦居民消费偏好和习惯，对糖果、面包、薯条、糕点以及乳制品、肉制品等的需求较大，而这些食品目前的加工能力不足，因此迫切需要引进先进的加工技术和设备。

4. 农产品贸易

近年来，哈萨克斯坦农产品贸易快速发展，但一直呈逆差状态。对于农产品而言，农产品中谷物出口最多，其中90%为小麦。其他出口额较高的农产品有淀粉、药用植物、棉花、动植物油、烟草、蔬菜、水产品等。进口最多的农产品是水果及坚果。

哈萨克斯坦主要出口贸易伙伴为乌兹别克斯坦、阿富汗、塔吉克斯坦、中国和俄罗斯，2017年对上述五国出口的农产品总额约占本国农产品出口总额的65%。小麦的主要出口国家为独联体国家（阿塞拜疆、乌兹别克斯坦、塔吉克斯坦和吉尔吉斯斯坦）。在进口方面，哈萨克斯坦主要进口贸易伙伴为俄罗斯、乌兹别克斯坦、中国、白俄罗斯和巴西，2017年从上述五国进口的农产品约占本国农产品进口总额的 60%。

5. 农业政策

2012 年，哈萨克斯坦提出《2050 战略计划》，其中关于农业发展的内容包括：哈萨克斯坦已经属于粮食出口大国，生产潜力巨大，更需要加紧推进农业现代化进程。在保证本国粮食安全的同时，要让哈萨克斯坦成为世界粮食市场的重要参与者。其主要措施包括：一是扩大种植面积；二是提高粮食单产；三是扩大畜牧养殖规模；四是发展清洁生态；五是发展家庭农场和中小农工企业；六是改善种植结构，提高本国粮食出口竞争力；七是保证农业用水需求，如开发节水技术等；八是完善法律法规，如土地税等；九是增加农业预算投入。政府不仅在宏观层面提高农业地位，强调农业发展的重要性，针对农业前期发展所遇到的问题也有相应的应对措施。政府于 2013 年颁布农业专项发展计划《农业——2020》，包括增强农产品竞争力，划拨专项资金用于缓解农户贷款压力，进一步完善生产补贴机制等。

为促进粮食生产和维护粮食市场稳定，哈萨克斯坦政府现行调控措施主要有：发放粮食仓储许可证，只有符合政府规定条件的企业有权经营粮食仓储；实行粮食质量认证；通过政府采购建立国家粮食储备，并确保其质量和数量；降低良种价格，给予良种补贴；对植物保护和检疫给予资助；对农业生产者给予化肥和燃料等农资补贴；资助农业科研和科技推广；以及资助土壤改良。

在农作物种植方面，哈萨克斯坦政府不但调低了种子、燃油等春耕、收割所必需的农资价格，还对化肥、除莠剂、引水灌溉等提供补贴，而且政府承担了棉农的棉花质量检验等全部费用。从 2012 年起，政府除了继续对优先种类作物实施现行补贴方案外，为促进竞争、提高种子质量，降低种子价格，还对种子繁育实施新补贴措施，即从以前对种子直接补贴改为对优良种子的最终购买者提供补贴。由于生产资金不足、中间费用过高及租赁者在进口农业机械方面承担过高的汇率风险，农业生产者购买的主要农业机械设备数量近年不断减少。为解决这一问题，哈萨克斯坦农业部门一方面对从国外进口的农业机械设备进行补贴，另一方面降低租赁公司贷款利息，以保证广大农业生产者租到机械设备，完成正常的农业生产。

哈萨克斯坦农业部制订《2020 年畜牧业生产发展规划》，专业规划用于推动畜牧业生产发展。目前国内缺少大型饲料加工厂，因此不得不依靠本地饲料加工车间进行生产，导致生产成本高，饲料价格居高不下，行业冗员现象严重，等等。为解决上述问题，草案中将以投资补助的方式，通过优贷和国家财政支持对现有饲料加工厂进行现代化改造。

（五）吉尔吉斯斯坦

1. 基本概况

吉尔吉斯斯坦是位于中亚东北部的内陆国家，属于发展中国家。2001年加入 WTO，是目前"中亚五国"中经济最为开放的国家。农业地区人口约占总人口的 65%，约半数的就业人员从事农业工作。太阳辐射强，降水量少，空气干燥，属于典型的干旱大陆性气候，夏季炎热，冬季寒冷，昼夜温差大，是典型的旱作农业区。耕地资源丰富，天然牧场面积大。水资源十分丰富，国土面积的 4.4% 由水域覆盖，被誉为中亚五国的"水塔"，控制着中亚地区的水资源命脉，也为农业发展提供了便利条件。

农业在国民经济中占重要地位，农业产值约占国内生产总值的 13%，以种植业和畜牧业为主。农业发展总体水平不高，农业基础设施老旧落后，农业设备和灌溉设施缺乏，农业生产基本靠天吃饭；加上发展模式以初级农产品出口为主，农业加工品进口远大于出口，产业附加值低下。食品和农产品加工业是吉尔吉斯斯坦重要的生产部门，是鼓励外资投资的重要行业。

2. 农业生产

（1）种植业

种植业以土地密集型为主。粮食作物比重大，经济作物比重小。日照充足，水资源丰富，适宜农作物生长。主要的粮食作物为小麦、玉米、大麦等。其中小麦播种面积占其耕地面积的50%以上。2018年，吉尔吉斯斯坦小麦单产为2427千克／公顷，远低于中国的小麦单产5416千克／公顷。主要经济作物是棉花、甜菜等。吉尔吉斯斯坦籽棉单产3242千克／公顷，低于中国籽棉单产5424千克／公顷。

在瓜果蔬菜种植中，除马铃薯、洋葱、西红柿、黄瓜等少数产品自足外，由于农业反季节生产水平不高，贮藏和保鲜技术落后等其他原因，所以夏季时令蔬菜和反季节蔬菜主要从中国和乌兹别克斯坦进口。水果品种少，仅有苹果、葡萄、甜瓜等几个品种，但产量不足以满足需求，仍需要从中国等周边地区进口弥补国内供应不足。

(2) 畜牧业

作为中亚的畜牧大国，拥有900多万公顷的牧场和天然草场，具有丰富的草地资源，全年光照条件充足，气候适宜，使畜牧业具有得天独厚的资源优势。畜牧业包括养牛业、养羊业、养马业、养猪业、养禽业、养蜂业、养蚕业以及渔业等，活动物、牛羊肉及兽皮、奶等具有极强的出口优势，近几年，每年出口都有小幅上涨。

3. 农业科技

(1) 种植技术

虽然种植业发展势头较好，单产水平也在逐年上升，但仍然面临着一些问题。在山地自然地理条件下，尤其是大陆性气候特殊条件下，科研人员不断研制培育适合山地成活率高的小麦、大麦、杂交玉米新品种，提高了小麦产量。在农业生产上，土壤肥力保持度低，农药、化肥投入少，当地的农药和化肥都依靠进口，先进实用的农业技术措施不能得到广泛的推广和应用，导致农作物产量低、品质不好、质量不优、经济效益不高。作物病虫、草害相当严重，小麦白粉病大面积发生，最严重的时候导致70%的粮食作物减产。土地资源没有得到充分利用，基本上一年只种一茬，间作套种农作物少。倘若在控制病虫害，保障土壤良性状态下实行科学轮作，合理使用化肥，再结合节水灌溉技术，即可实现耕地充分利用，产量再度提高，更好地保障本国粮食安全。

政府冬季蔬菜主要依赖进口。设施农业处于起步阶段，在设施农业装备技术、栽培技术方面还比较落后。国内以简陋拱棚数量为多。在国外项目的支持下，吉尔吉斯斯坦开展了温室建设工作，主要用韩国、中国和俄罗斯产的温室。种植品种属于俄罗斯、中亚传统品种，设施蔬菜主要种植西红柿、彩椒、黄瓜、小茴香等。

（2）养殖技术

独立后，吉尔吉斯斯坦经济的混乱状态对畜牧业产生的直接负面影响，首先是牲畜头数的大幅下降。截至目前，仍然没有恢复到独立前的状态。畜牧业一直采用传统的生产方式，尽管可以生产一定数量的肉、奶、蛋等畜产品，但其效率低下，数量不多，且没有统一的检测标准，在进入国际市场时往往受到各种限制。随着现代社会节奏的不断加快，传统畜牧业越来越不适应社会的发展。所以，传统畜牧业向现代畜牧业转变，既是吉国畜牧业进入国际市场的需要，也是畜牧业本身发展的客观要求。养马业发达，全年可以通过转场进行放牧，生产成本低，其中乘骑挽车兼用良种马，适应性比较强，品种优良，其中最著名的品种是新吉尔吉斯马。

（3）节水灌溉技术

河流天然水质较好，矿化度不高，适于农田灌溉和饮用。独立后由于用于灌溉设施维护的预算不足，灌溉设施维修和养护没有得到切实的进行，从而导致灌溉设施老化问题严重。由于没有大型蓄水资源调配设施，灌溉工程老化，配套系统不完善等原因，农业部门作为用水主体，用水效率尤其低下。享有中亚"水塔"美誉的吉尔吉斯斯坦，农业缺水问题仍然不容忽视。

（4）农业机械化水平

自 1991 年独立后，农业领域最严重的问题之一便是农业机械化问题。农业机械作为农业领域最重要的部分，由于配件供给中断的原因导致大部分机械老化或者停止作业。目前，因为缺乏农机设备，吉尔吉斯斯坦每台拖拉机的工作量远远超过实际工作负荷的 2 ~ 2.5 倍，其中部分农机设备陈旧，需要尽快更新。1995 年至今，借助日本、中国援助加之吉尔吉斯斯坦财政投入，拖拉机更新率为 9.1%，收割机更新率为 12%，播种机更新率为 5.9%，犁更新率为 18.2%。吉专家认为必须发展融资租赁业务，加快农业设备更新。

（5）农产品储存加工技术

受限于工业基础薄弱、技术水平低下，加上本国农产品加工企业均规模过小，对市场价格和需求过于敏感使其无法紧密联系生产者，导致农产品价值创造完全依赖外国需求，农业结构性问题阻碍农产品加工业发展。目前，吉尔吉斯斯坦农产品加工产业链不完善，在加工、运输、保鲜、储藏等多个关键环节还比较落后，技术水平不高，未能与农业企业充分合作，相应的社会化配套体系不健全。由于加工企业资金不足、销售不畅、加工技术和设备跟不上，尚未形成产业链，农产品资源得不到有效利用和深加工，造成水果、蔬菜、牛奶浪费。此外，由于物流业较为落后，农产品的长期储存、加工和运输成为吉尔吉斯斯坦扩大农产品出口的短板。每年籽棉产量 10 万吨左右，羊毛产量 1.1 万吨，但本国由于加工能力很弱，90% ~ 95% 的棉花和羊毛都直接出口，而本国所需要的纺织品则要依赖进口来满足。

4. 农产品贸易

吉尔吉斯斯坦是中亚五国中最早加入 WTO 的国家，开放度高，对外贸易依赖性强。在农产品贸易方面，吉尔吉斯斯坦在多种植物产品（棉花、蔬菜、水果、烟草）以及活动物产品（牛、羊和马）上具有较高的比较优势，出口竞争力较大。

农业综合生产能力有限，粮食安全尚未得到有力保障，且在致力于发展加工业，对原材料等部分农产品进口需求较大。近年来，吉尔吉斯斯坦主要进口农产品包括小麦、油脂、糖、瓜果、蔬菜等。

农产品主要贸易伙伴包括中国、俄罗斯、哈萨克斯坦、土耳其、乌兹别克斯坦等。2017 年，吉尔吉斯斯坦向俄罗斯和哈萨克斯坦出口的农产品贸易额有所下降。

5. 农业政策

近年来，吉尔吉斯斯坦农业发展规划重点是加强基础设施建设，方便农业物资的输入输出；加强优良品种引进，促进适应环境的高产品种培育和生产；重视农业灌溉，提高水资源利用率；推广新的农业生产技术，提高生产效率；改善农业经济贸易环境；以及提高科研水平。

吉尔吉斯农业部确定了三个优先发展方向：第一，支持和促进国内农产品向国外市场的出口。将与农业相关协会和政府机构密切合作，目前已与全国 18 个协会签署合作备忘录，可以与大约 40 万农民取得直接联系。农业部下设出口促进部，加强将国内产品引入国外市场。第二，促进食品加工业发展。制定了各地区及其加工企业发展计划线路图；有针对性地促进新食品加工企业的创立。第三，为加快农业部门数字化进程，在现有一家国有企业的基础上建立一家新的国有企业，即"数字农业"企业。

政府的农业政策支持最直接体现在融资方面：确立包括乳制品和动物产品、渔业产品、烟草产品以及水果和蔬菜等 11 个优先农业领域，作为国家融资贷款支持的重点行业；财政部与 9 家商业银行签署价值 53 亿索姆协议，支持农业项目融资，为农牧业生产和加工企业提供优惠贷款；为进一步提高农产品附加值，农产品加工企业可获 6% 的低利率贷款，从事园艺业、温室管理以及滴灌系统和畜牧业人工授精设备引进等业务企业可享 8%优惠贷款利率，普通畜牧和农作物生产企业贷款利率为 10%。

政府制订了 2017—2026 年国家灌溉发展规划，作为提升水资源利用效率的重要手段，努力保障本国粮食安全，消除贫困，实现农业人口转移。该规划拟投入资金 588 亿索姆，用于 6.55 万公顷新增灌溉土地的建设，涉及全国各个州市，受益人数预计达 24 万余人。

（六）塔吉克斯坦

1. 基本概况

塔吉克斯坦是位于中亚东南部的内陆高山国家。东部是帕米尔高原，与我国新疆接壤，南部与阿富汗交界。西部与乌兹别克斯坦毗邻，北部与吉尔吉斯斯坦相连，地处欧亚接合部，战略位置十分重要。塔吉克斯坦国土面积 1426 万公顷，拥有丰富的水资源，其水资源量占中亚整个地区总量的一半以上。塔吉克斯坦是独联体国家中经济发达水平最低的国家。农业总产值占 GDP 的比重基本保持在 20% 左右。农村人口 630 万人，约占总人口的 75%。

农业在国民经济中占有重要地位，以种植业和畜牧业为主，种植业约占农业总产值的 70%，以种植棉花为主。畜牧业约占农业总产值的 30%，以放牧为主，主要饲养羊、牛、马等。在 86 万公顷的耕地中，40% 的耕地用于棉花种植，30% 用于饲料作物，而粮食作物种植仅占 23%。粮食不能自给，发展农业、保障粮食安全是塔吉克斯坦国家重要战略之一。

2. 农业生产

（1）种植业

在塔吉克斯坦农业生产中，种植业占有重要地位，以种植优质细纤维棉花为主。棉花作为最主要的经济作物，其产值约占农业总产值的 60%，在国民经济中占有举足轻重的地位。从 20 世纪 30 年代起，由于苏联政府推行农业集体化和大力提倡种植棉花，所以在塔西南部地区的瓦赫什和卡菲尔尼甘两河流域就开始大量种植棉花。粮食作物主要有小麦、黑麦、水稻、大麦、燕麦和玉米等。此外，塔吉克斯坦还种植土豆、葡萄等蔬菜和水果等。

自 2006 年以来，塔吉克斯坦通过改进耕作方式、改变种植方法、提高机械化程度等途径，大幅提高了主要农作物单产。但是塔吉克斯坦的农作物单产与中国相比普遍较低。由于基础设施和生产设备落后并严重短缺，棉花单产波动较大。2018 年，塔吉克斯坦籽棉产量为 30.03 万吨，单产为 1616 千克／公顷，不及中国籽棉单产（5280 千克／公顷）的 1/3。小麦产量 77.90 万吨，单产 3048 千克／公顷，低于中国小麦单产（5416 千克／公顷）。

（2）畜牧业

畜牧业以养牛业和养羊业为主。牛羊业是畜牧业中的传统部门，主要提供肉、奶、皮等畜产品。此外，还有一定数量的养禽业、养猪业和养马业。塔吉克斯坦独立以来，由于国内战乱等原因，经营的牧场面积缩小，从而导致牲畜头数减少，肉类、奶类产量下降。

塔吉克斯坦是中亚地区国土面积最小的国家，境内多山，东部的戈尔诺—巴达赫尚自治州位于帕米尔高原，地势险峻，降水量稀少，地面植被稀疏，大规模发展畜牧业受到限制。只有中部和西部海拔 3000 米以下的河谷地带和山前地带，有少量的牧场，面积都不大。由于牧场面积小，饲料严重不足，载畜量也受到限制，牲畜头数增长缓慢，主要畜产品产量低，使人均肉、奶、蛋长期处于较低的水平。牧民过着半游牧半定居的生活，沿袭陈旧的生产方式，放牧的牲畜品种、畜产品品种较少，基础设施和抗御自然灾害的能力都比较差。

3. 农业科技

苏联时期，塔吉克斯坦从当地的特殊条件出发，不断扩大耕地灌溉面积，改进耕作技术，在棉花的生物学、遗传学、生理、生物化学等方面都取得了显著成就。独立后，因受经济危机影响，科研经费严重短缺，农业科学技术出现了前所未有的萎缩状况。首先，科研人员锐减，科技潜力急剧下降。在研究部门工作的研究人员大量流失，一部分回到俄罗斯，有的则流向西方国家。其次，资金严重短缺，严重影响农业科学技术的发展。由于科研机构的资金来源主要靠政府拨款，特别是对基础研究部门来说，拨款是唯一的资金来源。而国家资金十分紧缺，无力为研究与开发提供所需要的资金。因此，科研工作几乎无法正常开展，农业科学研究遭受重创。

（1）种植业技术

农作物种质资源质量较好，但田间管理模式比较粗放，农民缺乏精细化管理的经验和专业知识，此外缺乏土壤肥力和农业生态管理系统和土壤改良技术措施。提高粮食作物的单产，对塔吉克斯坦农业意义重大。在棉花生产中，栽培技术落后，科学规范的轮作倒茬耕作制度难以保障，土壤肥力下降，肥料利用率降低，农民对化肥的购买力有限等因素，都是造成塔吉克斯坦棉花产量难以提高的原因。

（2）节水灌溉技术

淡水资源非常丰富，为发展灌溉提供了有利的条件。目前24万公顷的灌溉耕地依靠水泵。但水泵灌溉电能耗费大，增加了灌溉成本。在灌溉过程中水资源损失严重，高达30%～60%，灌溉一公顷棉地耗水量15000立方米，水资源利用效率低。

（3）农业机械化水平

自独立后，农业部门使用的农机设备因缺乏资金和技术并没有得到更新和维修，从而导致农作物生产机械化水平低，一些地区的小麦、棉花、马铃薯等作物的种植还继续靠人工劳作。此外，所进口的农机设备的操作和后期维护，都需要农户具备基本的专业知识，否则无法物尽其用，把机械设备的优势全部发挥出来。

（4）农产品储存加工技术

塔吉克斯坦气候及土壤条件适宜优质蔬菜、水果的生长，但蔬菜、水果不能长时间储藏、又不适合远距离运输，有必要对其下游产品进行加工。目前，塔吉克斯坦基本上没有规模化的蔬菜、水果加工企业，而且加工、包装技术落后。在塔吉克斯坦市场销售的果汁基本来自俄罗斯及欧洲。例如，塔吉克斯坦的杏子具有很大的出口潜力，然而因没有更好的水果保存方法，新鲜的杏子和杏干都只能在当地市场出售。

4. 农产品贸易

近年来，塔吉克斯坦农产品进出口额逐年增加。出口的农产品主要是原料型产品，进口的大都是国内短缺的产品，表明其农业对外贸易还处于比较初级的阶段，贸易量也都较小。

出口产品结构单一，主要出口棉花、水果、蔬菜等。棉花是塔吉克斯坦第一大出口农产品，占出口总额的 80% ~ 85%，是农民收入的主要来源。棉花主要出口目的地为土耳其、伊朗、俄罗斯、巴基斯坦等。近年来，蔬菜和水果随着国内国际市场价格的持续上涨，使得农民种植水果和蔬菜的积极性不断高涨。2018 年塔吉克斯坦生产的水果和蔬菜中有 1/6 出口到国外，主要出口目的地为阿富汗、俄罗斯、哈萨克斯坦和吉尔吉斯斯坦等。

进口的主要农产品有谷物、面粉、植物油、白糖，此外还有糖果、点心等。塔吉克斯坦是一个粮食净进口国家，哈萨克斯坦是其主要粮食进口国，另外还包括荷兰、奥地利、瑞士和意大利等国。

5. 农业政策

塔吉克斯坦制定了科技发展战略方针，颁布了一系列法律法规和政府命令支持和加强科技力量。例如 1998 年国家科技与科技政策法以及 2002 年塔吉克斯坦共和国科学院法。2016 年，塔吉克斯坦发布的《塔吉克斯坦 2030 年国家战略》（以下简称《战略》）中指出，农产品生产和加工企业效率不高，农产品加工系统落后，无法保障原材料正常供给，并且质量较差。目前，农工综合体仅能加工 20% 的本国农产品。《战略》提出，要在以下方向优先发展农工综合体：确保粮食自给自足及粮食安全，推动农业领域向工业化方向发展；提高土地、水和人力资源利用率，改善农业用地灌溉系统，确保农业人口就业率；以及维修并恢复灌溉基础设施，推广现代节水技术。

2018 年，塔吉克斯坦国情咨文里提出了国家四大战略目标：实现能源独立、解决交通闭塞、实现粮食安全及国家工业化。农业发展的主要任务是保障自给，实现粮食安全；搞好农作物种子和育种工作，提高农作物单产；以及发展畜牧业，增加肉制品和奶制品的产量。同时，将努力提高农产品储存技术，减少损失和浪费。为此，在2016—2018年期间用于发展农业的各类拨款总额超过10亿索莫尼（约合2亿美元）。

（七）乌兹别克斯坦

1. 基本概况

乌兹别克斯坦是中亚中部的内陆国家，作为中亚地区的农业大国，农业是该国经济命脉和支柱产业。境内地势崎岖不平，大约3/4土地为草地、沙漠和半沙漠。属温带大陆性气候，是一个采水快于补水的国家。气候特点是冬季寒冷，雨雪不断，夏季炎热，干燥无雨，蒸发量大于降水量，一直以来都受水资源问题的困扰。耕地面积427万公顷，约占国土面积的10%。农业人口1420万，约占全国总人口的60%，人均耕地面积约0.17公顷，是世界第五大棉花生产国和第二大棉花出口国。

自然条件在某种程度上限制了本国农业的发展，但是农业依然有增长潜力。农业产值约占国内生产总值的1/3，棉花产值则占农业总产值的40%，是最主要的农产品出口品种。畜牧业、桑蚕业、蔬菜水果种植业等也占重要地位。

2. 农业生产

（1）种植业

主要粮食作物为小麦，约占谷物总产量的90%，其次是玉米和水稻。主要经济作物为棉花，种植面积最大的年份，差不多占全部耕地面积的一半。乌兹别克斯坦是中亚重要的蔬菜产地，每年生产各种蔬菜270万～300万吨，有西红柿、黄瓜、葱、洋白菜、胡萝卜、食用甜菜、茄子、辣椒等。其中，年产西红柿达100多万吨。2018年，乌兹别克斯坦籽棉单产为2069千克／公顷，低于中国籽棉单产（5280千克／公顷）。小麦单产

4126 千克／公顷，低于中国小麦单产（5416 千克／公顷）。

（2）畜牧业

畜牧业有着悠久的发展历史，以生产毛、肉为主，每年生产和出口大量羔皮。养殖品种主要为牛、羊、鸡。乌兹别克斯坦拥有 2650 万公顷的沙漠牧场。2016 年，在全国范围内建立了 1138 个养牛场，592 个家禽养殖场，601 个养鱼场和 1428 个养蜂场。目前有超过 1000 万的牲畜被饲养在私人小农场和私人商业农场。国内家禽供给达到 80%，鸡蛋达到 100%。此外，养蚕业也很发达，年产蚕茧 1.60 万吨，世界排名第 6 位。

3．农业科技

（1）种植技术

乌兹别克斯坦极其重视棉花育种研究，但是棉田管理粗放，种植管理技术水平没有明显提高，先进植棉技术应用少，导致该国棉花整体产量水平不及中国新疆地区。2018 年，乌兹别克斯坦通过采用我国棉花种植技术，获得的产棉量是当地传统种植方法的两倍。

（2）养殖技术

乌兹别克斯坦缺乏畜禽良种，育种技术落后，缺乏高产、抗病的畜禽新品种，良种覆盖率低。近年来，为了提高畜牧业的饲养水平，增加养殖场的畜禽数量，已从乌克兰、白俄罗斯、波兰、奥地利、德国以及其他国家进口了大量畜禽品种。

（3）节水灌溉技术

乌兹别克斯坦地处干旱地区，水资源紧缺，灌溉水平低制约着本国的农业生产。在水资源问题上，乌兹别克斯坦一直处于被动态势，不利的地理位置和气候条件、粗放的水资源开发和利用方式等，不仅影响其灌溉农业的改革与发展，更是关系到国家经济改革的总体进程。灌溉方式落后，水资源利用效率低下，灌溉农业集中了乌兹别克斯坦 90% 左右的用水量，自然损失的水量达到 50% 左右，因此，保证所需灌溉用水是长期以来一直存在的问题。目前，已有 46.6% 的灌溉土地出现了盐碱化问题。为了促进农业可持续发展，乌兹别克斯坦迫切需要加快灌溉设施的建设和提高农业灌溉技术，发展节水农业。

（4）农业机械化水平

农机制造业长期以来属于亏损部门，但为了保障本国农业发展，政府不得不免除一些农业机械进口关税，鼓励从国外进口农业机械。棉花机械化程度高，除采摘外，其他作业基本实现机械化，有深耕犁、平地耙、双层施肥机等，但从棉田机械实用可靠性与作业的实际效果来看，明显不及新疆棉区。

（5）农产品储存加工技术

乌兹别克斯坦农产品储藏和深加工技术落后。每年平均收获 1600 多万吨水果、蔬菜、甜瓜和豆类，近 150 万吨肉类，1000 万吨牛奶，但是农产品的平均工业加工水平仅为 15%～20%。农产品的储存条件不达标，作物损失达 30%。种植的蔬菜和水果中，出口所占比重极低，蔬菜出口仅占 3%～4%，水果出口仅占 11%。

4. 农产品贸易

2017 年，乌兹别克斯坦出口的主要农产品包括棉花、新鲜水果以及加工水果和坚果类等，出口额占货物出口总额的 16%。其中，棉花出口额为 9.05 亿美元。进口的主要农产品为植物油、小麦、蔬、肉类等，进口额占货物进口总额的 10%。从农产品贸易来看，乌兹别克斯坦处于顺差地位，但是顺差规模近几年有所缩减。

2017 年，乌兹别克斯坦农产品主要出口至俄罗斯、独联体国家以及中国，仅对中国和俄罗斯两国的出口额就占其农产品总出口总额的 50% 以上。棉花主要出口目的地为中国、俄罗斯、土耳其、伊朗等国。农产品主要进口来源地为俄罗斯、独联体以及欧洲，大约占农产品总进口额的 70%。小麦为主要进口谷物，进口主要来自哈萨克斯坦、丹麦、俄罗斯、土耳其等国。肉类和油脂主要进口来源地为俄罗斯、马来西亚和哈萨克斯坦。

5. 农业政策

(1) 农业经济改革措施

土地改革。乌兹别克斯坦独立后，农业方面最主要行动是进行了土地改革，将过去计划经济的国有农场和集体农庄分配给农民自己耕种。土地改革极大地调动了农民的积极性，使农业生产冲破了独立后的低迷困境，得到大幅提高。

解决粮食安全问题。为了进一步改善粮食安全状况，保证国内基本食品供应，促进农产品出口增长，乌兹别克斯坦将改善农产品种植结构，逐步减少棉花种植面积。根据总统确定的食品纲要，乌兹别克斯坦在2015—2019年期间分阶段优化棉花种植面积，并将棉花单产低的地区不断改为种植适宜的水果蔬菜品种。

优化农产品结构。据统计，1990—2010年，乌兹别克斯坦籽棉产量占农产品产量的比重从47.7%降至11.1%，粮食作物、马铃薯和果蔬产量均有大幅度增长，农产品结构得到了一定优化。然而基于农民生产积极性而提升的生产力，在达到一定高度后就很难再度大幅提升。虽然乌兹别克斯坦的种植业结构有所改变，但棉花产业所占比例依旧偏大。

(2) 农业经济改革政策

乌兹别克斯坦政府制定了必要的法律框架来保证其农业领域经济改革的实现。近年来，政府颁布了各类纲要、措施等，作为改革的政策性基础，主要包括《2012—2016年农业生产技术装备更新及进一步现代化国家纲要》《2013—2017年灌溉地土壤改良及水资源合理利用国家纲要》《乌兹别克斯坦2013—2016年加快发展农村地区配套服务》《2016—2020年关于深化农业改革和发展的措施》等。一系列政策措施的制定为乌兹别克斯坦的农业经济改革奠定了基础，使得近年来农业生产实现了稳步增长。

(3) 农业经济改革主要内容

内容主要包括：实现资产和结果改革；提高土地和水资源利用效率；继续提高粮食产量，保障粮食安全；以及推动农业生产现代化和农业技术更新。

尽管通过各种农业改革政策的有效推进和实施，乌兹别克斯坦在粮食安全和农业发展领域取得了不小的成绩，但还存在一些问题，其中最主要的仍是土地利用效率低、水资源管理体系不完善以及灌溉技术落后等。

（八）中国

1. 基本概况

中国是人口第一大国，占世界总人口的近 1/5，解决人口吃饭问题，维护国家粮食安全一直是农业面临的第一要务。作为一个农业人口比重（2018 年为 40.42%）比较大的国家，农业在国民经济中的地位十分重要。中国虽然有 960 万平方千米的陆地面积，但是耕地面积只有 128 万平方千米，约占世界耕地面积的 7%。近年来，中国农业现代化步伐加快推进，但也呈现出较多问题。

2. 农业生产

与发达国家相比，中国农业仍然面临一系列问题，如农业生产的自动化低，单位耕地面积的投入高，产出低，不能满足国民对农业物资的需求。同时，农业受到土地资源、水资源短缺束缚严重，自然灾害发生频繁等。

农产品质量安全问题表现突出。近年出现的三聚氰胺、膨胀剂、瘦肉精等事件将农产品质量安全问题推到了风口浪尖，人们对农产品质量安全问题表现出前所未有的关注。民以食为天，农产品质量安全是关系国计民生的大问题，也是影响市场竞争秩序和制约经济发展的重要问题。

农业生产结构性失衡问题日益突出。有效供给未能很好地适应市场需求的变化，农业大而不强、大而不优，导致农产品供给出现结构性失衡。同时，不合理的供给结构也给环境带来巨大的压力，林地、草地、湿地被过度开垦，地下水超采严重，农业面源污染加重，生态环境承载能力越来越接近极限。

农业效益低。当前农业生产的高成本已成为重要问题，不仅导致国内外粮价倒挂，同时大量农药化肥不合理使用带来成本和生态双重压力，也危及着我国农业的可持续发展。

3. 农业科技

在作物育种方面，中国作物分子育种技术紧跟国际前沿，但技术原创性不足，产业化应用严重滞后。作物品种培育成效显著，但转基因品种产业化严重滞后，尚不能满足现代农业发展多元化需求。

在动物育种方面，中国培育出一系列特色畜禽品种，如北京峪口禽业公司自主培育出京粉京红系列蛋鸡，温氏集团等单位自主培育优质黄羽肉鸡品种。但是，目前中国奶牛、肉牛、猪、肉鸡等规模化养殖场的畜禽种源仍然依赖进口。

在土壤改良方面，中国障碍土壤改良与土壤肥力提升技术紧跟并居国际先进水平。

在节肥技术方面，中国在测土施肥技术、精准施肥技术、灌溉施肥技术等方面处于与国际基本相同的水平。

在节水技术方面，中国在地膜覆盖技术和产品方面形成了特色，在原创性生物节水理论、智能化节水灌溉技术相关感知技术手段，智能决策模型依旧与世界先进水平有较大差距。

在节药技术方面，中国通过与生物学、信息学、互联网＋技术融合，系统实现了重大病虫害预测预报，显著提高了农业生物灾害的防御能力。但是，中国当前农药利用率为38.8%，距离欧美国家的60%仍有较大差距，农药精准施药及变量喷雾技术明显落后欧美国家。

在动物饲料营养方面，中国在饲料质量安全检测技术、饲料生物学效价评定技术、无公害新型饲料添加剂技术、畜产品营养改进技术、养殖环境质量检测技术等方面取得一系列创新性研究成果，但在低蛋白日粮配制技术等新型饲料添加剂技术，节约环保型饲料技术的研发方面有待加强。另外，中国饲料原料短缺问题日益突出，饲料蛋白原料和能量原料对外依存度逐年提升，如中国大豆进口量对外依存度达80%以上。近年来，中国日益加强饲料科学研究与资源综合利用，充分开发原料的饲用价值，并大力发展非粮型饲料。

在动物疫病防控中，与发达国家相比，中国大部分重大动物疫病，人畜共患病致病与免疫机制研究还有明显不足，缺乏原创性，对非洲猪瘟、蓝舌病等新发病及外来病主要集中在疫情监测上，而对致病机制、诊断靶标以及疫苗候选发掘还不够深入，疫病风险评估以及预警技术薄弱。但是中国在猪瘟兔化弱毒疫苗、伪狂犬病疫苗、马传染性喷血驴白细胞弱毒疫苗、禽流感灭活疫苗等产品研发，仍处于世界先进水平。

在设施与农机装备方面，中国的水稻精量直播技术、玉米籽粒收获、花生机械化收获、水果精选分级、保护性耕作等领域都有很大突破。目前中国农机装备主要以三大粮食作物（小麦、玉米和稻米）田间作业机械为主。

在农产品加工技术方面，中国中式传统食品工业化技术国际领先，但农产品加工整体技术装备的原创性、集成性不足。

农业废弃物资源化利用方面，中国在粪便好氧堆肥计算、沼气／生物天然气技术、秸秆气化以及死畜禽处理利用技术等研发水平与发达国家水平相当。

在农业生物技术研发方面，中国在基因编辑技术、全基因组选择技术、转基因技术、合成生物技术、性别控制技术等方面紧跟世界先进水平。但整体上，中国农业生物技术和产品的原创力依然存在不足。

在农业信息技术方面，中国农业人工智能技术应用与世界发展同步，但农业人工智能核心技术与国际先进水平差距巨大，计算芯片、主要算法、平台软件等全部依赖国外。

4. 农产品贸易

2018 年，中国农产品进出口贸易继续保持全面增长；出口额 804.5 亿美元，比上年增长 6.5%，进口额 1372.6 亿美元，增长 9.1%；贸易逆差 568.1 亿美元，增长 64.9 亿美元。

分大类来看，中国出口额排前五位的农产品依次为水产品、蔬菜、水果、畜产品和饮品；进口额排前五位的农产品分别为油籽、畜产品、水产品、水果和饮品。前五位的出口市场为日本、中国香港、美国、越南和韩国，占出口总额的 49.5%；前五位进口来源地依次为巴西、美国、澳大利亚、加拿大和新西兰，合计占进口总额 54.5%。

农产品出口排前五位的省份为山东、广东、福建、浙江和辽宁。进口排前五位的省份分别为广东、江苏、山东、上海和天津。

5. 农业政策

(1) 2019 年中央一号文件提出坚持农业农村优先发展总方针

文件指出，2019 和 2020 两年是全面建成小康社会的决胜期，"三农"领域有不少必须完成的硬任务，必须坚持把解决好"三农"问题作为全党工作重中之重不动摇，进一步统一思想、坚定信心、落实工作，巩固发展农业农村好形势，发挥"三农"压舱石作用，为有效应对各种风险挑战赢得主动，为确保经济持续健康发展和社会大局稳定、如期实现第一个百年奋斗目标奠定基础。

文件强调，牢固树立农业农村优先发展政策导向，优先考虑"三农"干部配备，把优秀干部充实到"三农"战线，把精锐力量充实到基层一线；优先满足"三农"发展要素配置，坚决破除妨碍城乡要素自由流动、平等交换的体制机制壁垒，推动资源要素向农村流动；优先保障"三农"资金投入，坚持把农业农村作为财政优先保障领域和金融优先服务领域，公共财政更大力度向"三农"倾斜；优先安排农村公共服务，推进城乡基本公共服务标准统一、制度并轨。

(2) 全国农村经济发展"十三五"规划

2016 年，由中国国家发改委印发的《全国农村经济发展"十三五"规划》指出：

第一，大规模推进高标准农田建设，到 2020 年确保建成 8 亿亩、力争建成 10 亿亩高标准农田；加强农田水利建设，加快大中型灌区续建配套和节水改造，开展大中型灌区现代化改造试点；推动种业科技创新，全面推进良种重大科研联合攻关，加快主要粮食作物新一轮品种更新换代；大力推进农业机械化，推进主要粮食作物生产全程机械化，提高水稻栽植、玉米和马铃薯收获等环节机械化作业水平。

第二，加快农业信息化建设，实施"互联网+"现代农业行动，推进现代信息技术应用于农业生产、经营、管理和服务，发展网络化、智能化、精细化的现代种养加模式。采用大数据、物联网、云计算等技术，建立数据智能化采集、处理、应用、服务、共享体系。发展智慧气象和农业遥感技术应用，建立健全农业信息监测预警体系，提高农业信息化水平。

第三，继续实施全国新增 500 亿千克粮食生产能力规划，提升 800 个产粮大县粮食生产能力，扩大东北大豆种植，巩固新疆棉花、广西和云南甘蔗、长江流域油料等生产能力，支持中西部地区因地制宜发展特色经济作物、山地牧业、木本油料、林果业、食用菌、中医药、林下经济等。

第四，积极推动农业走出去。充分发挥农业产业化龙头企业、农垦企业的优势，培育一批具有国际竞争力和品牌知名度的跨国粮商、流通商和农业企业集团。支持企业在境外建设农产品生产、加工、储运基地，打造全球农业全产业链。加强与国际农业企业的联合，促进农机装备、农兽药、化肥等领域的产能合作。完善农产品市场骨干网络，推动农产品批发市场或物流中心升级改造，加快打造一批具有国内外影响力的农产品集散中心、物流加工配送中心和国际农产品展销中心，发挥价格形成中心的作用。

(3)"十三五"农业农村科技创新专项规划

2017 年，由中国科技部、农业部、国家海洋局等国家 16 个部委共同编制的《"十三五"农业农村科技创新专项规划》（以下简称《规划》）的主要内容包括：

第一，主要农作物育种。以水稻、小麦、玉米、大豆、棉花等主要农作物种业科技创新和产业化为重点，突破基因挖掘、品种设计和良种繁育核心技术，创造有重大应用前景的新种质，培育和应用一批具有自主知识产权的突破性重大新品种。

第二，主要经济作物育种。以蔬菜、油料作物、食用菌、糖料作物、茶叶、薯类作物、饲料作物等为重点，开展种质资源收集、评价、利用，重要基因挖掘，分子设计与转基因育种，分子标记辅助选择育种等关键技术研究，创制一批优质、高产、高效新品种。

第三，主要畜禽水产育种。以猪、牛、羊、鸡、水禽等主要畜禽，鱼、虾、蟹、贝、藻、参等主要水产动（植）物为重点，重点突破基因挖掘、品种设计和良种繁育核心技术，加大对国外引进生物物种资源筛查与甄别检验技术研究，培育一批高性能动物品种。

第四，主要林果花草育种。开展林果花草种质资源收集、评价、利用，深化细胞工程育种、基因工程育种、分子标记辅助育种、航天育种等前沿科学研究，创新育种方法，突破育种关键技术，培育一批优良新品种。

此外，《规划》还提出实施农业高新技术企业培育工程。面向生物种业、农机装备、农业物联网、食品制造等现代农业产业，研究出台孵化、培育农业高新技术企业的扶持政策，鼓励产学研合作申报承担国家相关科技计划，力争到 2020 年培育 10000 家左右农业高新技术企业。

第三章
上合组织国家农业技术交流、
培训与示范的需求内容

目前，各成员国都面临着经济发展这一繁重任务，农业作为其发展重点，为实现传统农业向现代农业的跨越，尽快缩小与发达国家的差距，势必要在农业科技发展上取得新突破。

上合组织各成员国，由于其经济模式、资源禀赋、生产力发展水平、政策环境等方面的差异，所以各国在农产品、农业技术、农业人才等方面都存在一定的优势和劣势。

目前中国农业科技创新整体水平已进入世界第二方阵，农业科技进步贡献率达到58.3%。中国在品种培育、病虫害防治、设施农业、农机装备研制、农业生产信息化、精准化与智能化、旱作节水、滴灌喷灌、化肥农药科学施用、农业废弃物资源化利用等方面都取得了重大进展。但在动物育种、重大疫病防控、农产品深加工、农业生物技术、农业信息技术等领域与世界先进水平还存在很大差距。

为了进一步深化各成员国间的农业合作，提高农业生产力，实现各国共同发展繁荣，中国作为上合组织发起国和诞生地，立足自身农业发展实力和经验，结合上述对各国农业与科技发展基本情况的分析，取长补短，找出制约各国农业发展的一些共性问题和个性问题，对不同国家、不同层次人员开展有针对性的农业技术交流、培训与示范，具有重要的战略意义。

（一）区域发展共同面临的问题

1. 跨境动物疫病联防联控

为了进一步扩大区域农产品贸易往来，减少贸易壁垒，相互开放市场，一些区域性重大动物疫病防控（如禽流感、非洲猪瘟、口蹄疫等），也是各成员国共同关注的问题。各成员国应加强对话交流与合作，携手应对挑战，加强跨境动物疫病联合防控，创建生物安全通道。通过分享相关动物疫病防控、疫苗研发和免疫政策实施的经验，不但可以促进本地区动物疫病有效控制，而且在增进成员国间互信、推动动物及动物产品贸易等方面也将会发挥积极作用。

2. 土地退化和荒漠化

上合组织部分成员国（印度北部、巴基斯坦、中亚与中国西北）土地沙化问题日趋严重，已成为农业可持续发展的重要障碍。中亚地区随着不断增长的人口压力、全球气候变化的影响以及咸海水位不断下降，土地盐渍化、贫瘠化、极度干旱化以及地表植被退化趋势日益严重。在吉尔吉斯斯坦境内，由于过度放牧和长期使用传统的方式灌溉，一些地区土壤次生盐渍化严重，加之过量使用河水，使得湖泊面积锐减，湖泊调节气候的能力下降，再加上过度开垦，导致土地荒漠化加剧。在巴基斯坦，由于气候特别干旱，地貌的风力过程非常活跃，加上人类过度开垦、过度放牧、樵采破坏天然植被、河流变迁、交通道路修建等对地表的破坏，造成塔尔地区荒漠化加剧。如何利用先进的科学技术推进土地退化和沙化防治工作，加快防治速度，减少土地退化和沙化面积，成了大多数成员国所共同关注的问题。

3.水资源短缺

水资源短缺已成为世界各国关注的焦点。水资源短缺、水资源分布不均、水环境被严重污染等等都是当今社会所亟须解决的一系列问题，这些问题对世界各国的经济发展已构成了重大的威胁，如何解决好水多、水少、水脏和水污染等问题，直接关系到水资源的可持续利用、粮食生产的安全、经济增长的方式、国民经济的可持续发展、维持生态环境的安全以及国内国际环境的安定。除俄罗斯外，其他成员国都面临水资源短缺问题，水资源缺乏成了限制其农业发展的根本因素。如何科学用水，提高水资源利用率，缓解水资源短缺对农业生产造成的不利影响，是各成员国目前迫切要解决的问题。

4.应对气候变化

气候变化对各国带来的直接影响是粮食安全问题。气候变化会导致植物病虫害危害加剧，粮食产量不稳定以及质量降低，从而严重影响粮食安全。因上合组织各成员国地缘相近、利益相关、自然灾害特点相近，再加上近年来，因气候变化导致的自然灾害和天气异常现象各成员国都有增加，所以未来共同应对气候变化问题将是各成员国共同面临的问题。自1992年联合国环境与发展大会后，中国政府率先组织制定了《中国21世纪议程——中国21世纪人口、环境与发展白皮书》，并从国情出发采取了一系列政策措施，为减缓全球气候变化做出积极贡献。美国芝加哥大学能源政策研究所2018年3月发表的报告称，2013—2017年，中国空气中细颗粒物水平平均下降32%。报告称赞短短4年间，中国治理空气污染取得的进步"不管从哪种标准说都相当卓越"，而美国完成同样的任务用了数十年。过去十多年的实践证明，中国正在探索出一条应对气候变化、保护环境与实现经济增长多赢的发展路径。

5.农产品质量安全认证体系与国际不接轨

农产品质量安全已成为各国政府关注的重点，百姓关注的焦点。目前，大多数成员国农产品质量安全认证体系存在诸多问题，面对国际市场准入标准的不断提高，农产品出口遭遇严峻的绿色壁垒。因质量安全达不到国际标准要求而受阻的事件屡有发生，给农民和出口企业造成较大损失，并影响到成员国农产品声誉。发达国家的农产品质量安全标准多采取系统的管理体系，注重"从农田到餐桌"整条食物链的管理是欧盟等发达国家食品安全管理的基本原则。但部分成员国质量安全指标难以覆盖整个生产过程，农兽药限量标准的制修订与药品登记和禁用药物的衔接较差。国际标准变化迅速，而部分成员国标准制订相对滞后。如何建立与国际接轨的农产品质量安全认证体系，促进农产品贸易便利化，扩大农产品贸易往来，也是各成员国所亟待解决的问题。

6. 农产品贸易便利化水平低

贸易便利化水平与经济发展程度往往成正相关，大部分各成员国农产品跨境贸易便利化水平低，通关时间长、费用高、效率低。除了在人文地理、历史、社会风俗、法律制度等方面差异巨大外，经济发展水平也参差不齐，大多数国家都属于发展中国家，无论是在公路、港口、仓储等基础硬件设施，还是海关效率、信息和互联网技术、检验检疫、制度环境等软件设施方面，都存在推动农产品贸易便利化的重重障碍。如何提高农产品贸易便利化水平，推动农产品贸易，扩大贸易规模，实现农产品贸易持续增长，这将是各成员国需要解决的实际问题。目前比较有效的措施是以海关便利化为突破口，带动基础设施建设、物流运输、农产品检验检疫、农产品跨境电子商务等贸易便利制度整体向前发展。

7. 降低贫困人口

当今世界，贫困是人类面临的最大问题之一。消除贫困，自古以来就是人类梦寐以求的理想，是各国人民追求幸福生活的基本权利。第二次世界大战结束后，消除贫困始终是广大发展中国家面临的重要任务。中国在扶贫方面取得了举世瞩目的成就，2020年将消除绝对贫困，形成了一整套扶贫开发的完整体系，中国所积累的经验和创造出的扶贫开发模式是人类文明发展的智慧结晶，对世界其他国家具有重要的借鉴意义。例如为促进精准扶贫，中央提出实施"五个一批"工程，即发展生产脱贫一批、易地搬迁脱贫一批、生态补偿脱贫一批、发展教育脱贫一批、社会保障兜底一批。再加上就业扶贫、健康扶贫、消费扶贫、资产收益扶贫等提供保障。中国政府先后被世界粮农组织授予联合国千年发展目标中减少饥饿目标证书、世界粮食首脑会议减少饥饿目标证书，体现国际社会对中国农业发展和减贫成就的充分肯定。上合组织各成员国大多是传统的农业国家，农村人口占比较大，超过 50%（中国 42%、俄罗斯 26% 与哈萨克斯坦 42% 除外），其中印度超过 66%，消除贫困，改善人民生活水平，实现可持续发展，应该是各成员国共同面临的问题。

（二）上合组织国家农业发展面临的问题

除了上述区域发展所共同面临的问题外，每个成员国因其国情不同，在其农业发展过程中，各自还面临着一些比较突出的问题。

1. 巴基斯坦

巴基斯坦农业人口占比高，农业科技投入以及农业劳动力科技文化素质低；农业生产方式粗放，机械化水平较低，手工或者较低的机械化手段较为普遍，比较效益低；种子质量较差，缺乏优质良种，施用化肥数量不够；水资源缺乏，水资源利用效率低；畜牧业技术装备水平低；农产品加工技术较为落后、加工体系不够完整、加工企业规模偏小、加工标准不够健全以及综合利用不足；出口农产品质量欠佳，农产品质量认证体系不健全。

2. 印度

印度作为世界粮食生产大国，耕地面积世界第二，尽管农业生产自然条件优越，但仍然存在大量饥饿人口。作为农业大国，农业生产水平总体不高；农业基础设施建设滞后是印度农业发展的短板，特别是农田水利配套设施不健全，灌溉设施落后，农田大多以漫灌为主，滴灌技术较为欠缺，极大制约了农业生产潜力的发挥；持有土地分散；生产投入成本上升；缺乏基层农业技术推广体系；主要粮食作物（水稻、小麦）、经济作物（棉花、大豆和油菜籽）等单产水平显著低于中国和世界平均水平；抗灾害能力不足；在良种运用、农业先进技术推广方面发展缓慢；机械化耕种程度低；农业公共投资水平低；过度使用化肥；冷库、冷藏车不足和路况差，粮食仓储加工能力不足，仓储加工设施期待改善，有将近40%的食物被损耗，粮食附加价值开发不够等。

3. 俄罗斯

俄罗斯经济增长缓慢，甚至出现了负增长，农村与城市两极分化非常严重；农村劳动力不足，普遍缺少熟练掌握农业生产技术的青年劳动力；政府投入严重不足，资金短缺；农产品物流基础设施建设滞后，销售渠道不畅通；农业对国际市场的依赖程度高；农业生产的主要限制因素是气候条件，农业综合自然条件较差和东北部自然条件严酷；生产工具效率低，部分小农场依靠手工劳动，买不起农机具；粮食作物种类较少，主要为麦类；牧场面积不断萎缩，肉类、奶制品依赖进口；由于气候原因，水果和蔬菜依赖进口；异常天气（干旱、冰雹）对粮食生产造成一定影响；农业科研人员流失，科技创新投入不足，科研梯队断层情况颇为严重，对农业科技发展产生不良后果。

4. 哈萨克斯坦

哈萨克斯坦是农业较发达的内陆国家。农业广种薄收，小麦、棉花单产明显低于中国；粮食加工储存能力不足、交通运输落后；农业生产总体投入不足；农业生产技术落后，农业机械化水平低；化肥农药等农资供应严重不足，在畜牧业发展中，饲料保障不足、成本增加，小规模散养经营、集约化程度低，育种不发达，畜禽良种化进程慢；兽医服务不到位；从事农业劳动力资源困乏，农业技术人员水平低，年龄偏大；乳制品60%依靠进口；果蔬农产品、设施农产品以及加工农产品等劳动密集型和技术密集型农产品与中国相比，处于劣势。

5．吉尔吉斯斯坦

吉尔吉斯斯坦农业综合生产能力弱，粮食单产低，面临粮食安全问题；农业技术措施缺乏；病虫害控制差；土壤肥力低，农药化肥投入少；农产品加工产业链不成熟，在加工、运输、保鲜、储藏等多个关键环节技术水平发展滞后；灌溉工程老化，水资源利用效率低；科研项目经费短缺、试验设备落后，优秀科研人员流失严重，基层农业技术人员匮乏；部分农产品尤其是加工食品等劳动集约型产品进口需求大。

6．塔吉克斯坦

塔吉克斯坦农业仍然处于缓慢的恢复阶段，粮食作物供给严重不足，四成粮食依靠进口。农业投资严重不足，作物单产水平低；农业用地不足，化肥农药紧缺，土壤肥力较差，优质耕地资源缺乏，土壤肥力和农业生态管理系统和土壤改良技术措施欠缺；种植结构单一，对外依赖性高；耕作方式粗放，集约化程度低；农业机械老化，农机装备设施不足，装备水平落后；栽培耕作技术落后，植保、农机推广等方面的科研工作进展缓慢，未进行高新生物技术在新品种选育方面的研究；作物品种退化，优质良种缺乏，品种研发能力不足；牲畜品种差，草场资源利用率低，饲料严重短缺；农产品加工业落后，棉花深加工技术缺乏，深加工食品基本靠进口满足；农业科技推广体系不完善，农业科研经费和人才严重短缺，科研队伍青黄不接、研究技术手段落后、实验仪器设备陈旧等。

7．乌兹别克斯坦

乌兹别克斯坦属严重干旱的大陆性气候，自然条件在某种程度上限制了农业发展；种植结构单一；农田耕作大部分靠手工劳动，生产水平低；

水资源利用不合理，水资源利用效率低，造成了大量生态问题；土地续耕能力不足，土地最大问题是盐碱化，约 200 万公顷可耕地存在不同程度的盐碱化，畜牧草场的沙化、石化和盐碱化现象也十分严重；机械设备老化，工艺技术水平较低，农作物在收割、运输和储藏过程中损失严重；农产品贸易主要以初级产品为主；农业合作利用外资水平低；在棉花产业上，多数轧花厂棉机设备老化、剥绒机效率低，导致棉籽上的短绒剥不干净，出绒率较低；同时，由于榨油设备陈旧，致使棉籽的出油率只有 10% ~ 15%，低于我国 23% 的水平。

8. 中国

可持续发展一直是现代农业的核心。农业可持续发展关乎到中国农业经济发展的未来，也是解决中国"三农"问题的根本。在中国农业实现可持续发展的过程中，存在多种类型的制约因素，比如农业受土地资源、水资源短缺束缚严重，自然灾害发生频繁；农业科技创新成果供给不足，农业科技投入不足，农业科技成果转化率低，农业科技创新区域差距大；农产品质量安全和农业生产结构性失衡问题突出；农业大而不强、大而不优，农产品供给出现结构性失衡；林地、草地、湿地被过度开垦，地下水超采严重，农业面源污染加重，生态环境承载能力越来越接近极限；农业生产成本高，大量农药化肥不合理使用带来成本和生态双重压力，已危及中国农业的可持续发展等。

（三）农业科技交流、培训与示范的对象和内容

由于各成员国的地理位置、气候条件、资源禀赋、水资源状况等方面存在差异，所以其生产和出口的农产品种类也有所不同，进而对其交流、培训与示范的内容也会有所不同（表 1）。

表 1　各成员国生产和出口的主要农产品种类

	主要粮食作物	主要经济作物	主要畜产品	出口农产品
俄罗斯	小麦、大麦、黑麦、燕麦	亚麻、向日葵和甜菜	牛肉、猪肉、羊肉、禽肉、牛奶、鸡蛋	小麦
印度	水稻、小麦	棉花、茶叶	禽肉、牛羊肉	棉花、牛肉
巴基斯坦	小麦、水稻	棉花、甘蔗	牛羊肉、禽肉、动物奶	棉花
哈萨克斯坦	小麦、水稻	棉花	牛羊肉、禽肉	小麦、棉花
吉尔吉斯斯坦	小麦	棉花、甜菜	牛羊肉、禽肉、牛奶、羊毛、鸡蛋	活体动物、棉花
塔吉克斯坦	小麦	棉花	牛羊肉、禽肉	棉花
乌兹别克斯坦	小麦	棉花	牛羊肉、禽肉、牛奶	棉花
中国	水稻、小麦、玉米	棉花、油料、糖料、烟叶、麻类、药材等	猪肉、禽肉、牛羊肉、牛奶、禽蛋	水产品、蔬菜、水果为主

1. 针对国家农业高级别官员

中国作为地区内大国，在农业合作中考虑到伙伴国的现实诉求，积极发挥大国担当作用，构建有效的沟通机制。农业高级别官员，作为国家政策的制定者和执行者，在平常的领导和管理中，一直担任领袖的角色。他们的业务水平和管理能力，直接影响本国农业政策的制定和执行。

中国充分利用上合组织平台，加强与成员国之间的高层沟通，组织各成员国农业高级别官员，对其开展农业技术交流、培训与示范，提升其综合管理能力，进而将有利于成员国农业现代化发展，优化农业对外合作环境，提升区域互联互通，提升综合效应，促进区域农业健康发展，实现共同发展繁荣。

针对上文所分析的大部分成员国所共同面临的问题，可以在以下 8 个方面开展技术交流、培训与示范，内容见表 2。

表2　针对各成员国农业高级别官员交流、培训与示范内容

	俄罗斯	印度	巴基斯坦	哈萨克斯坦	吉尔吉斯斯坦	塔吉克斯坦	乌兹别克斯坦	中国
跨境动物疫病联防联控	✓	✓	✓	✓	✓	✓	✓	✓
水资源综合利用	✓	✓	✓	✓	✓	✓	✓	✓
中国土地退化和荒漠化防治方案	✓	✓	✓	✓	✓	✓	✓	×
农产品质量安全认证体系	✓	✓	✓	✓	✓	✓	✓	✓
农产品跨境电子商务	✓	✓	✓	✓	✓	✓	✓	✓
进出口农产品检验检疫	✓	✓	✓	✓	✓	✓	✓	✓
中国减贫困方案	✓	✓	✓	✓	✓	✓	✓	×
中国应对气候变化方案	✓	✓	✓	✓	✓	✓	✓	×

备注：×表示该内容不是成员需求项，✓表示该内容是本国的需求项，下同。

2. 针对国家专业技术人员

改革开放以来，中国农业科技迅速发展，很多实用技术适合大部分成员国的需求，可以进行推广应用，助推其农业技术水平提升，促进区域内的农业科技和经济共同发展。目前，由中国主办的发展中国家技术培训班已日益成为中国扩大开放、开展互利共赢合作的一个亮丽品牌，造福全人类。中国在种植业、节水灌溉、农业信息技术等多个领域技术比较先进，可以组织各成员国的专业技术人员，开展多领域的技术培训与交流，提升其专业水平，进而促进成员国间农业对外合作广度和深度，促进农业现代化建设，实现区域经济共同繁荣。另外，印度的农业生物技术，IT技术等，俄罗斯的农作物育种技术、动物育种技术也比较先进，各成员国可以相互交流，相互学习，促进各成员国现代农业的共同发展。

交流、培训与示范对象包括在农业科研单位、农业大学、涉农公司等机构从事农业科研的专业技术人员。农业技术交流、培训与示范的内容共包括作物育种技术、动物育种技术、土壤改良保育技术等12大领域，具体内容参见表3至表14。

（1）作物育种技术

交流、培训与示范内容包括：杂交水稻育种技术、杂交小麦育种技术、转基因抗虫棉育种技术。

表3 针对各成员国作物育种技术的交流、培训与示范内容

	俄罗斯	印度	巴基斯坦	哈萨克斯坦	吉尔吉斯斯坦	塔吉克斯坦	乌兹别克斯坦	中国
杂交水稻育种技术	×	✓	✓	✓	×	×	×	×
杂交小麦育种技术	×	✓	✓	✓	✓	✓	✓	×
转基因抗虫棉育种技术	×	✓	×	✓	✓	✓	✓	✓

（2）动物育种技术

交流、培训与示范内容包括奶牛分子育种技术、奶牛基因组选择技术。

表4 针对各成员国动物育种技术的交流、培训与示范内容

	俄罗斯	印度	巴基斯坦	哈萨克斯坦	吉尔吉斯斯坦	塔吉克斯坦	乌兹别克斯坦	中国
奶牛分子育种技术	×	✓	✓	✓	✓	✓	✓	✓
奶牛基因组选择技术	×	✓	✓	✓	✓	✓	✓	✓
肉牛分子育种技术	×	✓	✓	✓	✓	✓	✓	✓

（3）土壤改良保育技术

交流、培训与示范内容包括盐碱地综合治理与高效利用技术、水稻土改良和地力提升技术、土壤有机质提升技术。

表5 针对各成员国土壤改良保育技术的交流、培训与示范内容

	俄罗斯	印度	巴基斯坦	哈萨克斯坦	吉尔吉斯斯坦	塔吉克斯坦	乌兹别克斯坦	中国
盐碱地综合治理与高效利用技术	✓	✓	✓	✓	×	×	✓	×
水稻土改良和地力提升技术	×	✓	✓	✓	×	×	×	×
土壤有机质提升技术	×	✓	✓	✓	✓	✓	✓	×

（4）节肥技术

交流、培训与示范内容包括测土施肥技术和灌溉施肥技术（水肥一体化技术）。

表6　针对各成员国节肥技术的交流、培训与示范内容

	俄罗斯	印度	巴基斯坦	哈萨克斯坦	吉尔吉斯斯坦	塔吉克斯坦	乌兹别克斯坦	中国
测土配法施肥技术	✓	✓	✓	✓	✓	✓	✓	×
灌溉施肥技术（水肥一体化技术）	✓	✓	✓	✓	✓	✓	✓	×

（5）节水技术

交流、培训与示范内容包括地膜覆盖技术、滴灌喷灌技术、非常规水利用技术。

表7　针对各成员国节水技术的交流、培训与示范内容

	俄罗斯	印度	巴基斯坦	哈萨克斯坦	吉尔吉斯斯坦	塔吉克斯坦	乌兹别克斯坦	中国
地膜覆盖技术	×	✓	✓	✓	✓	✓	✓	×
滴灌喷灌技术	×	✓	✓	✓	✓	✓	✓	×
非常规水利用技术	×	✓	✓	✓	✓	✓	✓	×

（6）节药技术

交流、培训与示范内容包括生物防治技术、植保无人机技术、重大病虫害预测预报技术。

表8　针对各成员国节药技术的交流、培训与示范内容

	俄罗斯	印度	巴基斯坦	哈萨克斯坦	吉尔吉斯斯坦	塔吉克斯坦	乌兹别克斯坦	中国
生物防治技术	✓	✓	✓	✓	✓	✓	✓	×
植保无人机技术	✓	✓	✓	✓	✓	✓	✓	×
重大病虫害预测预报技术	✓	✓	✓	✓	✓	✓	✓	

（7）动物饲养营养技术

交流、培训与示范内容包括牧草新品种选育、新型饲料资源与原料开发、畜禽新型饲养工艺与设备、畜产品营养改进技术、非粮饲料资源开发技术、新型饲料配方和综合利用技术、养殖环境质量检测技术、饲料质量安全检测技术。

表9　针对各成员国动物饲养营养技术的交流、培训与示范内容

	俄罗斯	印度	巴基斯坦	哈萨克斯坦	吉尔吉斯斯坦	塔吉克斯坦	乌兹别克斯坦	中国
牧草新品种选育	✓	✓	✓	✓	✓	✓	✓	✓
新型饲料资源与原料开发	✓	✓	✓	✓	✓	✓	✓	✓
畜禽新型饲养工艺与设备	✓	✓	✓	✓	✓	✓	✓	✓
畜产品营养改进技术	✓	✓	✓	✓	✓	✓	✓	✓
非粮饲料资源开发技术	✓	✓	✓	✓	✓	✓	✓	✓
新型饲料配方和综合利用技术	✓	✓	✓	✓	✓	✓	✓	✓
养殖环境质量检测技术	✓	✓	✓	✓	✓	✓	✓	✓
饲料质量安全检测技术	✓	✓	✓	✓	✓	✓	✓	✓

（8）动物疫病防控技术

交流、培训与示范内容包括禽流感疫苗的研制技术和动物疫病诊断技术。

表10　针对各成员国动物疫病防控技术的交流、培训与示范内容

	俄罗斯	印度	巴基斯坦	哈萨克斯坦	吉尔吉斯斯坦	塔吉克斯坦	乌兹别克斯坦	中国
禽流感疫苗的研制技术	✓	✓	✓	✓		✓	✓	×
动物疫病诊断技术	✓	✓	✓		✓		✓	

（9）设施与农机设备

交流、培训与示范内容包括水稻机械精量直播技术、保护性耕作技术、设施农业技术、植物工厂技术。

表 11　针对各成员国设施与农机设备的交流、培训与示范内容

	俄罗斯	印度	巴基斯坦	哈萨克斯坦	吉尔吉斯斯坦	塔吉克斯坦	乌兹别克斯坦	中国
水稻机械精量直播技术	×	√	√	√	×	×	×	×
保护性耕作技术	√	√	√	√	√	√	√	×
设施农业技术	√	×	×	√	√	√	√	√
植物工厂技术	√	√	√	√	√	√	√	×

（10）农产品深加工技术

交流、培训与示范内容包括农产品的采后保鲜与加工技术、农产品的低温保鲜技术、农产品冷链物流技术。

表 12　针对各成员国农产品深加工技术的交流、培训与示范内容

	俄罗斯	印度	巴基斯坦	哈萨克斯坦	吉尔吉斯斯坦	塔吉克斯坦	乌兹别克斯坦	中国
农产品的采后保鲜与加工技术	√	√	√	√	√	√	√	√
农产品的低温保鲜技术	√	√	√	√	√	√	√	√
农产品冷链物流技术	√	√	√	√	√	√	√	√

（11）农业废弃物资源化利用

交流、培训与示范内容包括秸秆还田技术、生物质能源化利用技术、秸秆高效发电技术、畜禽粪便堆肥技术、粪便污染与温室气体协同控制技术、秸秆成型技术等。

表 13　针对各成员国农业废弃物资源化利用的交流、培训与示范内容

	俄罗斯	印度	巴基斯坦	哈萨克斯坦	吉尔吉斯斯坦	塔吉克斯坦	乌兹别克斯坦	中国
秸秆还田技术	√	√	√	√	√	√	√	×
生物质能源化利用技术	√	√	√	√	√	√	√	√
秸秆高效发电技术	√	√	√	√	√	√	√	√

	俄罗斯	印度	巴基斯坦	哈萨克斯坦	吉尔吉斯斯坦	塔吉克斯坦	乌兹别克斯坦	中国
畜禽粪便堆肥技术	✓	✓	✓	✓	✓	✓	✓	✓
粪便污染与温室气体协同控制技术	✓	✓	✓	✓		✓	✓	✓
秸秆成型技术	✓	✓	✓	✓	✓	✓	✓	✓

（12）前沿技术

交流、培训与示范内容包括农业人工智能技术、农业物联网技术、农业大数据技术、农业机器人技术。

表 14　针对各成员国前沿技术的交流、培训与示范内容

	俄罗斯	印度	巴基斯坦	哈萨克斯坦	吉尔吉斯斯坦	塔吉克斯坦	乌兹别克斯坦	中国
农业人工智能技术	✓	✓	✓	✓	✓	✓	✓	✓
农业物联网技术	✓	✓	✓	✓	✓	✓	✓	✓
农业大数据技术	✓	✓	✓	✓	✓	✓	✓	✓
农业机器人技术	✓	✓	✓	✓	✓	✓	✓	✓

3. 针对现代职业农民

对各成员国现代职业农民进行农业技术交流、培训与示范，将有利于机械化作业，降低生产成本，提高生产效率，使农业生产经营规模化、标准化、品牌化成为可能。

目前，各成员国从事农业的劳动者年龄大，文化程度低，而年轻的和文化程度高的青年大都流向城镇，满足不了现代化农业发展需求，此外他们的思想观念、文化观念、自主意识和创新意识方面比较欠缺。现代职业农民的科技水平和科技基础对未来现代农业的发展起着关键性作用。各成员国都迫切需要建设一支有文化、懂技术、会经营的现代职业农民队伍，为推动本国农业规模化、标准化、科技化、生态化、休闲化、艺术化的发展提供强有力的人才支撑。

中国对现代职业农民培训积累了一定经验，杨凌示范区十年来面向旱区广大农民的科技培训工作成效显著，实现农民与科技、农民与企业（基地、园区）、农民与专家的零距离对接，数十万农民通过培训，开阔了视野，掌握了新技术，成为发展现代农业的"排头兵"，示范推广先进农业技术的"土专家"。

通过对各成员国职业农民进行技术培训和交流，可以提高农民的科技素质、业务和管理水平，提高农业生产效率，增加农产品附加值；了解农业新形势，接受新理念，提升经营和管理能力；增强法律意识和社会责任感，从而更好地在本国发挥农业生产带头人作用。

在进行农业技术交流、培训与示范时，要注重以农业产业发展为立足点，以农业生产技能和农业经营管理水平提升为两条主线同时进行，使其在技术水平和管理水平上都能同时得到提升。

主要交流、培训和示范的对象可以是养殖户、家庭农场主、农民专业合作社骨干、农业龙头企业、农业产业工人、农业雇员、农村信息员、农产品经纪人、农机手、动植物防疫员等。培训和交流内容包括小型机械的使用技术、水稻优质高产栽培技术、小麦优质高产栽培技术、棉花高产栽培技术、农产品粗加工技术、农作物病虫害防治技术、蔬菜设施栽培技术、测土配方施肥技术、肉牛养殖新技术、肉羊养殖新技术、肉鸡养殖技术、高效种养新技术、农业生产经营管理技术等（表15）。

表15　针对各成员国现代职业农民的培训、交流与示范内容

	俄罗斯	印度	巴基斯坦	哈萨克斯坦	吉尔吉斯斯坦	塔吉克斯坦	乌兹别克斯坦	中国
小型机械的使用技术	✓	✓	✓	✓	✓	✓	✓	×
水稻优质高产栽培技术	×	✓	✓	✓	✓	×	×	×
小麦优质高产栽培技术	✓	✓	✓	✓	✓	✓	✓	✓
棉花高产栽培技术	×	✓	✓	✓	✓	✓	✓	✓
农产品粗加工技术	✓	✓	✓	✓	✓	✓	✓	×

	俄罗斯	印度	巴基斯坦	哈萨克斯坦	吉尔吉斯斯坦	塔吉克斯坦	乌兹别克斯坦	中国
农作物病虫害防治技术	✓	✓	✓	✓	✓	✓	✓	×
蔬菜设施栽培技术	✓	×	×	✓	✓	✓	✓	×
树嫁接技术	✓	✓	✓	✓	✓	✓	✓	×
测土配方施肥技术	✓	✓	✓	✓	✓	✓	✓	×
肉牛养殖新技术	✓	✓	✓	✓	✓	✓	✓	×
肉羊养殖新技术	✓	✓	✓	✓	✓	✓	✓	×
肉鸡养殖技术	✓	✓	✓	✓	✓	✓	✓	×
高效种养新技术	✓	✓	✓	✓	✓	✓	✓	×
农业生产经营管理技术	✓	✓	✓	✓	✓	✓	✓	×
农产品市场营销策略	✓	✓	✓	✓	✓	✓	✓	×

（四）农业科技交流、培训与示范方案

1. 针对国家农业高级别官员

交流、培训与示范内容按表 2 提供的 8 项内容进行，具体设计如下：

(1) 交流、培训与示范地点：中国陕西省杨凌示范区、北京；

(2) 交流、培训与示范方式：短期培训 + 实地考察；

(3) 交流、培训与示范安排：20 ～ 30 人／期，14 ～ 21 天／期，1 期／年；

(4) 授课方式：专家面授；

(5) 师资：聘请中国人民大学、中国农业大学、中国农科院、西北农林科技大学、北京大学、清华大学等单位的相关领域专家以及上合组织成员国相关领域专家授课；

(6) 成果体现：颁发结业证书。

2. 针对国家农业专业技术人员

交流、培训与示范内容按照上文提供的十二大农业科技领域进行，同

时结合成员国的实际需求，按照不同领域有针对性对各国农业科技人员进行交流、培训与示范，每个领域的设计如下：

(1) 交流、培训与示范地点：国内（中国陕西省杨凌示范区、北京及农业发达省份）、国外（成员国）。

(2) 交流、培训与示范方式：短期培训＋实地考察、长期远程培训、留学生教育、组织专家到成员国开展短期培训与交流＋现场指导。

(3) 交流、培训与示范安排：

短期培训＋实地考察：20～30人／期，14～21天／期，1期／年；

长期远程培训，3个月／期，8个学时／月，24个学时／期，2期／年；

正规教育：成员国留学生，在中国农业高校学习；

组织专家到成员国开展短期培训与交流＋现场技术指导，5天／期，1期／成员国每年，7个成员国共7期。

(4)授课方式：专家面授与远程授课。

(5)师资：聘请中国知名农业大学、中国农业科研院所等单位以及上合组织成员国的相关领域专家授课。

(6)成果体现：颁发结业证书。

3. 针对国家现代职业农民

交流、培训与示范内容按表15提供的15项内容进行，根据目标国的实际需求，有针对性地开展交流、培训与示范，每一项内容的设计如下：

(1)交流、培训与示范地点：国外（各成员国）。

(2)交流、培训与示范方式：组织中国及成员国专家到目标国开展短期培训＋现场指导；长期远程培训；在目标国组织农民观看农作物高产栽培技术和家畜饲养技术视频（视频材料由中方组织专家录制）。

(3)交流、培训与示范时间安排：

组织专家到目标国开展短期培训与交流，包括2天理论学习＋3天现场技术指导，5天／期，1期／（成员国每年）；7个目标国共7期。

长期远程培训，国内授课，3个月／期，8个课时／月，24个课时／期，

2 期／年；

观看农作物高产栽培技术和家畜饲养技术视频，可以协会统一组织分批进行观看。

(4)授课方式：专家面授和远程授课。

(5)师资：聘请中国农业大学、农业科研院所、农业企业、农技推广服务机构等单位的农业科技人员授课，与此同时，还应聘请上合组织成员国相关领域的农业技术人员授课。

(6) 成果体现：颁发结业证书。

第四章
促进上合组织农业技术培训、
交流与示范的保障措施

（一）组织层面

为了响应习近平主席提出的要把上合组织打造成"团结互信、安危共担、互利共赢、包容互鉴"的典范这一目标，中国作为上合组织的发起国，正拿出实际行动，以中国担当推动构建上合组织命运共同体。上合组织国家间进一步加强农业合作，将有助于提升各自经济实力，克服各自农业技术差距，优化农业资源高效利用，提高人民的生活水平和质量，实现共同发展繁荣。

农业合作作为一种优质外交资源，已经成为国家领导人外交活动的优先和重点议题。"一带一路"建设中，农业交流合作成为重要支撑，中国已与沿线 48 个国家签署 101 份合作协议。2018 年上合峰会，将农业合作确定为上合组织国家间合作的重要内容。

国务院批准建立的以农业农村部部长为总召集人、由 21 个部级单位共同组成的"农业对外合作部际联席会议"制度，将涉农相关方全部纳入，为农业对外合作奠定坚强组织保障，合力推动中国农业对外合作。

促进农业对外合作意见、农业对外合作规划、《上海合作组织成员国政府间农业合作协定》《共同推进"一带一路"建设农业合作的愿景与行动》等文件相继发布，成为农业对外合作的基本遵循。

（二）资金层面

资金是上合组织农业技术交流、培训与示范项目能够顺利进行的物质基础。该项目培训可以按三大板块编制预算，包括针对国家农业高级别官员板块，针对国家农业专业技术人员板块，以及针对国家现代职业农民板块。目前，因项目培训规模、费用标准等事项尚未确定，所以经费预算在此就不具体展开。

附件1

上合组织国家农业发展概况调查表（中文版）

　　贵国作为上合组织成员国、观察员国或者对话伙伴国之一，为了更好促进两国农业科技交流与合作，上合组织智库项目组打算在上合组织成员国、观察员国以及对话伙伴国之间对农业技术交流、培训与示范的需求内容进行一项问卷调研。因此，恳请您在百忙之中，帮助我们完成如下问题，对您给予的无私帮助在此表示由衷的感谢。

1. 请选择您的国籍（请在合适选项后画√）

俄罗斯（　　）　　　印度（　　）　　　巴基斯坦（　　）

塔吉克斯坦（　　）　　吉尔吉斯斯坦（　　）　哈萨克斯坦（　　）

乌兹别克斯坦（　　）　蒙古（　　）　　　伊朗（　　）

阿富汗（　　）　　　白俄罗斯（　　）　　阿塞拜疆（　　）

亚美尼亚（　　）　　柬埔寨（　　）　　　尼泊尔（　　）

土耳其（　　）　　　斯里兰卡（　　）

2. 请选择您的职业（请在合适选项后画√）

A. 学生（　　）　　　　　　B. 科研人员（　　）

C. 政府官员（　　）　　　　D. 企业职员（　　）

E. 农民（　　）　　　　　　F. 其他（　　）

3. 您认为贵国农业发展水平如何？（请在合适选项后画√）

A. 发达（　　）　　　　　　　　B. 不发达（　　）

4. 您认为贵国在哪些农业技术方面比较先进？（多选题，请在合适选项后画√）

A. 作物育种技术（　　）　　　B. 动物育种技术（　　）

C. 土壤改良保育技术（　　）　D. 节肥技术（　　）

E. 节水技术（ ）   F. 节药技术（ ）

G. 动物饲养营养技术（ ） H. 动物疫病防控技术（ ）

I. 园艺设施与农机设备（ ） J. 农产品深加工技术（ ）

K. 农业废弃物资源化利用（ ） L. 土地荒漠化治理技术（ ）

M. 农业生物技术（ ）   N. 农业信息技术（ ）

5，您认为影响贵国农业科技创新的因素有哪些？（多项选择，请在合适选项后画✓）

  A. 农业科技投入不足（ ） B. 农业技术创新设备落后（ ）

  C. 农业创新人才流失严重（ ） D. 科研激励机制不健全（ ）

  E. 农业科技人员科技创新能力不足（ ） F. 应用基础理论研究能力不足（ ）

6. 您认为贵国和中国在哪些农业问题上应当共同面对和解决？（多项选择，请在合适选项后画✓）

  A. 跨境动物疫病联防联控（ ） B. 土地退化和荒漠化（ ）

  C. 水资源短缺（ ）   D. 应对气候变化（ ）

  E. 农产品质量安全体系与国际不接轨（ ） F. 农产品贸易便利化水平低（ ）

  G. 降低贫困人口（ ）

7. 您认为影响贵国粮食产量的因素有哪些？（多项选择，请在合适选项后画✓）

  A. 灌溉设施缺乏（ ）   B. 水资源缺乏（ ）

  C. 土壤肥力差（ ）   D. 自然灾害（ ）

  E. 栽培技术落后（ ）   F. 缺乏良种（ ）

  G. 农民文化素质低（ ） H. 肥料和农药缺乏（ ）

  I. 缺乏农机具（ ）   J. 机械化程度低（ ）

  K. 收获、储藏与加工技术落后（ ）

8. 您认为影响本国畜牧业发展的因素有哪些？（多项选择，请在合适选项后画√）

　　A. 养殖成本高（　　）　　　　B. 缺乏良种（　　）

　　C. 缺乏饲料（　　）　　　　　D. 养殖技术落后（　　）

　　E. 缺乏疫病防治措施（　　）　F. 养殖户文化素质低（　　）

9. 您认为贵国与中国在哪些农业技术方面可以进行合作与交流？（多项选择，请在合适选项后画√）

　　A. 作物育种技术（　　）　　　B. 动物育种技术（　　）

　　C. 土壤改良保育技术（　　）　D. 节肥技术（　　）

　　E. 节水技术（　　）　　　　　F. 节药技术（　　）

　　G. 动物饲养营养技术（　　）　H. 动物疫病防控技术（　　）

　　I. 园艺设施与农机设备（　　）J. 农业废弃物资源化利用（　　）

　　K. 土地荒漠化治理技术（　　）L. 农产品深加工技术（　　）

　　M. 农业生物技术（　　）　　　N. 农业信息技术（　　）

附件 2（英文版）

Questionnaire on Agricultural Development Conditions of SCO member states (English Version)

Shanghai Cooperation Organisation (SCO) Think Tank Project Team plans to conduct a questionnaire survey on the demands for the agricultural technology exchange, training and demonstration program among the SCO member countries, observer countries and dialogue partners in order to promote their exchange and cooperation of agricultural science and technology well with China. You are cordially invited to complete the following questions. Your support and cooperation are highly appreciated.

1. Please tick your nationality.

Russia (　); India (　); Pakistan (　); Tajikistan (　); Kyrgyzstan (　);
 Kazakhstan (　); Uzbekistan (　); Mongolia (　); Iran (　)
Afghanistan (　); Belarus (　); Azerbaijan (　); Armenia (　);
 Cambodia (　) ; Nepal (　) ; Turkey (　); Sri Lanka (　)

2. Please tick your occupation.

   A.　Student (　)

   B.　Researcher (　)

   C.　Government official (　)

   D.　Enterprise staff (　)

   E.　Farmers (　)

   E.　Others (　)

3. How do you assess the level of agricultural development in your country?

A. Developed (　)

B. Undeveloped (　)

4. What agricultural technologies are relatively advanced in your country (multiple options)?

A. Crop breeding technology (　)

B. Animal breeding technology (　)

C. Soil improvement and conservation (　)

D. Fertilizer saving technology (　)

E. Water saving technology (　)

F. Pesticide saving technology (　)

G. Animal feeding and nutrition technology (　)

H. Prevention and Control of animal diseases (　)

I. Agricultural machinery and equipment (　)

J. Deep processing of agricultural products (　)

K. Utilization of agricultural wastes (　)

L. Land desertification control (　)

M. Agricultural biotechnology (　)

N. Agricultural information technology (　)

5. What are the obstacles to agricultural science and technology innovation in your country? (multiple options)

A. Insufficient input in agricultural science and technology (　)

B. Backward instruments and equipment for technology innovation (　)

C. Agricultural brain drain (　)

D. Imperfect incentive mechanism for scientific research (　)

E. Insufficient innovation ability of agricultural scientific and technological personnel (　)

F. Insufficient capacity for basic and theory research (　)

6. What agricultural challenges do you think your country and China should face and solve together? (multiple options)

A. Joint prevention and control of cross-border animal diseases (　)

B. Land degradation and desertification (　)

C. Shortage of water resources (　)

D. Combating climate change (　)

E. Mismatch of the agricultural products quality and safety system with the international standards (　)

F. Low level of trade facilitation for agricultural products (　)

G. Poverty reduction (　)

7. What affect the grain output in your country? (multiple options)

A. Lack of irrigation facilities (　)

B. Shortage of water resources (　)

C. Low soil fertility (　)

D. Natural disasters (　)

E. Backward cultivation technique (　)

F. Lack of fine varieties (　)

G. Low education level of farmers (　)

H. Lack of fertilizers and pesticides (　)

I. Lack of agricultural machinery and tools (　)

J. Low level of mechanization (　)

K. Backward harvesting, storage and deep processing technology (　)

8. What affect the development of animal husbandry in your country? (multiple options)

A. High farming costs (　)

B. Lack of fine breeds (　)

C. Insufficient feed resources(　)

D. Backward feeding technology(　)

E. Lack of prevention and control measures for animal diseases (　)

F. Low education level of farmers (　)

9. What could be the areas for agricultural technology cooperation and exchanges between your country and China in the future? (multiple options)

A. Crop breeding technology (　)

B. Animal breeding technology (　)

C. Soil improvement and conservation technology (　)

D. Fertilizer saving technology (　)

E. Water saving technology (　)

F. Pesticide saving technology (　)

G. Animal feeding and nutrition technology(　)

H. Prevention and Control Technology of animal diseases (　)

I. Agricultural machinery and equipment (　)

J. Utilization of agricultural wastes (　)

K. Land desertification control technology (　)

L. Deep processing technology of agricultural products (　)

M. Agricultural biotechnology (　)

N. Agricultural information technology (　)

参考文献

[1] 高云，刘祖昕，矫健，赵跃龙，李树君.中国与巴基斯坦农业合作探析[J]，世界农业，2015(8):26-31.

[2] 刘艺卓，邓妙嫦.印度农业生产、贸易及关税政策分析[J]，世界农业，2015(2):78-80.

[3] 李进峰.上合组织15年发展历程回顾与评价[J].俄罗斯学刊，2017，7(16):47-54.

[4] 张雯丽，翟雪玲.中印农业合作制约因素及发展方向[J]，国际经济合作，2017(10):40-44.

[5] 贺晶晶，吴淼，郝韵，张小云，王丽贤.乌兹别克斯坦农业经济改革政策及成效[J]，农业展望，2017(11):35-38.

[6] 左喜梅，郭辉，郇志坚.贸易便利化水平对中国与上海合作组织主要国家的贸易影响分析[J].新金融，2018(1):58-63.

[7] 胡沅洪，李新.浅析新形势下上合组织的经济合作[J].海外投资与出口信贷，2018(3):3-6.

[8] 孙壮志.新形势下上合组织的政治建设[J]，世界知识，2018(11):20-21.

[9] 周振勇，李红波，张杨 等.吉尔吉斯斯坦畜牧业规模、结构和特点[J]，草食家畜，2018(5):48-59.

[10] 张培.上海合作组织：中国"一带一路"倡议的关键战略支点[J].兵团党校学报，2018(6):65-67.

[11] 金英姬，上合组织：开创区域合作新模式，构建命运共同体[J].中国发展观察，2018(12):10-11.

[12] 吴园，雷洋.巴基斯坦农业发展现状及前景评估[J]，世界农业，2018(1):166-174,

[13] 孙元花，彭雯珺."一带一路"背景下上合组织国际物流园物流发展评价[J].物流技术，2019，38(5):35-38.

[14] 郑国富."一带一路"倡议下中国与上合组织成员农产品贸易合作发展的机遇、挑战[J].农业经济，2019(6):132-134.

[15]郭艳.上合示范区正焕发蓬勃生机[J].中国对外贸易，2019(6):26-27.

[16]郑国富.中国与上海合作组织成员农产品贸易合作：时空特征、竞合关系与前景展望[J].区域与全球发展，2019(5):115-132&159.

[17]邹鑫.试析新时期上合组织的发展困境与中国应对方案[J].中共济南市委党校学报，2019(1):34-37.

[18]秦鹏，彭坤.上海合作组织条约制度评析[J].新疆大学学报（哲学.人文社会科学版），2019，47(4):28-34.

[19]曾向红,上海合作组织研究的理论创新：现状评估与努力方向[J].俄罗斯东欧中亚研究，2019(1):31-49&155.

[20]秦鹏，徐慧君.上海合作组织之组织法律制度探析[J].贵州省党校学报，2019(3):102-109.

[21]强国令.上合组织、制度环境对中国与中亚五国贸易的影响研究基于引力模型的实证分析[J].金融理论与教学，2019(2):61-64.

后记

感谢杨凌农业高新技术产业示范区管委会对国际欧亚科学院中国科学中心和西北农林科技大学上合现代农业发展研究院，以及本报告编写人员的信任。感谢杨凌农业高新技术产业示范区管委会原副主任李九红、副主任程津庆、合作局局长明涛、科技局赫思远局长、外办主任兼上合农业基地办公室常务副主任马静给予编写和出版发行工作的大力支持。

本报告得到杨凌农业高新技术产业示范区管委会的经费支持和中国科学技术部专技二级岗专项经费部分资助。本报告也纳入了国家社科基金项目"'一带一路'倡议实施中的科技开放合作重点与难点研究"（项目编号：18BGJ075）的阶段性成果。

本报告从策划筹备、编撰修改到印刷发行，历时近两年时间。在中国农业科学院海外农业研究中心、中国农业科学院农业信息研究所、西北农林科技大学、国际欧亚科学院中国科学中心、陕西省杨凌农业高新技术产业示范区管委会等单位的大力支持下，由业务团队骨干执笔精心撰写，并经过编委会专家数次审稿、修改完善，最终定稿。后期，还得到了上合现代农业发展研究院、粤港澳大湾区丝路科技创新研究智库等机构的支持。

　　在此，对各单位给予的大力支持以及编委会全体人员付出的辛勤劳动一并表示感谢！

　　在此，还要特别感谢上合组织秘书长、乌兹别克斯坦前外交部长弗拉基米尔·诺罗夫先生！他在看到本报告后，欣然为正式出版的本书作序。全体编写人员深受鼓舞。

　　因业务水平和经验有限，本书肯定存在瑕疵，敬请读者批评指正。

АНАЛИТИЧЕСКИЙ ОТЧЁТ О ПОТРЕБНОСТЯХ СТРАН ШОС В ОБМЕНАХ, ОБУЧЕНИИ И ДЕМОНСТРАЦИИ СЕЛЬСКОХОЗЯЙСТВЕННЫХ ТЕХНОЛОГИЙ (2019 Г.)

Главные редакторы: Не Фэнъин, Чжао Синьли

Заместитель главного редактора: Лю Хунся

Редакционная коллегия

ОБЩАЯ ИНФОРМАЦИЯ ОБ ОСНОВНЫХ СОСТАВИТЕЛЯХ

Не Фэнъин – доктор экономических наук, имеет ученое звание профессора (научные исследования). Она является научным руководителем докторанта и получателем Специального правительственного пособия Госсовета. В настоящее время является заместителем директора Центра зарубежных сельскохозяйственных исследований Академии сельскохозяйственных наук Китая, заместителем директора Научно-исследовательского института сельскохозяйственной информации Академии сельскохозяйственных наук Китая и руководителем группы зарубежных сельскохозяйственных исследований и инноваций, также является членом Экспертного консультативного комитета Руководящей группы по сокращению масштабов нищеты и развитию Государственного Совета, Генеральным секретарем Китайской ассоциации модернизации сельского хозяйства и членом Консультативного совета Саммита по продовольственным системам ООН.

Длительное время занимается вопросами по продовольственной безопасности и сокращению масштабов бедности, исследованиями зарубежных стратегий в области сельского хозяйства. Возглавляла более 100 исследовательских проектов, в том числе крупные проекты Национального фонда социальных наук, ключевые и общие проекты международного сотрудничества Национального фонда естественных наук Китая; принимала участие в отраслевых и министерских проектах Министерства сельского хозяйства, Министерства науки и техники, Управления по борьбе с бедностью Госсовета, Государственного банка развития, банка развития сельского хозяйства Китая и других министерств и ведомств; принимала участие в проектах FAO, WFP, IFAD, UNDP, ADB и других международных организаций. Благодаря ей всеобъемлющая база данных о продовольственной безопасности и сокращении масштабов нищеты в бедных районах создана в течение четырех повторных визитов и посещений 1560 крестьянских хозяйств в 130 деревнях, создана зарубежная система аналитических центров сельскохозяйственных исследований и издательская система, а также организована серия международных конференций, включая Конгресс по зарубежному сельскому хозяйству. Опубликовано более 140 научных статей, а также монографии «Развитие и сотрудничество в сфере сельского хозяйства стран "Одного пояса и одного пути"», «Исследование китайско-латиноамериканского сотрудничества в сфере сельского хозяйства», «Исследование китайско-европейского сотрудничества в сфере сельского хозяйства», «Исследование зарубежных рынков сельскохозяйственной продукции», «Исследование продовольственной безопасности и безопасности пищевых продуктов», «Исследование продовольственной безопасности в Китае», «Исследование безопасности пищевых продуктов и уязвимости фермеров-крестьян в бедных уездах Китая» и др.

В общей сложности побывала с визитами в более 40 странах мира, участвовала в работе G20, АРЕС, ШОС, АСЕАН и других международных и региональных организаций. Имеет различные награды, и её исследовательский коллектив в 2019 году Всекитайской федерацией женщин удостоен звания «Всекитайский передовой женский коллектив корпоративной культуры».

Чжао Синьли, родился в 1961 году, место рождения: город Шэньян пров. Ляонин, доктор технических наук в области авиации и космонавтики, пост-доктор системной инженерии, профессиональный техник второй степени Министерства науки и техники, старший консультативный научный сотрудник центра китайского научно-технической политики университета Цинхуа, адъюнкт-профессор института менеджмента Харбинского технологического университета, академик Международной евразийской академии, научный руководитель докторанта. Получатель Специального правительственного пособия Госсовета. Работал членом координационной группы государственных патентов, постоянным членом Китайской информационной ассоциации, заместителем председателя Китайского общества местных научно-технических историй и др. Руководил и завершил более 10 тем государственного уровня программы «863», Фонда естественных наук Китая, Фонда общественных наук, ключевых научно-технических проектов, стандартизации и др., руководил и участвовал в более чем 10 темах государственного, провинциального и министерского уровней. Он получил ряд провинциальных и министерских наград. Опубликовал более 200 работ на китайском и английском языке, более 30 монографий. Он учился или работал в Пекинском авиационно-космическом университете, Шэньянской авиастроительной корпорации, Американской корпорации «Локхид Мартин», университете Цинхуа, бывшей государственной комиссии науки и техники, Центральном отделении связи в Специальном административном районе Макао, Институте научно-технической информации Китая, Партийной школе при ЦК КПК, Китайском центре научно-технического обмена, постоянной делегации Китая в ООН и др. Член экспертного комитета Центра зарубежных сельскохозяйственных исследований Китайской Академии сельскохозяйственных наук, директор Исследовательского центра научно-технических инноваций Шелкового пути в р-оне Большого залива Гуандун-Гонконг-Макао, член экспертно-консультативного комитета Научно-исследовательского ин-та современного развития сельского хозяйства ШОС.

Предисловие

Для активной реализации инициативы, выдвинутой Председателем КНР Си Цзиньпином на Саммите ШОС в Бишкеке по созданию в провинции Шэньси демонстрационной базы по обмену и подготовки кадров в сфере сельскохозяйственных технологий Шанхайской организации сотрудничества, необходимо лучше обслуживать обмены и сотрудничество в области современного сельского хозяйства в странах ШОС. Основываясь на экономической мощи Китая, опыте развития сельского хозяйства и преимуществах сельскохозяйственной науки и технологий, опора на строительство базы по обмену сельскохозяйственными технологиями ШОС в свете будущих целей развития сельского хозяйства для стран ШОС будет иметь большое стратегическое значение для проведения обменов, обучения и демонстрации сельскохозяйственных технологий.

В настоящем докладе содержится углубленный анализ потребностей стран ШОС в области обмена, обучения и демонстрации сельскохозяйственных технологий. Данный доклад состоит из четырех частей. В первой части анализируется необходимость обмена, обучения и демонстрации науки и технологий в сфере сельского хозяйства стран ШОС. Во второй части излагается развитие науки и техники в области сельского хозяйства в государствах-членах ШОС в пяти аспектах: общая ситуация, сельскохозяйственное производство, сельскохозяйственная наука и техника, торговля сельскохозяйственной продукцией и политика в сфере сельского хозяйства. Третья часть содержит ключевое содержание настоящего доклада, в которой на основе второй части проводится анализ существующей ситуации, сочетая результаты исследований в области развития сельского хозяйства и сотрудничества стран «Одного пояса и одного пути» Исследовательской группы информации в области сельского хозяйства

Научно-исследовательского института информации в области сельского хозяйства Китайской Академии сельскохозяйственных наук за последние три года. В данной части с четырех сторон детально анализируется содержание потребностей обмена, подготовки кадров и демонстрации сельскохозяйственной науки и техники в странах ШОС, включая анализ общих проблем, с которыми сталкивается региональное развитие, анализ проблем, стоящих перед развитием сельского хозяйства в государствах-членах ШОС, углубленный анализ объектов и содержания обменов, демонстраций и подготовки сельскохозяйственной наукой и техникой, многостороннюю разработку учебных программ и т.д. В последней части описываются гарантии содействия обмену, обучению и демонстрации сельскохозяйственных технологий в странах ШОС на организационном и финансовом уровнях.

преамбула

Шанхайская организация сотрудничества (ШОС) была основана 15 июня 2001 г.. В этом году мы отмечаем 20-летие Организации. На протяжении всех этих лет ШОС руководствовалась принципом «Шанхайского духа», в основе которого «взаимное доверие, взаимная выгода, равноправие, согласование, уважение к многообразию цивилизаций и культур, стремление к совместному развитию». ШОС в настоящее время – одна из самых крупных по площади международных организаций регионального типа. Ее годовой совокупный объем экономики уже достиг почти 20 трлн долл. США, что в 13 раз превышает аналогичный показатель начального периода сотрудничества. Объем внешней торговли составляет 6,6 трлн долл. США, за 20 лет этот показатель увеличился в 100 раз. ШОС включает в себя страны и территории, занимающие 60% общей площади Евразии с населением более 3 млрд человек. Согласно прогнозам специалистов Международного валютного фонда, к 2025 г. общий объем экономики ШОС увеличится еще на 38-40%.

Сельское хозяйство является важной опорой экономик государств-членов ШОС. Развитие сельского хозяйства напрямую связано с продовольственной и продуктовой безопасностью, здоровьем людей, уровнем жизни сельского населения, развитием экономики и стабильностью государства. В настоящее время государства-члены ШОС все еще сталкиваются с рядом серьезных проблем в плане укрепления продовольственной безопасности. В частности, большая часть территории ШОС относится к регионам высокого климатического риска, сильно подверженным парниковому эффекту. Другой проблемой является то, что вследствие роста населения постоянно возрастает потребность государства-члены ШОС в продуктах питания. Отметим и то, что инфраструктура, технологии, информация о сельском хозяйстве требует постоянной модернизации.

14 июня 2019 г. Председатель КНР господин Си Цзиньпин в ходе 19-го заседания Совета глав государств-членов ШОС в г. Бишкеке выступил с предложением создать демонстрационную базу для обмена и обучения агротехнологиям, что помогло бы еще более укрепить сотрудничество между странами и территориями в сфере современного сельского хозяйства. КНР – страна с наибольшим количеством населения, поэтому ее руководство и правительство всегда придавали особое значение развитию сельского хозяйства. На протяжении десятилетий Китай ежегодно принимает новые документы, направленные на развитие сельского хозяйства. Будучи страной-основательницей ШОС, КНР выступила с важной инициативой в целях повышения продовольственной безопасности государств-членов ШОС, дальнейшего развития сотрудничества в сельскохозяйственной сфере, а именно: создать в рамках ШОС «Демонстрационную базу по обмену и обучению аграрным технологиям». Это предложение в очередной раз наглядно демонстрирует ответственность и вклад Китая. 22 октября 2020 г. государства-члены ШОС одобрили создание Демонстрационной базы по обмену и обучению аграрным технологиям в национальном парке сельскохозяйственных высоких технологий г. Янлин в провинции Шэньси. Мне выпала честь присутствовать на церемонии открытия этой зоны.

А через несколько дней в Янлине проходил съезд по вопросам развития сельского хозяйства, и мои китайские друзья организовали пресс-конференцию Демонстрационной зоны, которая проходила в Исследовательском институте развития современного сельского хозяйства ШОС. На ней были обнародованы два отчета (на китайском, русском и английском языках) – это «Отчёт о развитии потенциала научно-технических инноваций в области сельского хозяйства Шанхайской организации сотрудничества (2009-2018 гг.)» и «Аналитический отчёт о потребностях стран ШОС в обменах, обучении и демонстрации сельскохозяйственных технологий (2019 г.)». Руководящий комитет

Демонстрационной зоны очень активно сотрудничает с экспертами и учеными из Китайского научного центра Международной Евразийской академии наук, с Исследовательским центром развития современного сельского хозяйства Северо-Восточного сельскохозяйственного университета, Исследовательским центром зарубежного сельского хозяйства Китайской академии сельскохозяйственных наук, Исследовательским институтом сельскохозяйственной информации Китайской Академии сельскохозяйственных наук, Северо-Западным университетом сельского хозяйства и лесоводства, а также другими научными организациями и ведомствами. Упомянутые отчеты были подготовлены общими усилиями китайских ученых и специалистов с целью дальнейшего развития практического сотрудничества, обмена опытом, взаимного обучения и демонстрации сельскохозяйственных технологий стран ШОС. В обоих отчетах сформулирован инновационный потенциал сельскохозяйственных технологий стран ШОС, проанализирована потребность в обучении и демонстрации, обобщены методика обучения и возможности демонстрации для разных групп населения.

В мае 2021 г. я принял участие в форуме, организованном университетом Цинхуа. Там я встретил своего хорошего друга, академика Чжао Синьли, который был почетным гостем форума, он – главный составитель этих двух отчетов, бывший советник по вопросам науки и технологий постоянного представительства Китая при ООН. Академик Чжао Синьли ознакомил меня с мнениями и оценками специалистов и ученых государств-членов ШОС относительно заслушанных отчетов и предложил их опубликовать отдельным изданием. А меня академик попросил написать предисловие к официальному изданию, на что я с радостью согласился.

Уверен, что такая публикация станет не только очень ценным подарком авторов к 20-летию ШОС, но и послужит развитию инновационного потенциала стран-участниц Организации в области агротехнологий. Издание поможет создать платформу сотрудничества и обмена этими технологиями, подобрать лучший вариант их развития, реализовать взаимовыгодное распределение. Кроме того, научно-исследовательское издание будет содействовать более успешному и эффективному, скоординированному развитию технологий сельского хозяйства стран ШОС.

Желаю «Демонстрационной базе по обмену и обучению аграрным технологиям» достичь еще больших успехов.

Генеральный секретарь ШОС.

Июль 2021 года, Пекин.

Выступления на презентации аналитических отчётов Института
по развитию современного сельского хозяйства ШОС

Выступление ректора Северо-западного университета сельского и лесного хозяйства г-на У Путэ

Уважаемые руководители, специалисты, гости в очном и онлайновом режиме,
Дорогие друзья из СМИ:

Добрый день!

Прежде всего, позвольте от имени Института развития современного сельского хозяйства ШОС горячо поприветствовать всех присутствующих руководителей, экспертов и гостей!

На полях 27-ой Янлинской выставки новых и высоких достижений в области сельского хозяйства мы торжественно провели презентацию «Аналитического отчёта о потребностях стран ШОС в обменах, обучении и демонстрации сельскохозяйственных технологий (2019 г.)» и «Отчёта о развитии потенциала научно-технических инноваций в области сельского хозяйства Шанхайской организации сотрудничества (2009-2018 гг.)», выпуск которых рассматривается как важная мера претворения в жизнь духа речи генерального секретаря ЦК КПК Си Цзиньпина, а также признается промежуточным результатом, достигнутым Институтом развития современного сельского хозяйства ШОС с момента его основания 6 июля 2020 года.

В марте 2020 года народное правительство провинции Шэньси опубликовало «План реализации по строительству учебно-демонстрационной базы Шанхайской организации сотрудничества по обмену сельскохозяйственными технологиями в провинции Шэньси», в котором определено 14 ключевых моментов работы, среди них 10 пунктов будет выполнено Северо-западным университетом сельского и лесного хозяйства и демонстрационной зоной Янлин.

Институт развития современного сельского хозяйства ШОС нацелен на удовлетворение потребностей государств-членов ШОС в развитии сельского хозяйства и строительстве аграрной базы данной организации, уделяя повышенное внимание исследованиям стратегий развития современного сельского хозяйства, показательных моделей и стандартизации технической интеграции, а также системы подготовки кадров и оценки их эффективности. Разработка вышеупомянутых документов и последующих серийных отчётов считается важной задачей Института в проведении исследований по международным сельскохозяйственным вопросам на пространстве ШОС. Пользуясь возможностью, искренне приглашаю экспертов из стран ШОС присоединиться к строительству аналитического центра Института и совместными усилиями работать, чтобы обеспечить более плодотворные результаты во имя развития сельского хозяйства ШОС.

С процессом подготовки этих двух докладов и их основным содержанием будет попоже подробно ознакомлять вас главный редактор. Пользуясь случаем, хотел бы от имени Института развития современного сельского хозяйства ШОС выразить глубочайшее уважение и сердечную благодарность коллективу экспертов, работавших над исследованием и составлением отчётов! И искренне рассчитываю на то, что все присутствующие руководители, эксперты и гости смогут и впредь продолжать поддерживать работу Института.

В 2021 году исполнится 20-я годовщина создания Шанхайской организации сотрудничества. Мы готовы действовать сообща с международным сообществом, чтобы двигаться вперед к цели построения международных отношений нового типа и формирования сообщества единой судьбы человечества.

Ещё раз хочу выразить сердечную признательность всем руководителям и гостям за их постоянную поддержку и помощь в развитии Северо-западного университета сельского и лесного хозяйства!

Спасибо за внимание!

25 октября 2020 г.

Выступления на презентации аналитических отчётов Института по развитию современного сельского хозяйства ШОС

Выступление члена партийного рабочего комитета и заместителя начальника административного комитета демонстрационной зоны Янлин г-на Чэн Цзиньцина

Уважаемый ректор У, уважаемый академик Чжао, уважаемый ректор Ло, Уважаемые эксперты, дорогие гости:

Добрый день!

В рамках 27-ой Янлинской выставки новых и высоких достижений в области сельского хозяйства здесь торжественно состоялась презентация отчётов аналитического центра Института развития современного сельского хозяйства ШОС, которая отражает нашу ответственность в реализации инициативы генерального секретаря ЦК КПК Си Цзиньпина об учреждении сельскохозяйственной базы ШОС, а также рассматривается как важная мера для создания новой высоты открытого развития сельского хозяйства. Пользуясь данной возможностью, от имени партийного рабочего комитета и административного комитета демонстрационной зоны Янлин хотел бы выразить тёплые поздравления с успехом сегодняшнего мероприятия, горячо поприветствовать присутствующих на грандиозной выставке новых и высоких достижений в области сельского хозяйства руководителей, экспертов и гостей, а также высказать слова благодарности представителям различных общественных кругов, которые постоянно заботятся и поддерживают строительство и развитие сельскохозяйственной базы ШОС!

В июне 2019 года на 19-ом заседании Совета глав государств-членов ШОС генеральный секретарь Си Цзиньпин выдвинул инициативу о создании учебно-демонстрационной базы ШОС по обмену сельскохозяйственными технологиями, нацеленной на укрепление сотрудничества со странами региона в области современного сельского хозяйства. Это стратегическое распоряжение, принятое генеральным секретарем Си Цзиньпином с точки зрения построения сообщества единой судьбы человечества, направленное на усиление взаимодейсвтия и обменов в области современного сельского хозяйства между Китаем и странами ШОС. Будучи первой в стране зоной высоких и новых технологий в сфере сельского хозяйства и единственной пилотной зоной свободной торговли с аграрной спецификой, Янлин видит безусловной национальной миссией претворение в жизнь инициативы генерального секретаря Си Цзиньпина и активное продвижение открытости сельского хозяйства внешнему миру.

С целью воплощения в жизнь инициативы генерального секретаря Си Цзиньпина о строительстве агробазы ШОС, мы выдвинули Программу реализации о создании практической базы международного сотрудничества в области современного сельского хозяйства ШОС, в которой была указана эксплуатационная система «Несколько парков на основе одной базы, несколько платформ - одного центра и несколько отделов - одного института». В июле 2020 года был официально открыт Институт развития современного сельского хозяйства ШОС с акцентом на исследованиях развития современной агропромышленности, показательных моделей и стандартов технической интеграции, а также системы подготовки технических кадров и оценки их достижений. Сегодня успешно вышли в свет «Отчёт о развитии потенциала научно-технических инноваций в

области сельского хозяйства Шанхайской организации сотрудничества (2009-
2018 гг.)» и «Аналитический отчёт о потребностях стран ШОС в обменах,
обучении и демонстрации сельскохозяйственных технологий (2019 г.)»,
разработанные экспертами Северо-западного университета сельского и
лесного хозяйства, административного комитета Демонстрационной зоны
Янлин, Центра исследований зарубежного сельского хозяйства при Академии
сельскохозяйственных наук Китая, Института сельскохозяйственной
информации Академии сельскохозяйственных наук Китая, Китайского
научного центра Международной академии наук Евразии и Центра
исследований развития современного сельского хозяйства при Северо-
восточном сельскохозяйственном университете, что определяется как
существенный промежуточный результат, достигнутый Институтом развития
современного сельского хозяйства ШОС с момента его создания, а также
играет важную роль в научно-технических обменах и сотрудничестве в
области сельского хозяйства между странами ШОС.

В двух отчётах всесторонне и углубленно изложены потенциал научно-
технических инноваций в области сельского хозяйства стран ШОС и
их потребности в обучении и демонстрации, что послужит надежной
основой для макрорегулирования и управления научно-техническими
инновациями в сфере сельского хозяйства стран, имеет большое значение
для углубления научно-технических инноваций и развития сельского
хозяйства в странах ШОС, позволит обеспечивать всеобщий доступ к
ресурсам сельскохозяйственных технологий и взаимодополняемость
их преимуществ, и, безусловно, в полной мере продемонстрирует
международное влияние района Янлин и даже провинции Шэньси в сфере
агротехнологий в глобальном масштабе. В этой связи разрешите мне от
имени административного комитета и партийного рабочего комитета
демонстрационной зоны Янлин передать высокое уважение и искреннюю
благодарность коллективу экспертов, занимавшихся изучением и подготовкой
двух перечисленных отчётов!

Уважаемые гости, дорогие друзья! Важно продолжать стремиться к прогрессу и смело двигаться вперед. Под твёрдым руководством парткома КПК и правительства нашей провинции и при мощной поддержке широких общественных кругов мы готовы продвинуть строительство учебно-демонстрационной базы ШОС по обмену сельскохозяйственными технологиями на высоком уровне, в дальнейшем укрепить ее функции "обмена, обучения и демонстрации" с помощью новых моделей, новых площадок и новых концепций, а также внести больше «Янлинской мудрости» и «Янлинских сил» в развитие современного сельского хозяйства в странах ШОС.

Спасибо за внимание!

25 октября 2020 г.

Выступления на презентации аналитических отчётов Института
по развитию современного сельского хозяйства ШОС

Выступление академика Международной академии наук Евразии, бывшего члена постоянного комитета президиума и начальника секретариата Китайского научного центра г-на Чжао Синьли

Уважаемый проректор Северо-западного университета сельского и лесного хозяйства, исполнительный вице-президент Института развития современного сельского хозяйства ШОС г-н профессор Лу Цзюнь,
Уважаемый член партийного рабочего комитета и замглавы административного комитета демонстрационной зоны Янлин,
Дорогие гости ШОС в очном и онлайновом режиме,
Дамы и господа:

Добрый день!

Сегодня отмечается традиционный национальный праздник «Чуньян», который зародился в древние времена как торжественный праздник урожая и поклонения небу и предкам в Китае.

Янлин – это одна из колыбелей китайской земледельческой цивилизации. Согласно древнекитайской летописи «Исторические записки. Основные записи династии Чжоу», более 4 тыс. лет тому назад первый в истории страны сельскохозяйственный чиновник Хоу-цзи здесь "научил людей земледелию и выращиванию зерновых".

Три дня назад начала свою работу 27-я Китайская (Янлинская) выставка новых и высоких достижений в области сельского хозяйства. На церемонии открытия секретарь парткома КПК провинции Шэньси г-н Лю Гочжун, генеральный секретарь ШОС г-н В.Норов, заместитель министра сельского хозяйства и сельских дел КНР г-н Чжан Таолинь, заместитель министра науки и техники КНР г-н Сюй Наньпин, губернатор провинции Шэньси г-н Чжао Идэ и председатель комитета провинции Шэньси Народнго политического консультативного совета Китая г-н Хань Юн совместно дали старт открытию Учебно-демонстрационной базы ШОС по обмену сельскохозяйственными технологиями.

Здесь и сейчас мы проводим презентацию аналитических отчётов учебно-демонстрационной базы ШОС по обмену сельскохозяйственными технологиям, благодаря неба, земли и наших предков за их доброту, пользуясь возможностью открытия 27-ой Китайской (Янлинской) выставки новых и высоких достижений в области сельского хозяйства и учреждения Учебно-демонстрационной базы ШОС по обмену сельскохозяйственными технологиями, чтобы внести мудрость китайских экспертов в обмены сельскохозяйственными технологиями ШОС и развернуть с отечественными и зарубежными экспертами и учеными исследования аналитических центров при поддержке вышеупомянутой базы.

При огромном содействии административного комитета Янлинской демонстрационной промышленной зоны высоких и новых технологий в сфере сельского хозяйства Китайский научный центр Международной академии наук Евразии совместно с экспертами и учеными из Центра исследований развития современного сельского хозяйства при Северо-восточном сельскохозяйственном университете, Центра исследований зарубежного сельского хозяйства при Академии сельскохозяйственных наук Китая, Института сельскохозяйственной информации Академии сельскохозяйственных наук Китая и Северо-западного университета сельского и лесного хозяйства на протяжении более целого года разработали два аналитических отчёта, и в том числе «Отчёт о развитии потенциала научно-технических инноваций в области сельского хозяйства Шанхайской организации сотрудничества (2009-2018 гг.)» и «Аналитический отчёт о потребностях стран ШОС в обменах, обучении и демонстрации сельскохозяйственных технологий (2019 г.)», которые были переведены и напечатаны Институтом развития современного сельского хозяйства ШОС при Северо-зпадном университете сельского и лесного хозяйства. И сегодня мы здесь представили их для публики на китайском, английском и русском языках. Как исполнительный директор редакционного комитета и один из его главных составителей, я хотел бы внести свой вклад в начало работы учебно-демонстрационной базы ШОС по обмену сельскохозяйственными технологиями.

Штаб-квартира Международной академии наук Евразии находится в Москве, чьим действующим руководителем выступает вице-президент РАН профессор Валерий Бондур. Организация создала свои региональные подразделения в Европе(Франции), Евразии(России) и АТР(Китае), а также научные центры в 15 странах. Китайский научный центр Международной академии наук Евразии представляет собой наиболее активный по эквивалентному количеству сотрудников с Российской структурой центр, где работает более 200 избранных академиков, завоевавших высокую репутацию в международном академическом сообществе. Китайский научный центр определяет своей позицией акцент на интеграции науки, техники и экономики, сквозных преимуществах науки и техники, гармоничном сосуществовании человека, природы и общества, стратегических исследованиях по основным вопросам общественного развития, а также инновационной интеграции международных ресурсов, в частности, на евразийском континенте.

В перспективе мы намерены провести с соответствующими отечественными и зарубежными учреждениями, экспертами и учеными более глубокие, широкомасштабные и эффективные исследования и выпустить по ним аналитических отчётов в рамках сотрудничества ШОС, особенно опираясь на Учебно-демонстрационную базу ШОС по обмену сельскохозяйственными технологиями. В этой связи предлагается, чтобы последующие доклады были посвящены аналитическим центрам и экспертам и ученым в области сельского хозяйства из государств-членов ШОС, ее стран-наблюдателей и партнеров по диалогу, а также большее количество аналитических центров, экспертов и ученых, заинтересованных в развитии ШОС, совместно обсуждало темы и рамки докладов, писало соответствующие главы и делилось результатами исследований аналитических центров. Прошу вас высказать дополнительные замечания и предложения во время семинара и после него.

Желаю сегодняшней презентации полного успеха!

Еще раз выражаю сердечную признательность руководству административного комитета Янлинской демонстрационной промышленной зоны высоких и новых технологий в сфере сельского хозяйства и Северо-западного университета сельского и лесного хозяйства за оказанную поддержку!

Желаю всем участникам счастья и благополучия!

Благодарю за внимание!

25 октября 2020 г.

Оглавление

Глава I
Необходимости обменов, подготовки кадров и демонстрации сельскохозяйственных технологий в странах ШОС

15 июня 2001 года в Шанхае главы Китая, России, Казахстана, Узбекистана, Кыргызстана и Таджикистана подписали «Декларацию о создании Шанхайской организации сотрудничества», что знаменует официальное создание Шанхайской организации сотрудничества и создание организации регионального экономического сотрудничества нового типа, охватывающей Евразию. 8 июня 2017 года в Астане на Саммите ШОС в состав организации в качестве полноправных государств-членов ШОС приняты Индия и Пакистан, впервые расширив количеств стран-участниц, повысив привлекательность ШОС, и расширив «круг друзей» ШОС. В настоящее время ШОС является крупнейшей и самой обширной всеобъемлющей региональной организацией экономического сотрудничества, установившей новую модель регионального сотрудничества. Кроме того, помимо восьми упомянутых выше государств-членов, в «круг друзей» ШОС входят четыре государства-наблюдателя (Афганистан, Беларусь, Иран и Монголия) и шесть государств-партнеров по диалогу (Азербайджан, Армения, Камбоджа, Непал, Турция и Шри-Ланка).

Странам ШОС необходимо срочно развивать современное сельское хозяйство. В настоящее время перед странами ШОС стоит задача повышения продовольственной безопасности, корректировки структуры сельскохозяйственного производства, развития сельскохозяйственных технологий, стабилизации цен на сельскохозяйственную продукцию и увеличения сельскохозяйственных ресурсов, что позволит обеспечить всеобъемлющий компромисс между четырьмя основными целями: адаптации к потребностям населения в питании, удовлетворения поставок промышленного сырья, увеличения экспортных поступлений продукции сельского хозяйства и обеспечения продовольственной безопасности. За исключением России и Китая в других государствах-членах ШОС методы сельскохозяйственного производства, уровень производительности труда и механизации сельского хозяйства относительно отстают, крайне ограничены поставки удобрений, ядохимикатов и др., отстают растениеводство, переработка животноводческой продукции и другие трудоемкие и технологически емкие сельскохозяйственные отрасли. Уровень урожайности культур с единицы площади и степень механизации сельского хозяйства в целом ниже уровня Китая. Ограниченная всеобъемлющая национальная мощь, слабая база сельского хозяйства и низкий уровень модернизации стали «узким местом» для углубления торгового сотрудничества в сельскохозяйственном секторе. Большинство государств-членов ШОС имеют слабое влияние и конкурентоспособность на мировых сельскохозяйственных рынках. Кыргызстан и Таджикистан по-прежнему являются наименее развитыми среди развивающихся стран с низки совокупным экономическим объемами, урожайностью, масштабом и уровнем потребления. Сельскохозяйственная экономика некоторых государств-членов ШОС играет заметную роль в национальной экономике со значительными барьерами на пути защиты. Наблюдается низкий экономический уровень при высоком контроле за торговлей и инвестициями. Качество сельскохозяйственной продукции неравномерно, значительно различаются стандарты проверки качества и отсутствуют единые стандарты. Механизм сотрудничества в таможенном, инспекционной и карантинном отделах не является совершенным, наблюдается слабая координация, затруднена реализация соглашений, отсутствуют меры поддержки и существуют препятствия для сотрудничества.

«Саммит в Циндао» вывел на новый этап сельскохозяйственное сотрудничество стран ШОС. 10 июня 2018 года на Саммите ШОС в Циндао Председатель КНР Си Цзиньпин призвал к продолжению реализации «Шанхайского духа» (взаимное доверие, взаимная выгода, равенство, консультации, уважение к различным культурам и стремление к общему развитию) и созданию «Сообщества единой судьбы Шанхайской организации сотрудничества», подписано «Рамочное соглашение о сотрудничестве в области продовольственной безопасности между государствами-членами ШОС», совместно обнародована «Циндаоская декларация», в которой отмечает, что мы будем и впредь углублять всеобъемлющее сотрудничество в области сельского хозяйства, содействовать углубленному сотрудничеству в области трансграничной профилактики и борьбы с эпизоотическими заболеваниями, политики доступа к сельскохозяйственной продукции, а также политики в области качества и безопасности, охраны здоровья и карантина, сертификации продукции и т.д. для обеспечения продовольственной безопасности и создания информационной платформы сельского хозяйства, сфера сельского хозяйства постепенно становится новой основой и направлением в развитии экономического и торгового сотрудничества ШОС, а также главным преимуществом экономического сотрудничества. Инициатива «Один пояс и один путь» предоставляет странам ШОС новые возможности для укрепления торговли сельскохозяйственной продукцией и сельскохозяйственных экономических и технологических обменов.

Впервые Китай создал всеобъемлющую системную платформу

сотрудничества ШОС в области сельского хозяйства. 14 июня 2019 года Председатель КНР Си Цзиньпин принял участие в 19-м заседании Совета глав государств-членов ШОС в Бишкеке и выступил с важной речью под названием «Единодушно и практическими шагами открыть прекрасное будущее ШОС», в которой указывается, что Китай готов создать в провинции Шэньси демонстрационную базу ШОС по обменам и обучению аграрным технологиям и укрепить региональное сотрудничество в области современного сельского хозяйства. В настоящее время демонстрационная база создана в Янлинской демонстрационной зоне новых высоких технологий в области сельского хозяйства провинции Шэньси. Янлин – первая в Китае зона развития новых и высоких технологий в области сельского хозяйства государственного уровня, единственная в Китае ЗСТ сельского хозяйства, имеет уникальные преимущества в содействии развитию инноваций в области современного сельского хозяйства, развитии международного промышленного сотрудничества и т.д. Считается, что в будущем достигнет больших результатов в сельскохозяйственных научно-технических обменах и сотрудничестве, инновационных методах сотрудничества, обсуждаемых со странами ШОС, в обеспечении региональной продовольственной безопасности, укреплении профилактики и борьбы с основными болезнями животных и растений, поощрении и поддержке сельскохозяйственных научно-исследовательских учреждений и предприятий в установлении прямых отношений сотрудничества и внесет «Янлинские методы» как больший вклад в мировое сельскохозяйственное развитие.

Исходя из экономической мощи Китая, опыта развития сельского хозяйства и преимуществ сельскохозяйственной науки и техники в сочетании с уровнем развития сельскохозяйственной науки и техники, и будущими целями развития сельского хозяйства стран ШОС, стратегическое значение имеет содействие общему развитию современного сельского хозяйства в странах ШОС. Для позитивного ответа на тему эпохи «содействия построению сообщества единой судьбы человечества», выдвинутую Генеральным секретарем ЦК КПК Си Цзиньпином, обслуживаются современные сельскохозяйственные обмены и сотрудничество между странами ШОС, углубляется сотрудничество всей промышленной цепочки сельского хозяйства, продвигается модернизация сельского хозяйства в государствах-членах ШОС, продвигается трансформация и модернизация сельского хозяйства и деревни, поэтому, на основе экономической мощи и опыта Китая для государств-членов ШОС будет иметь большое стратегическое значение проведение обменов, обучения и демонстрации сельскохозяйственных технологий. Китаем накоплен богатый опыт и технологии производства в селекции сортов сельскохозяйственных культур, улучшении почв, водосберегающих ирригационных технологий, культивировании сельскохозяйственных культур, оборудовании и инструментах для мелкомасштабного сельскохозяйственного производства, откорме мясного крупного и мелкого рогатого скота и других современных технологиях животноводства и птицеводства, глубокой переработке сельскохозяйственной продукции и других областях, с учетом технологических преимуществ Китая в сельском хозяйства и национальных целей ШОС в области развития сельского хозяйства, за счет увеличения инвестиций и технической поддержки в сельскохозяйственном секторе, осуществляются обмены, обучение и демонстрация сельскохозяйственными технологиями, оказывается содействие развитию сельскохозяйственного сотрудничества и созданию платформы в области сельского хозяйства между Китаем и странами ШОС, что будет способствовать скоординированному развитию государств-членов ШОС, и построению новой модели регионального сельскохозяйственного сотрудничества.

Глава II
Обзор развития сельского хозяйства, науки и техники в странах ШОС

2.1. Пакистан

2.1.1. Общая ситуация

Расположенный на северо-западе части Южноазиатского субконтинента, Пакистан занимает очень важное геополитическое место на перекрестке торговых и экономических путей Южноазиатского субконтинента, Ближнего Востока и Центральной Азии. Пакистан является типичной аграрной страной, в экономической системе важное положение занимает сельское хозяйство, вклад которого в ВВП выше, чем промышленность, уступая только сфере услуг. Доля рабочей силы в занятой в сельском хозяйстве составляет 43%, более 62 процентов населения проживает в сельских районах и прямо или косвенно зависит от сельского хозяйства.

Если говорить о сельском хозяйстве в Пакистане, то здесь доминирует растениеводство и семейное животноводство, пшеница и рис выступают в качестве основных продовольственных (зерновых) культур, хлопка и сахарного тростника в качестве основных экономических культур. Страна имеет хорошую базу животноводства, доля крупного скота на душу населения является одной из самых высоких в азиатских странах, на животноводство приходится 38% сельскохозяйственного производства и около 10% ВВП, животноводство является важным сектором валютных поступлений, при этом ежегодные экспортные поступления составляют примерно на 16% от общей валютной выручки.

2.1.2. Сельскохозяйственное производство

2.1.2.1. Растениеводство

Растениеводство является важной частью сельскохозяйственной системы Пакистана. Продовольственная безопасность – одна из наиболее важных проблем, стоящих перед Пакистаном из-за его большого населения. На долю пшеницы, риса и кукурузы в Пакистане приходится более 75% общего объема производства продовольствия. Пшеница является крупнейшей из продовольственных культур, что составляет около 1,9% ВВП Пакистана, ежегодное производство риса составляет около 0,6% ВВП Пакистана. Пакистан является четвертым по величине производителем хлопка в мире и третьим по величине потребителем хлопка. Хлопок составляет около 1% ВВП в год, также является источником иностранной валюты для экспорта Пакистана.

Пакистан является страной, испытывающим нехватку водных ресурсов, производство и внутреннее водопользование в значительной степени зависят от ежегодного таяния ледников и муссонных осадков. Приблизительно 92% земель являются засушливыми или полузасушливыми, сельскохозяйственное производство в значительной степени зависит от орошения. В Пакистане урожайность пшеницы, риса, кукурузы, сахарного тростника и хлопка ниже среднемирового уровня и ниже уровня урожайности в Китае. В 2018 г. урожайность пшеницы, риса, кукурузы, сахарного тростника и хлопка составила 2,85 т/га, 3,84 т/га, 4,79 т/га, 60,96 т/га и 2,03 т/га, соответственно; среднемировая урожайность составляет 3,43 т/га, 4,68 т/га, 5,92 т/га, 72,59 т/га и 2,19 т/га соответственно; в Китае – 5,42 т/га,7,03 т/га, 6,10 т/га,76,83 т/га и 5,28 т/га. В

Пакистане основным фактором, влияющим на урожайность сельскохозяйственных культур является нехватка водных ресурсов, во-вторых, низкое качество семян, интенсивные методы управления, отсталые технологии орошения и технологии борьбы с вредителями.

2.1.2.2. Животноводство

Животноводство играет важную роль в экономике Пакистана и вносит больший вклад в общий объем сельскохозяйственного производства, чем растениеводство. Животноводство является основным источником средств к существованию для многих крестьян, в некоторых отдаленных районах животноводство и птицеводство – единственный источник дохода домашних хозяйств, в сельском хозяйстве Пакистана животноводство также играет важную роль в борьбе с нищетой. Основными категориями скота являются молочный крупный рогатый скот, буйволы, овцы, козы, верблюды, лошади и т.д.

Самой важной продукцией в животноводстве Пакистана является молоко животного происхождения (коровье, козье, верблюжье молоко и т.д.). Пакистан является четвертым по величине производителем молока после Китая, Индии и США, доходы от экспорта молочных продуктов ежегодно составляют более 30 млрд долларов США. В Пакистане более 2/3 общего объема молока является буйволовым молоком, в дополнение к значительному количеству козьего и верблюжьего молока. Комплексная питательная ценность молока буйвола примерно в 1,8 раза превышает питательную ценность молока гольштейн-фризская коровы, которое лучше обычного молока, в качестве своего рода продуктов питания высокого уровня, продукты питания молока буйвола на рынке потребления молока все чаще благоприятствуют потребителям, цены на продукцию из молока буйвола намного выше, чем обычные молочные продукты. Верблюжье молоко считается мощным дополнением и имеет определенную лекарственную ценность, спрос на верблюжье молоко на международном рынке значительно превышает предложение. Хотя Пакистан является четвертым по величине производителем молока в мире, его внутренний экспорт молока значительно ниже, чем в других странах с аналогичным объемом производства. Основными причинами низких темпов коммерциализации молока Пакистаном и низким экспортом являются отсутствие поддержки промышленных объектов и материально-технической базы, необходимой для развития современного животноводства, отсутствие надлежащего планирования холодильной цепочки для сбора, транспортировки и распределения молока, отсутствие методов переработки с добавленной стоимостью и связанного с этим оборудования для обработки и т.д. В Пакистане ежедневно тратятся впустую миллионы литров молока.

Пакистан является крупным производителем и импортером мяса птицы в Южной Азии. Китай на протяжении многих лет является крупным государством-поставщиком мяса птицы в Пакистан. Пакистан окружен многими исламскими странами, например, ОАЭ, Катар, Оман, Бахрейн и Саудовская Аравия имеют высокую зависимость от импорта халяльной птицы, таким образом, в будущем существует большой потенциал для переработки и экспорта птицы и ее продукции в Пакистане. В настоящее время производство пакистанской птицы также сталкивается с высокими вложениями, высокими затратами на разведение, отсутствием инспекционных и карантинных объектов и другими проблемами, а также с конкуренцией со стороны Китая и Индии, нехваткой вакцин, лекарств, кормовых добавок и интегрированного порядка ведения сельского хозяйства.

2.1.3. Наука и техника в сельском хозяйстве

Пакистан обладает слабой общей сельскохозяйственной мощью, низкими инвестициями в сельскохозяйственную науку и технологии, низкой научно-технической и культурной подготовкой рабочей силы в сельском хозяйстве, находится под влиянием плохой ресурсной среды. Пакистан тратит только 0,25% ВВП на научно-технические исследования и разработки (2015), в то время как Китай – 2,15% (2018). Сельскохозяйственный научно-технический персонал Пакистана– в основном работает в правительственных ведомствах, которые составляют около 85,5%, а доли исследователей, занимающихся фундаментальными и прикладными исследователями – данный показатель является крайне низким, что не способствует развитию сельскохозяйственной науки и техники. Пакистан имеет самый низкий уровень механизации сельского хозяйства во всей Южной Азии. По оценкам пакистанского правительства, менее 10% из 6,6 млн га пахотных земель в стране обрабатываются с использованием тракторов.

2.1.3.1. Технологии растениеводства

Благодаря анализу производственной ситуации в растущей промышленности Пакистана мы можем обнаружить, что есть некоторые причины для низкой урожайности сельскохозяйственных культур в Пакистане: интенсивные методы сельскохозяйственного производства, низкий уровень механизации, более распространены ручные или низкоквалифицированные средства механизации, что является менее эффективным; низкое качество семян, не хватает элитных и высокоурожайных семян. Сертифицированные семена хлопка, риса, кукурузы, пшеницы и других сельскохозяйственных культур составляют менее 50%, что не может удовлетворить потребности производства продуктов питания. Недостаточно количество используемых удобрений. По оценкам, при достаточном использовании удобрений существует 20-процентный потенциал для увеличения урожайности сельскохозяйственных культур.

2.1.3.2. Технологии животноводства

Пакистан является четвертым по величине производителем молочных продуктов в мире, но молоко используется неэффективно. Из-за отсутствия импульса развития, организации и комплексной инфраструктуры в молочной промышленности ежегодные надои составляет 1000 кг на каждую корову, что составляет лишь половину среднемирового уровня, что имеет большой потенциал для улучшения. Кроме того, 97% производимого коровьего молока продается по неофициальным или неофициальным каналам, по официальным каналам продается только 3% молока, неясны источник и каналы потребления молока, не регулируется рынок. Питание скота недостаточно, низкий уровень технологии управления, что приводит к низкой эффективности разведения. С помощью научного анализа и исследований потенциала развития разведения мясного и молочного крупного рогатого скота и развития молочной промышленности предполагается, при наличии достаточного количества кормов и обеспечении адекватного питания за счет поэтапного управления можно способствовать дальнейшему развитию животноводства, выявлению и раскрытию максимального потенциала животноводства. Кроме того, можно улучшить экологическую среду за счет развития системы утилизации сельскохозяйственных отходов, использования соломы и отходов животноводства для возвращения на поля, уменьшить разбазаривание ресурсов, эффективно улучшить занятости крестьян и стимулированию экономического развития.

2.1.3.3. Водосберегающие и ирригационные технологии

Пакистан испытывает острую нехватку водных ресурсов, при этом на душу населения доступность поверхностных водных ресурсов снизилась с 5260 м^3 в 1951 году до 1000 м^3 в 2016 году. Поскольку в Пакистане продолжает быстро расти численность населения будет увеличиваться нагрузка на водные ресурсы и их дефицит, к 2025 году доступность поверхностных вод на душу населения, согласно оценкам, упадет до 860 м^3, нехватка водных ресурсов оказывает большое давление на сельскохозяйственное производство, технологии водосбережения и ирригации становятся эффективным решением проблемы развития сельского хозяйства Пакистана. Бассейн реки Инд является основной зоной пакистанского сельского хозяйства и в значительной степени зависит от речных и подземных ирригационных систем. Традиционные ирригационные системы несовершенны с точки зрения технологии и сохранения водных ресурсов. Они нуждаются в модернизации. Необходимо использовать некоторые из новейших водосберегающих ирригационных технологий, например, прямое капельное орошение, микроорошение, точечное орошение, восстановление и очистка сточных вод для повышения эффективности использования воды, чтобы облегчить текущую нехватку водных ресурсов. Это становится неотложной проблемой, которую необходимо решить по мере модернизации сельского хозяйства Пакистана, в противном случае земельные и водные ресурсы, от которых зависит сельское хозяйство, не будут устойчивыми в обслуживании системы сельскохозяйственного производства, что даже может вызвать серьезные экологические проблемы, которые, в свою очередь, создают системные риски для функционирования экономики в целом.

2.1.3.4. Уровень механизации сельского хозяйства

В Пакистане процесс механизации сельского хозяйства все еще находится в зачаточном состоянии: 85% пахотных земель по-прежнему обрабатываются вручную или с использованием домашнего скота. Миллионы мелких крестьян, работающих на этой земле, используют при посеве, удобрении, уборке урожая и других аспектах в основном ручной труд или очень простое неавтоматизированное оборудование. Пакистанская сельскохозяйственная машиностроительная промышленность имеет слабую базу, недостаточны поставки сельхозтехники, в срочном повышении нуждается уровень механизации сельского хозяйства. Регион имеет тропический климат, высокую температуру и засухи, небольшое количество осадков, уровень годовых осадков составляет менее 250 мм на более 3/4 от общей площади страны, поэтому существует высокий спрос на автоматизированное ирригационное оборудование. Существует много причин низкого уровня механизации сельского хозяйства в Пакистане, но одной из ключевых, признанных большинством специалистов в области сельского хозяйства, являются недостаточные инвестиции в сельское хозяйство. Больше всего не хватает инвестиций в сельскохозяйственную технику и оборудование.

2.1.3.5. Технологии хранения и переработки сельскохозяйственной продукции

Развитые страны придают большое значение глубокой переработке и использованию сельскохозяйственной продукции, хранению, сохранению и переработке сельскохозяйственной продукции в первую очередь в сельском хозяйстве. Пакистан экспортирует главным образом первичную сельскохозяйственную продукцию; больше непереработанной сельскохозяйственной продукции, меньше переработанной; больше продукции первичной переработки, меньше продуктов глубокой переработки; больше низкосортной продукции, меньше высококачественной; высоки потери фруктов и овощей в результате сбора и хранения. Причины в том, что в Пакистане относительно отсталые технологии переработки, недостаточно полная система переработки, невелики масштабы перерабатывающих предприятий, недостаточно совершенны стандарты переработки, недостаточно комплексное использование, что серьезно сказывается на экспорте сельскохозяйственной продукции. Например, урожай манго в Пакистане в 2015 году: из-за отсутствия предприятий паровой высокотемпературной дезинфекции манго не может соответствовать инспекционным и карантинным требованиям по профилактике и борьбе с вредителями и болезнями, поэтому не мог попасть в Японию и другие рынки с высокой добавленной стоимостью и объем экспорта является самым низким за последние пять лет. Пакистан известен как «Восточная фруктовая корзина», в северных высокогорных районах и других частях развито производство высококачественных фруктов, овощей и другой сельскохозяйственной продукции. Однако из-за отсутствия соответствующей холодовой цепочки логистического транспортного оборудования и инфраструктуры сельскохозяйственной переработки около 50% сельхозпродукции гниют и портятся во время сбора урожая и транспортировки, что приводит к большому количеству сельскохозяйственных отходов, снижая добавленную стоимость сельскохозяйственной продукции.

2.1.4. Торговля продукцией сельского хозяйства

42% поступлений Пакистана в иностранной валюте достигается за счет экспорта сельскохозяйственной продукции. Качество сельскохозяйственного урожая играет решающую роль в темпах роста экономики страны в целом и внешней торговли.

Страны-источники Пакистана в импорте сельскохозяйственной продукции остаются в основном стабильными, в основном импорт осуществляет из Индонезии и Малайзии (главным образом животное и пальмовое масло), Индии (главным образом хлопок, сахар, чай), Канады (главным образом рапс), Соединенных Штатов (главным образом хлопок), Кении (главным образом чай), Китая (главным образом овощи и продукция их переработки), Австралии, Бразилии, Таиланда и др.

Сельскохозяйственная продукция Пакистана в основном экспортируется в соседние страны, на Ближний Восток и в Европу. В последние годы правительство и предприятия активно изучают Африку, Юго-Восточную Азию и другие развивающиеся рынки. Хлопок в основном экспортируется в Китай, за ним следуют Бангладеш, Турция и Италия. Зерновые экспортируются в Кению, Объединенные Арабские Эмираты и Афганистан. Кофе и чай экспортируются в Саудовскую Аравию, США, ОАЭ и Великобританию. Рыба и рыбная продукция – во Вьетнам, Таиланд, Китай и другие страны.

В последние годы основная проблема объема экспорта и качества сельскохозяйственной продукция Пакистана состоит в настоятельной необходимости расширения экспорта сельскохозяйственной продукции и решения экономических трудностей Пакистана. В настоящее время проблемы экспорта Пакистана обусловлены главным образом следующими причинами:

1. Отсутствие межведомственного сотрудничества. Сектор планирования, промышленный сектор, текстильный сектор, научно-технический сектор, сектор продовольственной безопасности и другие государственные секторы экономики находятся «отдельно в состоянии войны» и не имеют единства и взаимодействия, что отрицательно сказывается на экспортной торговле.

2. Недостаточное внимание к качеству продукции. При Министерстве науки и техники существуют три учреждения национального уровня, отвечающие за сертификацию стандартов качества продукции, однако в действительности их право голоса недостаточно, что не оказывает достаточного влияния. Некоторые учреждения «строят автомобили за закрытыми дверями», изучают собственные стандарты сертификации продукции, испытательные мощности и лаборатории и не могут соответствовать международным стандартам, именно поэтому многие страны требуют, чтобы экспорт Пакистана соответствовал международным, а не местным стандартам. Некоторые экспортные предприятия считают, что повышение качества является «стоимостью», а не «инвестицией», пренебрежительно относятся к громоздким процедурам соблюдения стандартов и затрат на тестирование.

3. Экспортные преимущества Пакистана сосредоточены в сельском хозяйстве, однако потенциал сельскохозяйственного экспорта еще не полностью использован. Правительственная политика, как правило, направлена на выращивание основных экономических культур и не уделяет должного внимания повышению потенциала и эффективности малых предприятий в таких отраслях, как фрукты, овощи и рыболовство. Даже в области основных

экономических культур некоторая продукция, которая имеет значительный экспортный потенциал, не уделяется достаточного внимания. Рис является наиболее экспортируемой продукцией, за исключением текстильных изделий, однако за последнее десятилетие производство риса с более высокой добавленной стоимостью продолжает сокращаться, а экспорт пшеницы, сахара и другой продукции становится все более зависимым от субсидий.

2.1.5. Политика в области сельского хозяйства

Пакистан всегда придает большое значение развитию сельского хозяйства и активно принимает эффективные меры по повышению уровня его развития, включая укрепление сельскохозяйственных научных исследований, энергичное строительство водоохранных сооружений, совершенствование ирригационных сетей на сельскохозяйственных угодьях, постепенное осуществление механизации сельского хозяйства, твердую позицию по предоставлению большого количества кредитов и субсидий сельскому хозяйству, осуществление преференциальной закупочной ценовой политики в отношении сельскохозяйственной продукции, с тем чтобы стимулировать энтузиазм крестьян и фермеров в отношении сельскохозяйственного производства. Кроме того, предпринимаются также усилия по повышению земельного потенциала, увеличению производства и развитию различных операций. После десятилетий усилий получило большое развитие сельское хозяйство Пакистана. Самообеспечение продовольствием достигнуто в начале 80-х годов XX века. Пакистан начал постепенно увеличиваться экспорт продовольствия.

В «Перспективах развития Пакистана к 2030 году» указывается: необходимо развивать эффективное конкурентоспособное и устойчивое сельское хозяйство, обеспечивать продовольственную безопасность и внести свой вклад в экономическое развитие Пакистана. Общей целью является реализация устойчивого развития и инклюзивного роста в сельских районах.

2.2. Индия

2.2.1. Общая ситуация

Индия – крупнейшая страна в Южной Азии, расположена в южной части Азиатского региона, одна из основных развивающихся сельскохозяйственных стран. В 2016 году общая численность населения составила 1,324 млрд человек, это вторая по численности населения страна в мире, при этом 80% населения живет за счет сельского хозяйства. Пахотные земли являются вторыми по величине в мире, достигая 170 млн га, площадь пахотных земель на душу населения (1,86 му) больше, чем в Китае (1,35 му). Вся территория страны расположена в зоне тропического муссонного климата, осадки и солнце более благоприятны, чем в Китае, в большинстве регионов снимается два-три урожая в год, что благоприятно для развития сельского хозяйства. В сельском хозяйстве доминирует растениеводство, на которое приходится около 80% общего объема сельскохозяйственного производства, а также животноводство, рыболовство и лесное хозяйство. Из общего годового дохода сельских жителей 92% приходится на растениеводство и животноводство, в то время как доходы от лесного хозяйства составляют лишь 4%, а доходы от рыболовства – 1,3%. Уровень управления сельскохозяйственными полями, механизации и водоохранной деятельности в Индии значительно ниже, чем в Китае. Неравномерны осадки, сильны засухи, и нестабильна урожайность.

2.2.2. Сельскохозяйственное производство

Сельское хозяйство Индии является крупным по масштабам и разнообразию. Индия является ведущим производителем и потребителем сельскохозяйственной продукции в мире. Сельское хозяйство состоит главным образом из растениеводства и животноводства, из которых культивирование в основном включает в себя зерновые и экономические культуры.

2.2.2.1. Растениеводство

В Индии из зерновых культур выращиваются в основном рис и пшеница. Рис является наиболее важной продовольственной культурой, на которую приходится 40% общего производства зерновых. Индия второй по величине производитель риса в мире. На пшеницу приходится 30% общего производства зерновых, по этому показателю страна занимает второе место в мире. В 2018 году урожайность риса и пшеницы в Индии составила 3878 кг/га и 3371 кг/га соответственно, что значительно ниже, чем в Китае (7028 кг/га и 5416 кг/га соответственно).

Экономические культуры составляют около 24% от общей площади посевных, объем производства – 45% от общей стоимости продукции земледелия, отличается широким разнообразием, в основном выращивается хлопок, джут, чай, сахарный тростник и арахис. Индия является крупнейшим производителем хлопка в мире и вторым по величине экспортером. Тем не менее, урожайность хлопка (1187 кг/га) значительно ниже, чем в Китае (5280кг/га). Индия – крупнейший производитель, потребитель и крупный экспортер чая; а также крупнейший в мире потребитель и второй по величине производитель сахара.

Кроме того, Индия является вторым по величине производителем фруктов и овощей в мире, крупнейшим производителем манго, бананов, кокоса, кешью, папайи и гранатов, а также крупнейший производитель и экспортер специй.

2.2.2.2. Животноводство

На животноводство приходится 30% общего объема животноводства, из которых на разведение крупного рогатого скота приходится 65,8% общего объема сельскохозяйственного производства. Индия является крупнейшей в мире страной по разведению крупного рогатого скота, крупнейшей в мире по поголовью крупного рогатого скота, на долю которого приходится 57% мирового поголовья, поголовье молочного крупного рогатого скота составляет 16% от общемирового. Крупный рогатый скот играет важную роль в развитии индийского сельского хозяйства и является важной частью сельскохозяйственной экономики Индии. Крупный рогатый скот является основной движущей силой и используется на полях, в транспортировке, помоле зерновых и т.д. Объемы производства молока является крупнейшими в мире, на него приходится более 20% мирового объема, небольшая часть молочной продукции идет на экспорт, большая часть потребляется внутри страны.

Птицеводство является важной частью животноводства. В последние годы в Индии быстро развивается птицеводство, которая становится вторым по величине рынком в мире при среднегодовых темпах роста в 15-20%, и по данному показателю Индия является самой быстроразвивающейся страной в мире. По производству бройлеров с годовым объемом производства 2,9 млн. тонн является пятой в мире, по потреблению – седьмой в мире.

2.2.3. Наука и техника в сельском хозяйстве

Индия занимает первое место в мире по площади пахотных земель и третье место в мире по объемам производства зерновых. В 2018 году урожай зерновых составил 318,3 млн. тонн, что вдвое меньше, чем в Китае (612,2 млн. тонн). Причинами низкой урожайности в Индии являются низкий урожай зерновых на единицу площади, несовершенная инфраструктура и низкая степень механизации. Кроме того, 90% инвестиций Индии в сельскохозяйственную науку и технологии приходится на государственные ресурсы, при этом на частный сектор – около 10% инвестиций.

2.2.3.1. Технологии растениеводства

Уровень растениеводства в Индии, как правило, невысок, главным образом из-за наводнений, относительно отсутствуют технологии капельного орошения, на сельскохозяйственные ирригационные угодья приходится 36,3% от общего объема сельскохозяйственных угодий. Уровень урожайности основных продовольственных и экономических культур значительно ниже, чем в среднем по миру, и ниже, чем в Китае. Основная причина заключается в том, что, во-первых, сельское хозяйство в значительной степени зависит от природных условий, таких как климат и осадки, поэтому имеют низкую способность противостоять стихийным бедствиям, частые муссоны, наводнения и засухи; во-вторых, основное внимание уделяется традиционным производственным инструментам и ручному труду, относительно малы инвестиции в современные сельхомашины, 85% пахотных земель обрабатываются силами человека и животных, 70% орошаются без ирригационных сооружений при использовании дождевой воды; в-третьих, низкий охват качественными семенами, медленное продвижение передовых сельскохозяйственных технологий, передовые сельскохозяйственные технологии в основном ограничиваются пшеницей и рисом, не оказывается существенного воздействия на бобовые и масляные культуры, что приводит к низкой урожайности и необходимости ежегодно импортировать большое количество масла для удовлетворения внутренних потребностей; в-четвертых, индийское сельское хозяйство в основном управляется отдельными крестьянами, каждый крестьянин обрабатывает небольшую площадь земли, обладая слабой покупательной способностью, не в состоянии инвестировать в передовые посадочные технологии.

Среди гибридных семян преобладают семена BT-хлопка, за которыми следуют гибридная кукуруза, рис, жемчужное просо, подсолнечник, кастор (рицинус) и сорго. Хотя в настоящее время рис является наиболее выращиваемым сортом в Индии, но мало используются семена гибридных сортов, составляя лишь 3% от общего объема посадок. Индийское правительство придает большое значение гибридному рису, но не организует и не координирует исследования и продвижение гибридного риса по всей стране. Результаты исследований находятся вне связи с фактическим спросом, есть больше исследователей в лабораториях и меньше исследователей на передней линии производства риса. В процессе продвижения сортов гибридного риса не производится техническое обучение крестьян, чтобы крестьяне сознательно использовали посадки в соответствии с требованиями гибридного риса.

2.2.3.2. Технологии животноводства

Индия имеет самое большое количество буйволов в мире и является крупнейшим производителем молока крупного рогатого скота. Несмотря на то, что Индия является крупнейшей в мире страной-производителем молока, она не является крупной по масштабам переработки: 12% молока отправляется на молочные заводы для глубокой переработки, хотя на мировом уровне данный показатель оставляет 70%. Птицеводство в основном децентрализовано и опирается на домашние хозяйства, большинство крестьян принимают птицу в качестве второстепенной стороны домохозяйства, товарные показатели не высоки. Затраты на птицеводство в Индии являются низкими, затраты на корма являются крупнейшим компонентом затрат на производство птицы. В Индии мало природных лугов и большой разрыв в высококачественных семенах кормовых, что серьезно влияет на развитие животноводства. Кроме того, низкий уровень охвата хороших пород скота и птицы также ограничивает развитие животноводства.

2.2.3.3. Ирригационные технологии

Индия является страной с напряженной ситуацией с использованием водных ресурсов, растущее население и традиционные методы орошения привели к тому, что страна стала испытывать дефицит водных ресурсов. В настоящее время только треть сельскохозяйственных угодий страны эффективно орошается, и большая часть по-прежнему орошается непредсказуемыми сезонными муссонными дождями. Около 5% орошаемых пахотных земель используют технологию микроорошения (MIS). Комплексные меры Индии по сохранению водных ресурсов не имеют единого рассмотрения, недостаточно объединены инженерные и биологические меры, достаточно серьезна эрозия почвы. Кроме того, неправильное орошение также вызывает проблемы с ее засолением. Неэффективно используются водные ресурсы, не имеют достаточного технического обслуживания ирригационные сооружения. В целях поддержания устойчивого роста сельскохозяйственного производства Индия должна расширить площадь орошения пахотных земель и энергично продвигать микрополив и другие новые сельскохозяйственные технологии орошения.

2.2.3.4. Уровень механизации сельского хозяйства

Из-за низкого уровня индустриализации производство сельскохозяйственной техники в Индии все еще находится в зачаточном состоянии, не так много отечественных предприятий по производству сельскохозяйственной техники. Хотя Индия имеет некоторые современные капиталистические фермы, в абсолютном преимуществе по-прежнему находится мелкокрестьянская экономика. Невелики масштабы производства каждого отдельного крестьянина, многие по-прежнему полагаются на людскую рабочую силу и животных для сельскохозяйственного производства, из-за нехватки средств на закупку техники трудно достичь современных механизированных методов ведения сельского хозяйства. Индия получает большое количество иностранной помощи, которая охватывает широкий спектр, имеет долгую историю и многие формы для развития механизации сельского хозяйства, занимая по данному показателю третье место в мире.

2.2.3.5. Технологии хранения и переработки сельскохозяйственной

продукции

Индии не хватает технологии глубокой переработки и хранения сельскохозяйственной продукции, большинство из которой не имеют сортности и достаточной степени переработки. Например, Индия – крупнейший в мире производитель лука. 85% веса лука составляет вода, поэтому он быстро теряет влагу. Если погода необычная, 25-30% лука, скорее всего, подвергнется гниению. В большинстве районов Индии не доступна цепочка холодного хранения. В настоящее время в Индии имеется около 7000 холодильных складов, главным образом в штате Уттар-Прадеш на севере страны, которые используются для хранения картофеля. Если Индия не будет иметь эффективную систему хранения продовольствия, урожай лука вскоре может обернуться катастрофой для крестьян. Кроме того, в Индии не хватает технологий пищевой промышленности. В случае лука одним из способов увеличить его время хранения является обезвоживание, но в стране пока нет такой технологии. В настоящее время в Индии перерабатывается менее 5% овощей и фруктов. Для решения текущих сельскохозяйственных проблем Индия должна провести ряд реформ методов сельскохозяйственного производства, логистики и хранения. Для раздробленной экономики малых крестьянских хозяйств Индии такое изменение будет зависеть от правительства.

2.2.3.6. Сельскохозяйственные биотехнологии

Продовольственная безопасность Индии находится на первой позиции в национальной повестке дня. Индийским правительством всегда высоко ценится развитие биотехнологической промышленности. В последние годы правительство Индии определяет сельскохозяйственные биотехнологии в качестве одного из приоритетов национального развития и по многим показателям имеет относительно высокий уровень развития. Индия становится еще одной ведущей азиатской страной после Китая в области сельскохозяйственных биотехнологий. Поощрение генетически модифицированного хлопка, устойчивого к насекомым, сделало Индию крупнейшим в мире производителем и экспортером хлопка. Единственной генетически модифицированной пищей, лицензированной в настоящее время для импорта на индийском рынке, является генетически модифицированное соевое масло, поставляемое главным образом из Соединенных Штатов.

2.2.3.7. IT-технологии в сельском хозяйстве

В Индии очень развита IT-индустрия, создано большое количество интернет-компаний, которые обладают передовыми технологиями и большим капиталом, однако они вряд ли участвуют в развитии электронного сельского хозяйства Индии и не вносят вклад в его развитие. Развитие электронного сельского хозяйства в Индии выигрывает от решительного содействия правительства Индии, все больше индийских крестьян используют Интернет и другие информационные и коммуникационные методы для получения технологии сельскохозяйственного производства и рыночной информации о сельскохозяйственной продукции для принятия решений о производстве и продажах, которые отвечают рыночным потребностям в целях повышения уровня модернизации сельского хозяйства, производительности сельского хозяйства и собственных доходов. Однако развитие электронного сельского хозяйства, которое опирается исключительно на энергичное продвижение индийского правительства, по-прежнему весьма ограничено. Проблемы для развития электронного сельского хозяйства Индии, во-первых, заключается в том, что уровень образования сельского населения в Индии остается очень низким; во-вторых, плохая инфраструктура, частые перебои в подаче электроэнергии в районах с дефицитом электроэнергией и более низкий уровень информационно-коммуникационной инфраструктуры.

2.2.4. Торговля продукцией сельского хозяйства

Индия является крупным производителем и потребителем

сельскохозяйственной продукции, и с точки зрения внешней торговли индийская сельскохозяйственная продукция в основном отличается самообеспеченностью – невысока доля в мировой торговле сельскохозяйственной продукцией, невелик объем импорта и экспорта. В 2017 году самыми экспортируемыми сельскохозяйственными продуктами были зерно; рыба, ракообразные и т.д.; мясо и субпродукты; кофе, чай, специи; съедобные фрукты и т.д. В 2018 году в пятерку крупнейших импортируемых сельскохозяйственных продуктов входили животные и растительные масла и т.д.; овощи и т.д.; фрукты, орехи и т.д.; зерновые; сахар.

В целом в Индии является низкой концентрация торговли сельскохозяйственной продукцией, ключевыми партнерами по торговле сельскохозяйственной продукцией являются Индонезия, США, Китай, Вьетнам и Иран. В настоящее время затраты Индии на сельскохозяйственное производство слишком высоки из-за отсталости общего уровня сельского хозяйства, в результате относительно высоки цены на сельскохозяйственную продукцию, отсутствует ценовая конкурентоспособность на международных рынках и потеряны многие из ранее активных экспортных рынков.

Индийское правительство намерено увеличить экспорт сельскохозяйственной продукции с $30 млрд в 2018 г. до $60 млрд долларов США к 2022 г., увеличить экспорт до $100 млрд в течение следующих нескольких лет, в будущем сохраняя и увеличивая при этом доходы крестьян. Правительство поможет крестьянам обогатить свой сельскохозяйственный экспорт, открыть больше экспортных направлений и содействовать экспорту сельскохозяйственной продукции с высокой добавленной стоимостью. Правительство будет уделять больше внимания доступу на рынки, санитарно-гигиеническим и фитосанитарным и другим техническим вопросам, обращая особое внимание на содействие экспорту специализированной, органической и другой сельскохозяйственной продукции.

2.2.5. Политика в области сельского хозяйства

В целях обеспечения продовольственной безопасности для более 1,3 млрд. человек правительством Индии с момента обретения независимости осуществляется политика поддержки и принимается ряд политических мер по поддержке развития сельского хозяйства в течение четырех периодов. Политика Индии в области поддержки, непосредственно связанная с сельским хозяйством и продовольствием, состоит из пяти основных категорий: управление ценами и каналами сбыта многих видов сельскохозяйственной продукции; предоставление переменных сельскохозяйственных ресурсов по субсидируемым правительством ценам; оказание общих услуг для сельскохозяйственного сектора в целом (например, научные исследования, пропаганда и продвижение); предоставление основных продуктов питания отдельным группам населения по субсидируемым правительством ценам; управление операциями по приграничной торговле с помощью торговой политики.

Политика поддержки, осуществленная правительством Индии, направлена на решение двух основных проблем, связанных с самообеспечением производства продовольствия и сокращением масштабов нищеты. Однако ограничение роли рыночных сигналов и сжатие частных инвестиций подрывает рост устойчивой производительности и не способствует созданию современной, эффективной и устойчивой системы сельскохозяйственной промышленности. Столкнувшись с постоянным рыночным спросом США и других развитых западных стран, сельское хозяйство Индии требует здорового и стабильного развития внутреннего рынка, в будущем необходимо углубить реформу сельскохозяйственного рынка, перейти от поддержки цен внутри страны к субсидиям на доходы, создать более открытую и стабильную систему торговой политики.

Сельское хозяйство Индии является относительно слабым по сравнению со второй и третьей отраслями промышленности. В будущем в течение определенно периода развитие сельского хозяйства Индии будет сосредоточено на улучшении строительства инфраструктуры, укреплении поддержки сельскохозяйственной науки и техники и укреплении потенциала устойчивого развития сельского хозяйства.

2.3. Россия

2.3.1 Общая ситуация

Россия охватывает два континента, ее площадь 17,0982 млн км², по площади она является крупнейшей страной в мире. Водные ресурсы чрезвычайно обильны, страна имеет огромные площади пахотных земель, которая является плодородной, 10% пахотных земель в мире находится на ее территории, площадь пахотных земель составляет около 416 млн га, в том числе 168 млн га крупнейшей и самой плодородной в мире чернозема и лугового чернозема, площадь пахотных земель на душу населения в 0,84 га, в девять раз больше, чем в Китае. Сельское хозяйство является одним из наиболее важных секторов российской экономики, на который приходится около 4% ВВП. Сельское население составляет около 25% от общей численности населения, в то время как число людей, занятых в сельскохозяйственном производстве, составляет лишь 13,46 млн человек или около 9% от общей численности населения. Уровень развития сельского хозяйства ниже промышленного развития, а сельское хозяйство известно как «будущее экономики» России. В последние годы Россия прошла путь от импортера сельхозпродукции до чистого экспортера сельхозпродукции, что представляет собой заметные результаты.

Сельское хозяйство в России включает в себя растениеводство и животноводство. На долю растениеводства приходится 55% общего объема сельскохозяйственного производства. Производство зерновых является основой российского сельского хозяйства. Есть несколько видов зерновых культур, в основном это относится к пшенице, по производству которой Россия занимает важное положение в мире. В российском сельском хозяйстве очень важно животноводство, на долю которого приходится 45% от общего объема сельскохозяйственного производства. Молочная промышленность является ключевым сектором в животноводстве. В последние годы в российском сельском хозяйстве наблюдается обратный рост. Основными причинами быстрого роста сельского хозяйства являются увеличение сельскохозяйственных субсидий правительством России и финансовыми институтами, усиление реформ приватизации сельского хозяйства и сокращение импорта сельскохозяйственной продукции. Однако сельскохозяйственное производство России сталкивается с нехваткой средств, недостаточными технологическими инновациями и нехваткой рабочей силы.

2.3.2. Сельскохозяйственное производство

Россия является единственной страной в мире, которая охватывает девять часовых поясов, и только 30% регионов в стране имеют более подходящие климатические условия для сельского хозяйства, существует очевидная зависимость от смены времен года. В последние годы сельское хозяйство как важная часть национальной экономики достигает заметных результатов.

2.3.2.1. Растениеводство

Российское растениеводство состоит в основном из зерновых культур, экономических культур (хлопок, свекла, подсолнечник, лен и т.д.) и таких отраслей производства, как картофель, овощи, бахчевые, фрукты и кормовые культуры. Зерновые культуры являются наиболее важной частью растущей промышленности, состоящей в основном из пшеницы, ячменя, овса и ржи. Пшеница является основной продовольственной культурой России, доля производства зерна составляет более 55%, внося выдающийся вклад в национальные продовольственные резервы. Ячмень является второй по величине зерновой культурой, на которую приходится 1/4 общего производства зерна в России, главным образом в качестве основного корма для производства смешанных кормов и комбикормов; в качестве продовольственной культуры он в основном используется для пивоварения, производства концентратов и т.д. Картофель является одним из основных продуктов питания населения России и называется «вторым хлебом». Помимо зерновых культур масличные культуры в экономических культурах имеют самую высокую площадь сбора урожая. Традиционными российскими масличными культурами являются подсолнечники, но в последние годы стремительно растет выращивание сои, рапса и других нетрадиционных для России масличных культур. Подсолнечник является наиболее важной масличной культурой в России, посевная площадь составляет 3/4 от общей площади посевов масличных культур, при этом производство составляет около 80%.

В последние годы в России наблюдается стремительный рост растениеводства: в 2017 году произведено 134 млн тонн зерна, что является 40-летним рекордом. Несмотря на неблагоприятные климатические условия в 2018 году, чистый урожай зерновых по-прежнему на 11% выше среднего показателя за последние пять лет, производство превышает 110 млн тонн. С 2000 года происходит много колебаний в российском производстве зерновых, в основном из-за колебаний производства пшеницы. В связи с полным запретом России на генетически модифицированные продукты, большими территориями и невысокой заселенностью методы землепользования являются более интенсивными, что приводит к низкому общему уровню урожайности сельскохозяйственных культур по сравнению с глобальным уровнем. Среди них пшеница и подсолнечник как традиционные культуры в России благодаря передовому опыту управления имеют небольшой глобальный разрыв в уровне урожайности, но все же ниже, чем в Китае. В 2018 году урожайность пшеницы России составила 2725 кг/га, что ниже урожайности пшеницы в Китае (5416 кг/га). Подсолнечник дает 1604 кг/га, что ниже урожая подсолнечника в Китае (2898 кг/га). Нетрадиционные для России соевые бобы и рапс также менее урожайны на единицу площади, чем в Китае. Урожайность сои и рапса в 2018 году составила 1469 кг/га и 1327 кг/га соответственно, что ниже, чем в Китае (1780 кг/га и 2028 кг/га соответственно).

2.3.2.2. Животноводство

Площадь лугов и пастбищ составляет 403 млн гектаров, что составляет около 23,6% от общей площади суши России. Изобилие кормовых ресурсов способствует развитию животноводства, основными секторами которого являются следующие: разведение крупного рогатого скота, свиноводство, козоводство (овцеводство) и птицеводство; также включаются мелкие секторы, такие как коневодство и шелководство. Текущая стоимость продукции животноводства составляет 45% от общей стоимости сельскохозяйственного производства.

В последние годы российское производство мяса и яиц демонстрирует явную тенденцию роста; среди них быстрее всего растет производство мяса, по его производству Россия входит в пятерку лучших в мире, в основном за счет непрерывного совершенствования научного и профессионального уровня. В 2018 году российский импорт мяса упал до самого низкого уровня, экспорт птицы опережает импорт, резко упал импорт свинины.

В последние 10 лет объем свиноводства в России постепенно увеличивается: в 2018 году в России произведено 3,71 млн тонн свинины. Значительно развито промышленное производство крупнейших свиноферм России: в 2005 году 28% поголовья свиней выращивалось на свинофермах, в 2018 году этот показатель достигает 86% (поставляется 70 интегрированными предприятиями), менее 15% голов разводятся частными домохозяйствами. В 2009 году курятина заменила свинину и являлась самым потребляемым мясом в России, в настоящее время курятина и свинина являются двумя наиболее важными мясными продуктами в России, на которые приходится около 40% и 35% от общего объема производства мяса соответственно. Молочная промышленность всегда является важной частью животноводства, и производство молока в доли животноводства остается на уровне более 80% до 2007 года, хотя в последние годы эта доля сократилась, она достигает примерно 70%. Россия планирует стать экспортером птицы и свинины, и в будущем планирует стать полностью самостоятельной и независимой в производстве мяса, молока и сахара. Государственные меры по поддержке животноводства направлены на модернизацию технологий, стимулирование сохранения поголовья скота и повышение его продуктивности, а также повышение генетического потенциала.

2.3.3. Наука и техника в сельском хозяйстве

В России 310 сельскохозяйственных научно-исследовательских подразделений, 528 экспериментальных ферм, 63 селекционных центра (49 сельскохозяйственных культур, 14 домашних животных), 94 тыс. исследователей и сотни тысяч голов племенного поголовья. Ежегодно в России тестируется 250-300 новых сортов сельскохозяйственных культур и пород скота, особенно на ведущих мировых уровнях в области методов гибридизации для выращивания новых сортов зерновых; каждые 2-3 года в России выращиваются ряд новых сортов сельскохозяйственных культур, страна является лидером в выращивании новых сортов сельскохозяйственных культур, а также удобрении, ирригационных технологиях, борьбе с вредителями, вакцинации животных и других аспектов технологического лидерства в мире.

2.3.3.1. Технологии растениеводства

В России существует около 100 научно-исследовательских организаций, занимающихся растениеводством. По оценкам, половина прироста сельскохозяйственного производства за последние 30 лет является следствием хорошего посевного фонда. В настоящее время Россия проводит исследования различных ресурсов, сбор и оценки традиционных сельскохозяйственных ресурсов, отбор и разведения сортов озимой пшеницы, изучение пивного ячменя и гибридной ржи, изучение гибридов кукурузы и выращивание новых сортов сладкой кукурузы, отбор и разведение сортов подсолнечника с высоким содержанием масла и высокой урожайностью, в этих и других ключевых элементах растениеводства достигнуты важные результаты. Российская Академия сельскохозяйственных наук является мощным научно-исследовательским институтом с сильными сельскохозяйственными научными исследованиями. После длительного процесса разведения получен ряд известных в мире засухоустойчивых и холодостойких сортов озимой пшеницы. Всероссийским институтом растениеводства создан единственный в мире генофонд качества сельскохозяйственных культур, обеспечивая селекционеров ценным генетическим материалом.

Однако коэффициент внедрения научно-технических достижений в России относительно низок, некоторые научно-технические достижения адаптируются только к определенным условиям, некоторые хорошие сорта применимы только к конкретному климату, в случае неблагоприятных погодных условий урожайность сельскохозяйственных культур даже ниже, чем у первоначальных сортов, в исследовании отсутствует спектральность. Около 70% годовых результатов исследований не используется и распространяется на практике. Из-за неравномерного управленческого уровня производственных организаций в сфере культивирования и нехватки агрономов в настоящее время российская аграрная промышленность имеет огромный рынок в области точного сельского хозяйства.

2.3.3.2. Технологии животноводства

Российский животноводство и ветеринария имеют прочный научно-исследовательский фундамент, особенно в области улучшения пород, оптимального разведения, качественного выращивания и выращивания кормов, переработки кормового силоса и других особенно уникальных аспектов исследовательской работы достигнут ведущий мировой уровень. В целях сохранения большого количества высокоэффективных животных ресурсов Институт животноводства РАСХН создан банк спермы для разведения крупного рогатого скота. С учетом направленности российской политики в последние годы развитие животноводческих технологий и поставки мяса и продовольствия становятся все более самодостаточными, поэтому большое значение правительством придается строительству крупной и средней базы производства животноводческой продукции. В настоящее время 70% животноводческого оборудования, кормовых добавок и сельскохозяйственных ресурсов зависит от импорта, а в некоторых районах данный показатель достигает 100%. Кроме того, площадь российских пастбищ сокращается, некоторые частные фермеры кормят скот только сеном на протяжении всего сезона выпаса скота. При активном развитии современных сельскохозяйственных технологий можно повысить производительность пастбищ. Например, совершенствование методов посева, своевременное и надлежащее удобрение и т.д. могут собирать больше пастбищ на небольших участках лугов, экономя земельные ресурсы и увеличивая прибыль и рентабельность.

2.3.3.3. Технологии умного сельского хозяйства

В 2016 году в России запущена национальная стратегия

«дорожная карта» по развитию базовых технологий и применению IT-технологий, в 2017-2020 годах планируется организовать внедрение систем IT-технологий на федеральном уровне. Согласно плану «дорожной карты» Россия уделяет особое внимание сфере развития интеллектуального сельского хозяйства. Технологии 2017 года ориентированы на контроллеры, датчики, подключенные системы управления устройствами и аналитические решения, такие как облачные сервисы обработки данных; машинное обучение, системы автономного управления, искусственный интеллект. В то же время Министерство промышленности и торговли, Министерство связи и средств массовой информации Российской Федерации, Фонд инноваций и развития интернет-технологий, субъекты Российской Федерации и другие соответствующие государственные органы будут определять пилотные отрасли и регионы для применения российских технологий на базе интернета вещей. Ожидается, что пилотный проект начнется в первом регионе в 2017-2018 годах, а к 2020 году планируется реализовать не менее 20 проектов интернета вещей.

2.3.3.4. Биотехнологии

Российское правительство придает большое значение развитию биотехнологий. Разработанный в России одноклеточный кормовой белок в настоящее время находится на лидирующем уровне в мире и решает проблемы питания в животноводстве и птицеводстве. Кроме того, сделаны прорывы в исследованиях лизина, треонина, микробных пестицидах и других средствах профилактики и контроля, применении технологии проектирования эмбрионов, рациональном решении технологии обработки жидких фекалий и промышленном производстве безвирусного картофеля.

2.3.3.5. Технологии сельского хозяйства с контролируемой средой

В последние годы инвестиции России в сельское хозяйство с

контролируемой средой продолжают расти. В период с 2014 по 2018 год в России построено и модернизировано более 1000 га высокотехнологичных теплиц, из которых около 350 га введено в эксплуатацию в 2018 году. В 2017-2019 годах объем тепличного строительства в России достиг максимума. Эффективность новой теплицы намного выше, чем у исходной. Общий объем производства тепличных овощей в 2018 году по сравнению с 2014 годом увеличился на 65%. За четыре года в России на четверть увеличилась площадь несезонных теплиц. Несмотря на это, овощи российского производства по-прежнему не в полной мере отвечают спросу на внутреннем рынке, 50% томатов и 20% огурцов все еще требуется импортировать из-за рубежа. Нехватка квалифицированных кадров является потенциальной проблемой, влияющей на быстрое развитие тепличных хозяйств, особенно на нехватку агрономов, которые могут управлять современными теплицами. Большинство квалифицированных работников по управлению теплицами в России в основном набираются из Нидерландов, Италии, Испании и других стран, большая часть тепличного оборудования также импортируется из-за рубежа.

2.3.3.6. Уровень механизации сельского хозяйства

Обширный географический район России обладает равнинными, плодородными и масштабными сельскохозяйственными угодьями, хорошо пригодными для механизированной обработки. Однако с точки зрения посевной площади в России не соответствуют запросам сельхозтехника и оборудование относительно и в среднем составляет всего 0,0065 единицы на гектар. Эффективность производственных инструментов низкая, большинство небольших крестьянских хозяйств работает частично или полностью на рабочей силе, потому что они не могут позволить себе приобретение сельхозтехники; отсутствует опыт и персонал в области использования и технического обслуживания механизированного оборудования.

Согласно исследованиям, с 2007 года в России сокращается сельскохозяйственная техника, несмотря на рост урожайности. Количество плугов уменьшилось на 57%, посевных машин – на 52%. тракторов – на 51%, зерноуборочных комбайнов – на 50%, культиваторов – на 47%. В России на трактор приходится в среднем 247 га, в то время как в США – 38 га, во Франции – 14 га. Около 60% тракторов в России превышают обычный срок службы 10-12 лет. В настоящее время российские дистрибьюторы сельхозмашин пока не в состоянии удовлетворить внутренний спрос.

2.3.3.7. Технологии сохранения и переработки сельхозпродукции

Внутренняя инфраструктура хранения и транспортировки в России слаба: потери продовольствия составляют около 7-8%. Плохие сельскохозяйственные хранилища приводят к серьезным отходам сельскохозяйственной продукции, согласно статистике РАСХН, из-за логистики, складирования, отставания в развитии транспортной системы, отсутствия технологий и оборудования ежегодные потери зерновых – от 15 млн до 20 млн тонн, мяса – 1 млн тонн, молока – 7 млн тонн. Кроме того, недостаточно развита технология глубокой переработки сельхозпродукции, что приводит к ее низкой добавленной стоимости.

2.3.4. Торговля сельхозпродукцией

Общий объем российского импорта сельхозпродукции XXI века показывает тенденцию роста, общая тенденция роста замедляется, основными импортерами российской сельхозпродукции являются Беларусь, Бразилия, Китай, Эквадор и Германия. После 2000 года российский сельскохозяйственный экспорт в целом вступил в период роста. Основными экспортерами сельхозпродукции являются Египет, Турция, Китай, Казахстан и Беларусь.

Среди многих сельскохозяйственных продуктов зерновые продолжают демонстрировать положительное сальдо торгового баланса, с 2001 года увеличивается чистый экспорт, из года в год растет положительное сальдо торгового баланса. В последние годы Россия не только решила проблему самообеспечения продовольствием, обеспечила национальную продовольственную безопасность, но и стала одним из трех крупнейших мировых экспортеров продовольствия. Россия имеет возможность продолжать увеличивать поставки за рубеж, сохраняя при этом внутренние поставки и обеспечивая национальную продовольственную безопасность. В течении трех лет подряд (2016-2018) Россия сохраняет свои позиции в качестве мирового экспортера пшеницы, занимая по этому показателю первое место.

Предложение российской животноводческой продукции не может удовлетворить внутренний спрос. Основными импортными сельскохозяйственными продуктами являются мясная и молочная продукция. По сравнению с импортом животноводческой продукции доля экспорта скота остается очень незначительной. Свинина является одним из основных видов импортного мяса, в основном импортируемого из Бразилии, Чили и Беларуси. Россия импортирует около 90% замороженной свинины из Бразилии. Чили является вторым по величине импортером российской свинины, а Беларусь – третьим по величине поставщиком. Импортерами российской говядины являются в основном Бразилия, Парагвай и Беларусь. Кроме того, в связи с климатическими условиями российское плодоовощная продукция очень ограничена, что требует импорта большого количества фруктов и овощей.

Министерство сельского хозяйства РФ заявляет, что при нынешних темпах роста экспорта сельхозпродукции Россия может войти в будущее в топ-10 экспортеров сельхозпродукции. Сельское хозяйство стало важным фактором содействия быстрому экономическому росту страны, и по экспорту некоторых видов сельхозпродукции Россия занимает первое место.

2.3.5. Политика в области сельского хозяйства

В последние годы правительством России принят ряд стратегических мер поддержки сельскохозяйственного производства. В 2007 году вступил в силу новый «Закон РФ о сельском хозяйстве». Впоследствии правительством обнародован «План развития сельского хозяйства, сельскохозяйственного рынка и развития сельских территорий на 2008-2012 годы», который является первым пятилетним планом развития сельского хозяйства, обнародованным Россией. План предлагает следующее: во-первых, устойчивое развитие сельских районов; во-вторых, повышение конкурентоспособности российского сельскохозяйственного производства, к которым относятся увеличение финансовой поддержки, модернизация и ускоренное развитие приоритетных областей в целях импортозамещения; в-третьих, охрана и восстановление природных ресурсов, включая охрану почв. Сельское хозяйство официально становится одним из приоритетных направлений развития национальной экономики, и правительство вновь играет ведущую роль в развитии сельского хозяйства.

Министерством сельского хозяйства РФ опубликован доклад «Национальный план развития сельского хозяйства России на 2019 год», в котором указывается, что Россия находится на полном самообеспечении сельскохозяйственной продукцией, производство зерновых, рыбы, растительного масла, мяса и мясных продуктов превышает целевые показатели, установленные в «Национальный план развития сельского хозяйства России на 2019 год». Будущее направление развития российского сельского хозяйства включает в себя развитие системы благоустройства почв, управление кислотными почвами, восстановление сельскохозяйственных угодий и реализацию национального плана развития аграрной науки и техники. Финансирование восстановление почвенных ресурсов в 2019 году составляет 15,8 млрд рублей ($247 млн) по сравнению с 11,2 млрд рублей в 2018 году. Содействие экспорту сельскохозяйственной продукции остается приоритетом в будущем, и государство будет оказывать поддержку фермерам, страдающим от стихийных бедствий, в дальнейшем продолжать содействовать развитию малых сельскохозяйственных предприятий, содействовать комплексному развитию сельских территорий, оказывать материально-техническую поддержку агропромышленному комплексу.

В 2019 году Правительством РФ обнародован «Федеральный план развития генных технологий на 2019-2027 гг.». Основные цели плана: ускорение развития генетических технологических задач, создание научно-технических резервов для медицины, сельского хозяйства и промышленности, мониторинг и предотвращение чрезвычайных ситуаций. В данной плане в форме трехлетней программы определяется необходимость разработки продуктов растительного, животного и аквакультурного производства с использованием методов генетического редактирования, биологических продуктов для здравоохранения, сельскохозяйственных и промышленных биотехнологий, а также системная диагностика и разработка иммунобиологических продуктов.

2.4. Казахстан

2.4.1. Общая ситуация

Казахстан расположен на Центральной Азии, территория охватывает Азию и Европу, является крупнейшей страной мира, не имеющей выхода к морю. Территория обширна, большая ее часть – равнины и низменности; расположена в зоне северного умеренного климата, страна богата солнечными и тепловыми ресурсами; много рек, озер и ледников, но распределение водных ресурсов несбалансировано. Страна находится под сильным климатическим влиянием. В последние годы общий объем сельскохозяйственного производства Казахстана в процентах от ВВП остается на уровне около 7%. Сельское население составляет 8,3239 млн человек или 46,77% от общей численности населения.

В сельском хозяйстве Казахстана преобладают животноводство и растениеводство. Являясь крупнейшим производителем продовольствия в Центральной Азии, Казахстан в основном производит зерновые, овощные и масличные культуры. Казахстан – обширная страна с богатыми земельными ресурсами, обширными пастбищами и лугами, уникальными природными условиями для развития животноводства. Доля продукции растениеводства к общей стоимости сельскохозяйственного производства составляет 49,1%, доля продукции животноводства – 50,6%.

2.4.2. Сельскохозяйственное производство

2.4.2.1. Растениеводство

Растениеводство в основном включает зерновые культуры, хлопок, фрукты, овощи и масличные культуры. Пшеница является крупнейшей продовольственной культурой Казахстана, на которую приходится около 3/4 всего производства зерновых культур. Другие зерновые – ячмень, кукуруза, рис, овес и т.д. Условия производства хлопка благоприятны, является основным экспортом валютной продукции. Казахстан является страной с самой высокой широтой для выращивания хлопка, и в настоящее время хлопок составляет около 1/3 площади посева в пахотных землях. Основными овощами являются картофель, томаты, лук, морковь и кочанная капуста. В последние годы посевные площади овощей постоянно растут. Кроме того, увеличиваются площади выращивания масличных культур, главным образом подсолнечника, на долю которого приходится около половины площадей масличных.

Казахстан имеет большую и малонаселенную территорию,

ограниченные трудовые ресурсы и несбалансированные водные ресурсы, поэтому сельское хозяйство страны уже давно находится в ситуации возделывания больших площадей при невысокой урожайности и интенсивного хозяйствования, при котором возделываются большие посевные площади при низкой урожайности на единицу площади. Темпы сельскохозяйственного производства Казахстана являются низкими из-за интенсивных методов ведения сельского хозяйства, недостаточных инвестиций и отсталых технологий. Урожайность зерновых, хлопка, фруктов и овощей значительно ниже, чем в Китае. В 2018 году в Казахстане произведено 13,9441 млн тонн пшеницы при урожайности 1228 кг/га, что составляет лишь четверть урожайности пшеницы в Китае (5416 кг/га). Производство хлопка составляет 343,6 тыс. тонн при урожайности 2592 кг/га, что составляет 1/2 от урожайности хлопка в Китае (5280 кг/га).

2.4.2.2. Животноводство

В национальной экономике важную роль играет животноводство, однако в последние годы его развитие было медленным. Технологии животноводства и оборудование очень отсталые. Животноводство в основном опирается на мелкомасштабное разведение. Невысока степень интенсивного разведения. В Казахстане более 90% мяса, молока и шерсти производятся частными предприятиями и фермерами, в то время как крупные агроживотноводческие предприятия менее развиты, их продукция имеет низкую долю не рынке Казахстана. Например, на производство мяса, сырого молока и шерсти приходится лишь 5,7%, 4% и 5% рыночной доли Казахстана соответственно. В основном выращивается крупный и мелкий рогатый скот, лошади, верблюды, свиньи и др., осуществляется производство мяса, молока, яиц, шерсти и других продуктов животноводства. Молочная промышленность не в состоянии удовлетворить внутренний спрос и сильно вытеснена импортной продукцией. Импорт молочной продукции приходится 60% рынка

Казахстана.

В последние годы в Казахстане рост себестоимости массового мелкомасштабного разведения и выращивания привел к резкому росту цен на мясную продукцию. В животноводческой отрасли Казахстана доминирует мелкомасштабная оптовая экономика, которая не способствует снижению производственных издержек. Кроме того, в последние годы в Казахстане из-за засухи и других неблагоприятных погодных условий сократилось производство кормовых культур, что напрямую привело к росту цен на корма; постоянно уменьшается ежегодная доступность сена, пшеничных отрубей и комбикормов; кроме того, с каждым годом растут цены на мазут, нефть, природный газ, уголь и воду, – все это непосредственно привело к значительному увеличению расходов на животноводство и сокращению поголовья скота, что также к росту цен на мясо. Кроме того, в животноводстве Казахстана существуют следующие проблемы: слабо развито племенное животноводство; серьезно положение в области профилактики эпизоотических заболеваний, необходимо еще больше улучшить уровень профилактики эпидемий; отсутствуют точная информация о количестве поголовья скота; разрыв между научными исследованиями и коммерческим фактическим спросом и т.д.

2.4.3. Наука и техника в сельском хозяйстве

Во время распада Советского Союза доходы крестьян и сельскохозяйственных рабочих в Казахстане резко упали и составили лишь 30% от доходов рабочих, занятых в промышленном секторе. Низкие доходы и плохое обращение привели к утечке большого числа молодых людей и технического персонала из пищевой промышленности и заброшенности большого числа станций распространения сельскохозяйственных технологий и станций по ремонту сельскохозяйственной техники. Многие исследователи продуктов питания покинули исследовательский сектор, остановив исследования. После обретения независимости инвестиции в сельскохозяйственные научные исследования остаются незначительными, очень мало инноваций в сельскохозяйственных научных исследованиях, в основном они опираются на внедрение новых иностранных технологий и новой техники для улучшения сельскохозяйственного производства страны.

2.4.3.1. Технологии растениеводства

В последние годы в Казахстане наблюдается значительный рост сельскохозяйственного производства и урожайности в результате расширения пахотных земель, отбора удобрений и высококачественных семян, а также использования современной науки и техники. Однако, по сравнению с развитыми странами и регионами мира инвестиции в сельское хозяйство недостаточны, остается отсталой сельскохозяйственная инфраструктура, производство зерна в большей степени зависит от погодных условий. Интенсивные методы выращивания сельскохозяйственных культур и отсутствуют передовые методы выращивания. Наблюдаются значительные колебания в объемах производства, объем производства на единицу площади является низким, что по-прежнему ниже среднемирового показателя.

В настоящее время казахстанское сельское хозяйство все еще находится в зачаточном состоянии, ограничения развития обусловлены высокой себестоимостью, отсутствием капиталовложений и серьезной нехваткой старшего сельскохозяйственного технического персонала. Большинство стандартов парников неоднородно, парники импортируются из Нидерландов, Испании, Израиля, Китая. Из-за нехватки огородников для управления парниками, технология выращивания отсталая, управление плохое, что вызывает низкий урожай партников.

2.4.3.2. Технологии животноводства

В результате сокращения поголовья скота разведение скота

и птицы развивается медленно, что серьезно сказывается на производстве животноводческой продукции в Казахстане. Производство мяса, молока, яиц и шерсти находится на низком уровне, что, в свою очередь, влияет на предложение на рынке и потребление жителей. Коэффициент продуктивности мясного крупного рогатого скота в Казахстане составляет около 2%, неэффективен используемый метод линейного разведения скота. Отсутствие хорошей племенной базы и совершенной системы разведения не только влияет на производство и качество разведения скота, но и приводит к низкому уровню индивидуального животноводства. В условиях, когда доминирует традиционный режим животноводства, ограничена популяризация и применение искусственного оплодотворения, переноса эмбрионов, синхронизации эструса, искусственной овуляции и других новых биотехнологий.

2.4.3.3. Ирригационные технологии

Реки Казахстана в основном являются реками внутреннего стока, климат чрезвычайно сухой, высокий уровень испарений, недостаточно осадков, растительность в основном представлена луговой и пустынной, не хватает водных ресурсов. В Казахстане из-за низкой распространенности водосберегающих технологий, низкого уровня использования водных ресурсов для сельскохозяйственного орошения быстрое развитие сельского хозяйства привело к увеличению потребления количества воды, используемой в сельском хозяйстве, и усугубило нехватку водных ресурсов. Казахстан является крупной страной по выращиванию хлопка, который использует большое количество воды. Из-за низких осадков и ограниченных водных ресурсов Казахстан всегда испытывает потребность в водосберегающих и оросительных агротехнологиях.

2.4.3.4. Уровень механизации сельского хозяйства

Серьезно устарели сельскохозяйственная техника и оборудование для производства. Сельскохозяйственная техника Казахстана – это в основном крупномасштабная техника, используемая для вспашки, посадки, посева и уборки урожая, более 50% из которой – это сельскохозяйственная техника, оставшаяся с советских времен, с меньшим количеством культивации, удобрений и средств защиты растений. Казахстан рассматривает совершенствование модернизации сельского хозяйства и внедрение технологий и оборудования сельскохозяйственного производства в качестве одной из своих национальных стратегий.

2.4.3.5. Технологии хранения и переработки сельхозпродукции

Казахстан имеет низкий уровень развития в области переработки зерна, особенно глубокой переработки и очистки, небольшое количество сельскохозяйственных перерабатывающих предприятий и низкие мощности по переработке. Перерабатывающая техника в основном осталась от советского периода, 95% производственных процессов имеют старое оборудование. Их продукция имеет малый ассортимент с высоким энергопотреблением и грубой упаковкой, у которого нет возможности адаптироваться к рыночной экономике в условиях диверсифицированного потребительского спроса. В зависимости от потребительских предпочтений и привычек жителей Казахстана растет спрос на сладости, хлеб, картофель фри, выпечку, молочные продукты, мясные продукты и т.д., для удовлетворения спроса недостаточно существующих мощностей по переработке продуктов питания, остро нужны передовые технологии переработки и оборудование.

2.4.4. Торговля сельхозпродукцией

В последние годы быстрыми темпами развивается сельскохозяйственная торговля Казахстана, но она находится в дефиците. Что касается сельскохозяйственной продукции, то самым крупным является экспорт зерновых, при этом около 90% которого приходится на пшеницу. Другими сельскохозяйственными продуктами с более высоким экспортом являются крахмал, лекарственные растения, хлопковое, животное и растительное масла, табак, овощи, продукты водного хозяйства и т.д. Первое место по объемам импорта занимают фрукты и орехи.

Основными торговыми партнерами Казахстана по экспорту сельскохозяйственной продукции являются Узбекистан, Афганистан, Таджикистан, Китай и Россия. В совокупности на эти пять стран в 2017 году приходится 65% общего объема сельскохозяйственного экспорта Казахстана. Основными экспортерами пшеницы являются страны СНГ (Азербайджан, Узбекистан, Таджикистан и Кыргызстан). Что касается импорта, то основными торговыми партнерами Казахстана по импорту сельскохозяйственной продукции являются Россия, Узбекистан, Китай, Беларусь и Бразилия. В совокупности на эти пять стран в 2017 году приходится около 60% общего импорта сельскохозяйственной продукции Казахстана.

2.4.5. Политика в области сельского хозяйства

В 2012 году Казахстан представил «Стратегический план развития до 2050 года», в котором говорится, что Казахстан уже является крупным экспортером продовольствия с большим производственным потенциалом и нуждается в развитии и модернизации сельского хозяйства. Обеспечивая национальную продовольственную безопасность, Казахстан должен быть важным игроком на мировом продовольственном рынке. Основные меры включают следующее: во-первых, расширение посевных площадей; во-вторых, повышение урожайности зерна; в-третьих, расширение масштабов животноводства; в-четвертых, развитие чистой экологической среды; в-пятых, развитие семейных ферм и малых и средних сельскохозяйственных предприятий; в-шестых, улучшение структуры посевных и повышение конкурентоспособности экспорта зерна; в-седьмых, обеспечение спроса на водные ресурсы для сельского хозяйства, например, развитие водосберегающих технологий; в-восьмых, совершенствование законов и положений, таких, как земельные налоги; в-девятых, увеличение бюджетных инвестиций в сельское хозяйство. Правительством не только улучшается состояние сельского хозяйства на макроуровне, подчеркивается важность развития сельского хозяйства, но и принимаются ответные меры на проблемы, с которыми сталкивается развитие сельского хозяйства на ранней стадии. В 2013 году правительством обнародован Специальный план развития сельского хозяйства «Сельское хозяйство-2020», который предусматривает повышение конкурентоспособности сельскохозяйственной продукции, выделение специальных средств для ослабления давления на фермерские кредиты и дальнейшее совершенствование механизма субсидирования производства.

В целях содействия производству продовольствия и поддержания стабильности продовольственного рынка действующими нормативными мерами Правительства Казахстана являются: выдача лицензии на хранение зерна только предприятиям, которые отвечают условиям, предусмотренным правительством; осуществление сертификации качества пищевых продуктов; создание национальных продовольственных резервов путем государственных закупок и обеспечение их качества и количества; снижение цен на селекционные семена и предоставление субсидий на качественные посевной материал; финансирование защиты растений и карантина; субсидии сельскохозяйственным производителям на удобрения и топливо, финансирование сельскохозяйственных научных исследований и научно-технического внедрения; финансирование улучшения качества почвы.

Что касается растениеводства, то правительство Казахстана не только снижает цены на сельскохозяйственные ресурсы, необходимые для выращивания и сбора урожая, такие как семена и горюче-смазочные материалы, но и предоставляет субсидии на удобрения, гербициды, орошение и т.д., правительство несет полную ответственность за проверку качества хлопка для производителей хлопка. С 2012 года в дополнение к продолжению текущей программы субсидирования приоритетных культур в целях поощрения конкуренции и улучшения качества семян снижаются цены на семена и вводятся новые субсидии на разведение семян, то есть от предыдущей прямой субсидии на семена осуществляется переход к субсидирование конечного покупателя селекционных семян. В последние годы число основных единиц сельскохозяйственной техники и оборудования, закупаемых сельхозпроизводителями, постоянно сокращается из-за нехватки производственных средств, высоких промежуточных издержек и чрезмерных валютных рисков, связанных с импортом сельскохозяйственной техники. Для решения денной проблемы аграрный сектор Казахстана, с одной стороны, субсидирует импорт сельскохозяйственной техники и оборудования из-за рубежа, с другой стороны, снижает проценты по кредитам лизинговых компаний, чтобы огромное количество сельхозпроизводителей арендовали технику и оборудование для завершения нормального сельскохозяйственного производства.

Министерством сельского хозяйства Казахстана разработан «План развития животноводства до 2020 года», который направлен на содействие развитию животноводства. В настоящее время в Казахстане не хватает крупных заводов по переработке кормов, поэтому приходится полагаться на местные цеха по переработке, что приводит к высоким производственным издержкам, высоким ценам на корма, серьезному оттоку рабочей силы в отрасли и т.д. Для решения вышеуказанных проблем в проекте предусматриваются инвестиционные субсидии, модернизация существующих заводов по переработке кормов будет полностью реализована за счет кредитов и государственной финансовой поддержки.

2.5. Кыргызстан

2.5.1. Общая ситуация

Кыргызстан является страной, не имеющей выхода к морю, расположенной на северо-востоке Центральной Азии, это развивающееся государство. Вступление в ВТО в 2001 году сделало Кыргызстан страной с наиболее открытой экономикой среди пяти стран Центральной Азии. Население сельскохозяйственных районов составляет около 65% от общей численности населения, около половины работающих заняты в сельском хозяйстве. В стране высокий уровень солнечной радиации, небольшое количество осадков, сухой воздух, по этим показателям Кыргызстан принадлежит к типичному засушливому континентальному климату, с жарким летом, холодной зимой, высокой дневной и ночной разницей температур, являясь типичным сельскохозяйственным районом с засушливым климатом. Кыргызстан богат пахотными земельными ресурсами и природными пастбищами. Водные ресурсы очень богаты, 4,4% площади страны покрыто водой. Страна известна как «водяная башня» пяти центральноазиатских стран, она контролирует жизненные силы водных ресурсов в Центральной Азии, что способствует развитию сельского хозяйства в Кыргызстане.

Сельское хозяйство играет важную роль в национальной экономике, на которую приходится около 13% ВВП, главным образом на растениеводство и животноводство. Общий невысокий уровень развития сельского хозяйства, старая и отсталая сельскохозяйственная инфраструктура, отсутствие сельскохозяйственной техники и ирригационных сооружений, сельскохозяйственное производство в основном зависит от погодных условий. В сочетании с моделью развития первичного сельскохозяйственного экспорта импорт сельскохозяйственной переработки намного больше, чем экспорт. Пищевая и перерабатывающая промышленность Кыргызстана является важным производственным сектором и важным сектором для поощрения иностранных инвестиций.

2.5.2. Сельскохозяйственное производство

2.5.2.1. Растениеводство

Растениеводство в Кыргызстане опирается на землеемкую и природоемкую модель. Продовольственные культуры важнее, чем экономические. Изобилие солнца и водных ресурсов подходит для развития растениеводства. Основными продовольственными культурами являются пшеница, кукуруза, ячмень и т.д. Среди них на посевные площади пшеницы приходится более 50% пахотных земель. В 2018 г. в Кыргызстане урожайность пшеницы составила 2427 кг/га, что значительно ниже урожая пшеницы в Китае (5416 кг/га). Основными экономическими культурами являются хлопок, свекла и т.д. Урожайность семенного хлопка в Кыргызстане составляет 3242 кг/га, что значительно ниже урожайности хлопка в Китае (5424 кг/га).

При выращивании фруктов и овощей, помимо картофеля, лука, помидоров, огурцов и некоторых других продуктов, производство которых является самодостаточным, из-за низкого уровня сельскохозяйственного внесезонного производства, отсталых технологий хранения и сохранения свежей продукции сезонные и внесезонные овощи в основном импортируются из Китая и Узбекистана. Видовое разнообразие фруктов небольшое: яблоки, виноград, дыни и др., но урожая недостаточно для удовлетворения внутреннего спроса, по-прежнему существует потребность импорта из Китая и других прилегающих районов, чтобы восполнить дефицит внутреннего спроса и предложения.

2.5.2.2. Животноводство

Кыргызстан является крупным производителем животноводческой продукции в Центральной Азии, с более чем 9 млн га пастбищ и естественные пастбища. Страна имеет богатые уникальные ресурсы для развития животноводства: богатые луговые ресурсы, круглогодичная солнечная радиация, подходящий климат и т.д. Животноводство включает в себя разведение крупного и мелкого рогатого скота, коневодство, свиноводство, птицеводство, пчеловодство, выращивание шелкопряда и рыболовство. Страна имеет преимущества экспорта живого поголовья, говядины и баранины, кож, молока и др., в последние годы с каждым годом незначительно повышается экспорт данной продукции.

2.5.3. Наука и техника в сельском хозяйстве
2.5.3.1. Технологии растениеводства

Несмотря на то, что хорошо развивается растущая промышленность Кыргызстана и из года в год растет уровень урожайности, страна по-прежнему сталкивается с некоторыми проблемами. В условиях естественной географии горных районов, особенно особых условий континентального климата исследователи продолжают разрабатывать и выращивать новые сорта пшеницы, ячменя и гибридной кукурузы, пригодные для высоких показателей выживаемости в горных условиях, повышать урожайность пшеницы. В сельскохозяйственном производстве низким является плодородие почвы, ощущается недостаток внесения пестицидов и удобрений, местные пестициды и удобрения зависят от импорта, не могут быть широко популяризированы и применены передовые и практические меры в области сельскохозяйственной технологии, что приводит к низкой урожайности, низкому качеству, малым объемам, низкой экономической эффективности. Довольно серьезно урожайность зависит от сорняков, вредителей и заболеваний, на больших площадях происходит заражение мучнистой росой пшеницы, в результате чего до 70% сокращается урожайность зерновых культур. В полной мере не используются земельные ресурсы, на основных площадях выращивается только один урожай в год, в междурядьях выращивается мало культур. Если в борьбе с вредителями и болезнями и защите доброкачественного состояния почвы осуществлять научный севооборот, рационально использовать удобрения в сочетании с водосберегающей технологией орошения, возможно в полной мере использовать обрабатываемые земли, снова увеличить производство и лучше обеспечить продовольственную безопасность страны.

В зимний сезон Кыргызстан в основном импортирует овощи. Тепличное хозяйство находится в зачаточном состоянии, и оно все еще относительно отстает в технологиях сельскохозяйственного оборудования и технологиях выращивания. Большинство овощей выращивается в простых сараях. При поддержке зарубежных проектов Кыргызстан осуществляет тепличное строительство, в основном с использованием теплиц, сделанных в Корее, Китае и России. Посадочные сорта относятся к российским, среднеазиатским традиционным сортам, в теплицах в основном выращиваются помидоры, перец, огурцы, фенхель и т.д.

2.5.3.2. Технологии животноводства

Прямое воздействие экономических потрясений после обретения независимости на животноводство, проявляющееся в значительном сокращением поголовья скота, до настоящего времени не вернулось в состояние до обретения независимости. В животноводческой отрасли Кыргызстана используются традиционные методы животноводства. Хотя может быть произведено определенное количество мяса, молока, яиц и других продуктов животного происхождения, однако оно неэффективно, мало по количеству и не имеет единых стандартов тестирования, которые зачастую ограничивают доступ на международные рынки. С ростом темпов развития современного общества традиционное животноводство становится все менее и менее пригодным для социального развития, поэтому превращение традиционного животноводства в современное является не только необходимостью для выхода на международный рынок, но и объективным требованием для развития самого животноводства. В Кыргызстане хорошо развито коневодство, выпас скота может осуществляться в течение года с низкими производственными затратами, в том числе верховая езда и тягловый транспорт имеет высокую приспособляемость, породы лошадей достаточно хорошие, самой большой известностью пользуется новокиргизская порода лошадей.

2.5.3.3. Ирригационные технологии

Реки Кыргызстана имеют хорошее естественное качество воды, низкую минерализацию и пригодны для орошения и полива сельскохозяйственных угодий. После обретения независимости не осуществлялось эффективное техническое обслуживание ирригационных сооружений из-за нехватки бюджетных средств на их содержание, что привело к серьезной проблеме старения ирригационных сооружений. Из-за наличия трудностей с распределением крупномасштабных ресурсов для хранения воды, старения ирригационных проектов, неадекватных систем поддержки и по другим причинам сельскохозяйственный сектор как основной сектор водопользования является особенно неэффективным. В Кыргызстане, который пользуется славой «водяной башни» Центральной Азии, нельзя игнорировать проблему нехватки воды в сельском хозяйстве.

2.5.3.4. Уровень механизации сельского хозяйства

Одной из самых серьезных проблем в сельском хозяйстве с момента обретения независимости в 1991 году является проблема сельскохозяйственной техники. Как наиболее важная часть сельскохозяйственной техники в сельском хозяйстве, большая часть техники стареет или перестает работать из-за перебоев с поставками запасных частей. В настоящее время из-за нехватки сельхозтехники и оборудования нагрузка на трактор в Кыргызстане в 2-2,5 раза превышает фактическую работу, некоторые из этих сельскохозяйственных машин и оборудования устарели и нуждаются в скорейшем обновлении. С 1995 года с помощью Японии и Китая в сочетании с финансовыми ресурсами Кыргызстана уровень обновления тракторов в Кыргызстане составил 9,1%, темпы обновления уборочных машин – 12%, темпы обновления посевных машин – 5,9%, темпы обновления плугов – 18,2%. Кыргызстанские специалисты считают, что необходимо развивать финансовый лизинговый бизнес и ускорить обновление сельхозтехники.

2.5.3.5. Технологии хранения и переработки сельхозпродукции

Ограниченные слабой промышленной базой и низким уровнем технологий в сочетании с небольшими размерами отечественные сельскохозяйственные перерабатывающие предприятия слишком чувствительны к рыночным ценам и спросу, чтобы связаться с производителями, в результате создание сельскохозяйственной стоимости полностью зависит от внешнего спроса, структурные проблемы в сельском хозяйстве препятствуют развитию агропромышленной отрасли. В настоящее время цепочка переработки сельскохозяйственной продукции Кыргызстана не является идеальной, все еще относительно отстают в развитии обработки, транспортировки, сохранения, хранения и других ключевых звеньев. Они имеют невысокий технический уровень, отсутствует полноценное сотрудничество с сельскохозяйственными предприятиями, не является идеальной соответствующая система социальной поддержки. Из-за нехватки средств, плохих продаж, несоответствия требованиям технологии обработки и оборудования, отсутствия сформированной промышленной цепочки ресурсы сельскохозяйственной продукции используются неэффективно и не осуществляется глубокая переработка, поэтому каждый год большое количество фруктов, овощей, молока и так далее приходит к излишним тратам и расточительству. Кроме того, долгосрочное хранение, переработка и транспортировка сельскохозяйственной продукции становится для Кыргызстана проблемой по расширению сельскохозяйственного экспорта из-за отсталости логистической отрасли. Ежегодно производство семенного хлопка составляет около 100 тыс. тонн, производство шерсти 11 тыс. тонн, но страна из-за слабых перерабатывающих мощностей 90-95% хлопка и шерсти экспортирует напрямую, поэтому текстиль, необходимый в стране, в основном импортируется для удовлетворения внутренних потребностей.

2.5.4. Торговля сельскохозяйственной продукцией

Кыргызстан является первой из пяти стран Центральной Азии, вступившей в ВТО, отличается высокой открытостью и сильной зависимостью от внешней торговли. В сфере сельскохозяйственной торговли Кыргызстан имеет широкий ассортимент растительной продукции (хлопок, овощи, фрукты, табак), продукция животного происхождения (крупный и мелкий рогатый скот и лошади) имеет более высокие сравнительные преимущества, демонстрируя сравнительно высокую конкурентоспособность экспорта.

Кыргызстан имеет ограниченный интегрированный сельскохозяйственный производственный потенциал, не обеспечивая продовольственную безопасность, существует высокий спрос на импорт необработанного сырья и другой сельскохозяйственной продукции в целях развития перерабатывающей промышленности. В последние годы Кыргызстан в основном импортирует пшеницу, жиры, сахар, фрукты, овощи и другую сельскохозяйственную продукцию.

Основными торговыми партнерами Кыргызстана в области

сельского хозяйства являются Китай, Россия, Казахстан, Турция, Узбекистан и т.д. В 2017 году сократился экспорт сельхозпродукции Кыргызстана в Россию и Казахстан.

2.5.5. Политика в области сельского хозяйства

В последние годы в Кыргызстане принят план развития сельского хозяйства, основное внимание уделяется укреплению инфраструктурного строительства в целях содействия импорту и экспорту сельскохозяйственных ресурсов; укрепляется внедрение элитных сортов и оказывается содействие культивированию и производству высокоурожайных сортов, адаптированных к окружающей среде; обращается внимание на сельскохозяйственное орошение и повышается уровень использования водных ресурсов; оказывается содействие новым методам сельскохозяйственного производства и повышению эффективности; улучшается экономические и торговые условия для сельского хозяйства; повышается уровень научных исследований.

Министерством сельского хозяйства Кыргызстана определено три приоритетных направления развития. Во-первых, поддержка и содействие экспорту отечественной сельхозпродукции на зарубежные рынки. В тесном сотрудничестве с соответствующими сельскохозяйственными ассоциациями и правительственными учреждениями подписаны меморандумы о сотрудничестве с 18 ассоциациями по всей стране, которые имеют прямой доступ примерно к 400 тыс. крестьян. Министерством сельского хозяйства создан департамент по поощрению экспорта в целях укрепления внедрения отечественной продукции на зарубежные рынки. Во-вторых, содействие развитию пищевой промышленности. Разработана «дорожная карта» развития регионов и региональных перерабатывающих предприятий, на целевой и целенаправленной основе поощряется создание новых предприятий перерабатывающей пищевой промышленности. В-третьих, для ускорения цифровизации сельскохозяйственного сектора на базе существующих государственных предприятий создается новое государственное предприятие «Цифровое сельское хозяйство».

Поддержка правительством сельскохозяйственной политики наиболее непосредственно отражается в финансировании: создание 11 приоритетных сельскохозяйственных направлений, включая молочную продукцию и продукцию животного происхождения, рыбную продукцию, табачные изделия, фрукты и овощи, в качестве ключевых секторов, поддерживаемых кредитами национального финансирования; Министерство финансов Кыргызстана и девять коммерческих банков подписали соглашение на 5,3 млрд сомов для поддержки финансирования сельскохозяйственных проектов и предоставления льготных кредитов предприятиям сельскохозяйственного производства и переработки; в целях дальнейшего повышения добавленной стоимости сельскохозяйственной продукции предприятия сельскохозяйственной переработки могут получить кредиты под низкую процентную ставку в размере 6%; предприятия, занимающиеся садоводством, управлением теплицами, системами капельного орошения и внедрением искусственного осеменения для животноводства, пользуются льготными процентными ставками по кредитам в размере 8%, процентная ставка для обычных животноводов и растениеводов по кретитам составляет 10%.

Кыргызстаном разработан Национальный план развития ирригации на 2017-2026 гг., в качестве важного средства повышения эффективности использования водных ресурсов стремится обеспечить продовольственную безопасность, искоренить нищету и осуществить миграцию населения, занятого в сельском хозяйстве. Планируется инвестировать 58,8 млрд сомов для строительства 655 тыс. гектаров новых орошаемых земель, ожидается, что во всех областях и городах по всей стране количество бенефициаров достигнет более 240 тыс. человек.

2.6. Таджикистан

2.6.1. Общая ситуация

Таджикистан является не имеющей выхода к морю высокогорной страной, расположенной на юго-востоке Центральной Азии. На востоке находится плато Памир, Таджикистан граничит с Синьцзян-Уйгурским АР КНР, на юге страна граничит с Афганистаном, на западе – с Узбекистаном, на севере – с Кыргызстаном, занимая важное стратегическое положение на стыке Европы и Азии. Таджикистан с площадью 14,26 млн га богат водными ресурсами, на которые приходится более половины всех водных ресурсов Центральной Азии. Таджикистан имеет самый низкий уровень экономического развития среди стран СНГ. Доля общего объема сельскохозяйственного производства в ВВП остается на уровне около 20%. Сельское население составляет 6,3 млн человек, или около 75% от общей численности населения.

Сельское хозяйство играет важную роль в национальной экономике, главным образом в растениеводстве и животноводстве, на которые приходится около 70% общей стоимости сельскохозяйственного производства, основной культурой является хлопок. На животноводство приходится около 30% от общей стоимости сельскохозяйственного производства, в основном осуществляется выпас скота, в основном разводятся овцы, крупный рогатый скот, лошади и др. Из 860 тыс. га пахотных земель 40% используется для выращивания хлопка, 30% – для кормовых культур, и лишь 23% – для выращивания зерновых культур. Продовольствие не является самодостаточным. Развитие сельского хозяйства и продовольственной безопасности является одной из национальных стратегий Таджикистана.

2.6.2. Сельскохозяйственное производство

2.6.2.1. Растениеводство

В сельском хозяйстве Таджикистана растениеводство занимает важное место, в основном в выращивании высококачественного тонковолокнистого хлопка. Хлопок, как наиболее важная экономическая культура, составляет около 60% сельскохозяйственного производства и играет важную роль в национальной экономике. С 1930-х годов в результате содействия советского правительства сельскохозяйственной коллективизации и энергичного содействия выращиванию хлопка хлопок выращивается в больших объемах в бассейнах рек Вахш и Кафирниган в юго-западной части Таджикистана. Продовольственные культуры в основном представлены пшеницей, рожью, рисом, ячменем, овсом и кукурузой. Кроме того, в Таджикистане выращивают картофель, овощи, виноград и другие фрукты.

С 2006 года Таджикистан значительно повысил урожайность основных сельскохозяйственных культур за счет совершенствования методов ведения сельского хозяйства, изменения методов посадки и повышения степени механизации, но урожайность в Таджикистане по-прежнему в целом ниже, чем в Китае. Средняя урожайность хлопка значительно колеблется из-за плохой инфраструктуры и острой нехватки производственного оборудования. В 2018 году в Таджикистане произведено 300,3 тыс. тонн хлопка-сырца с урожайностью 1616 кг/га, урожайность составляет менее 1/3 урожайности хлопка-сырца в Китае (5280 кг/га). Урожай пшеницы составил 77,90 тыс. тонн, урожайность (3048 кг/га) ниже, чем в Китае (5416 кг/га).

2.6.2.2. Животноводство

В животноводстве доминируют разведение крупного рогатого скота и овцеводство. Скотоводство и овцеводство являются традиционным сектором животноводства, в основном обеспечивая мясо, молоко, кожи и другие продукты животного происхождения. Кроме того, имеется определенное количество птицеводства, свиноводства и коневодства. С момента обретения Таджикистаном независимости из-за внутренних боевых действий и по другим причинам сокращение размеров эксплуатируемых пастбищ привело к сокращению поголовья крупного скота и сокращению производства мяса и молока.

Таджикистан является самой маленькой страной в Центральной Азии, территория горная, восточная Горно-Бадахшанская автономная область расположена на плато Памир, представляя собой пересеченную местность с крутыми горными склонами, небольшое количество осадков и разреженная растительность ограничивают масштабное развитие животноводства. Лишь центральные и западные долины и предгорные районы ниже 3000 метров над уровнем моря имеют небольшое количество пастбищ и невелики по размеру. Из-за небольших площадей пастбищ и серьезной нехватки кормов возможности животноводства также ограничены, наблюдается медленный рост поголовья скота, низкая продуктивность основного животноводства, так что в течение длительного времени ощущается дефицит мяса, молока, яиц на душу населения. Пастухи живут полукочевой и полуоседлой жизнью, следуя старым методам производства, выпаса скота, небольшой ассортимент продукции животного происхождения, недостаточно развиты инфраструктура и устойчивость к стихийным бедствиям.

2.6.3. Наука и техника в области сельского хозяйства

В советское время Таджикистан ввиду особых условий на местном уровне расширил площадь орошения обрабатываемых земель и усовершенствовал методы ведения сельского хозяйства, значительные достижения достигнуты в биологии, генетике, физиологии и биохимии хлопка. После обретения независимости в результате экономического кризиса ощущается серьезная нехватка научно-исследовательских фондов, беспрецедентное сокращение имеет сельскохозяйственная наука и техника. Во-первых, резко сократилось число исследователей, резко сократился потенциал науки и техники. Произошел значительный отток исследователей, работающих в исследовательском секторе, при этом некоторые из них вернулись в Россию, а другие переехали на Запад. Во-вторых, ощущается серьезная нехватка средств, что серьезно сказывается на развитии сельскохозяйственной науки и техники. Поскольку научно-исследовательские учреждения финансируются главным образом за счет государственных субсидий, особенно для сектора фундаментальных исследований, государственное финансирование является единственным источником финансирования. Государственное финансирование настолько скудно, что оно не может предоставить средства, необходимые для научных исследований и разработок, поэтому научные исследования вряд ли могут быть проведены в обычном режиме, и сельскохозяйственные научные исследования несут серьезные потери.

2.6.3.1. Технологии растениеводства

В Таджикистане хорошее качество ресурсов сельскохозяйственных культур, тем не менее, модель управления на полях является экстенсивной, крестьяне не имеют опыта и знаний детального управления, кроме того, отсутствует система по улучшению плодородия почв, агроэкологического управления и технические меры по улучшению почвы. Повышение урожайности продовольственных культур имеет большое значение для сельского хозяйства Таджикистана. В производстве хлопка отстает технология выращивания, трудно гарантировать научно-стандартизированную систему севооборота многопольного земледелия, снижается плодородие почв, сокращается использование удобрений, крестьяне имеют ограниченную покупательскую способность для приобретения удобрений и других факторов, – все это является причинами отсутствия увеличения производства хлопка в Таджикистане.

2.6.3.2. Ирригационные технологии

Таджикистан богат пресноводными ресурсами, обеспечивая благоприятные условия для развития ирригации. В настоящее время 240 тыс. гектаров орошаемых сельскохозяйственных угодий зависят от водяных насосов. Насосы для орошения потребляют много электроэнергии, увеличивая расходы на земледелие. Водные ресурсы серьезно теряются во время орошения, потери составляют до 30-60%, орошение одного гектара земли для выращивания хлопка потребляет 15 тыс. м³ воды, низкая эффективность водопользования.

2.6.3.3. Уровень механизации сельского хозяйства

После обретения независимости Таджикистаном из-за нехватки средств и технологий не обновлялись и не ремонтировались сельскохозяйственная техника и оборудование, используемые в сельскохозяйственном секторе, в результате очень низок текущий уровень механизации растениеводства, в некоторых районах пшеница, хлопок, картофель и другие культуры в основном культивируются вручную. Кроме того, эксплуатация и послегарантийное техническое обслуживание импортируемой сельскохозяйственной техники и оборудования требуют от фермеров базовых профессиональных знаний в области эксплуатации, в противном случае невозможно использовать большую его часть, в полной мере использовать преимущества техники и оборудования.

2.6.3.4. Технологии хранения и переработки сельскохозяйственной продукции

Климатические и почвенные условия Таджикистана соответствуют условиям, необходимым для роста высококачественных овощей и фруктов, но овощи и фрукты не могут храниться в течение длительного периода времени и не подходят для транспортировки на большие расстояния, они требуют переработки для дальнейшей транспортировки. В настоящее время в Таджикистане практически нет крупных предприятий по переработке овощей и фруктов, технологии переработки и упаковки являются отсталыми. Соки, продаваемые на таджикском рынке, поступают в основном из России и Европы. Например, абрикосы в Таджикистане имеют большой экспортный потенциал. Однако, без лучшего метода сохранения фруктов свежие абрикосы и курагу можно продавать только на местном рынке.

2.6.4. Торговля сельхозпродукцией

В последние годы из года в год растет стоимость сельскохозяйственного импорта и экспорта Таджикистана. Экспорт сельхозпродукции в основном – сырьевая продукция, импорт в основном продукция, имеющая дефицит на внутреннем рынке, это свидетельствует о том, что внешняя торговля сельскохозяйственной продукцией по-прежнему находится на начальном этапе, а объем торговли также невелик.

Структура экспортной продукции Таджикистана однородна, в основном экспорт хлопка, фруктов, овощей и т.д. Самая большая доля продукции в экспортной структуре приходится на хлопок, составляя около 80-85% от общего объема экспорта. Основными странами-экспортерами являются Турция, Иран, Россия, Пакистан и т.д. В последние годы цены на овощи и фрукты на внутреннем и международном рынках продолжают расти, поэтому продолжает увеличиваться активность крестьян в выращивании фруктов и овощей. В 2018 году 1/6 фруктов и овощей, выращенных в Таджикистане, экспортируется за рубеж, основными странами-экспортерами являются Афганистан, Россия, Казахстан и Кыргызстан.

Таджикистан импортирует в основном зерновые, муку, растительное масло, сахар, а также кондитерские изделия.

Таджикистан является нетто-импортером зерновых. Казахстан является основным экспортером зерновых в Таджикистан, ещё экспортерами являются Нидерланды, Австрия, Швейцария и Италия.

2.6.5. Политика в области сельского хозяйства

Таджикистаном определен стратегический подход к развитию науки и техники, обнародован ряд законов, постановлений и правительственных распоряжений по поддержке и укреплению научно-технической мощи, например, Государственный закон о науке, технике и научно-технической политике (1998) и Закон об Академии наук Республики Таджикистан (2002). В 2016 году в «Национальной стратегии развития Таджикистана до 2030 года» говорится, что производственные и перерабатывающие предприятия сельхозпродукции не являются эффективными, система переработки сельхозпродукции является отсталой, не могут быть гарантированы нормальные поставки сырья, качество продукции относительно низкое. В настоящее время агропромышленный комплекс может обрабатывать лишь 20% отечественной сельхозпродукции. В «Стратегии» указывается, что приоритет отдается развитию агропромышленного комплекса по следующим направлениям: обеспечение продовольственного самообеспечения и продовольственной безопасности и содействие развитию сельскохозяйственного сектора в направлении индустриализации; повышение коэффициента использования земельных, водных и людских ресурсов, совершенствование систем орошения сельскохозяйственных земель и обеспечение уровня занятости сельского населения; ремонт и восстановление ирригационной инфраструктуры и продвижение современных водосберегающих технологий.

В 2018 году в обращении «О состоянии Таджикистана» говорится о четырех стратегических целях государства: достижение энергетической независимости, преодоление бездорожья, достижение продовольственной безопасности и национальная индустриализация. Основной задачей развития сельского хозяйства являются гарантирование самообеспечения и реализация продовольственной безопасности; реализация работы по элитным семенам и селекции сельхозкультур, повышение урожайности на единицу площади сельхозкультур; развитие животноводства, увеличение производства мясных и молочных продуктов. В то же время будут предприняты усилия по совершенствованию технологий хранения сельскохозяйственной продукции и сокращению потерь и пустых растрат. Для этого в течение трех лет (2016-2018) общий объем ассигнований на развитие сельского хозяйства превысит 1 млрд сомони (примерно 200 млн. долларов США).

2.7. Узбекистан

2.7.1 Общая ситуация

Узбекистан является страной, не имеющей выхода к морю, расположен в Центральной Азии, является крупной сельскохозяйственной страной в регионе, сельское хозяйство является источником жизненной силы и опорой экономики государства. Местность пересеченная, около 3/4 территории несенокосные луга, пустыни и полупустыни. Он имеет умеренный континентальный климат и является страной, которая собирает воду быстрее, чем пополняет ее запасы. Климат характеризуется холодной зимой с постоянными дождями и снегом, жарким летом, сухим и без осадков, испарение превышает количество осадков, постоянно испытывает проблемы с водными ресурсами. Площадь сельскохозяйственных угодий – 4,27 млн га, что составляет около 10% площади страны; в сельском хозяйстве занято 14,2 млн человек, что составляет около 60% от общей численности населения, а площадь пахотных земель на душу населения составляет около 0,17 гектара. Это пятый по объемам производитель хлопка в мире и второй по объемам экспортер хлопка.

Природные условия в определенной степени ограничивают развитие сельского хозяйства, но оно по-прежнему имеет потенциал для роста. На сельскохозяйственную продукцию приходится около 1/3 ВВП, из которой на хлопок приходится 40%, это важнейшая продукция для экспорта. Важное место также занимают животноводство, шелководство, овощеводство и садоводство.

2.7.2. Сельскохозяйственное производство

2.7.2.1. Растениеводство

Основной зерновой культурой является пшеница, на которую приходится более 90% общего объема производства зерновых, за которой следуют кукуруза и рис. Основными экономическими культурами являются хлопок, крупнейшей областью культивирования в году, на которую приходится почти половина общей площади пахотных земель. Узбекистан – важный производитель овощей в Центральной Азии, производящий 2,7-3 млн тонн овощей в год, включая томаты, огурцы, лук, капусту, морковь, свеклу, баклажаны, перец и т.д. Среди них годовой объем производства томатов в Узбекистане составляет более 1 млн тонн. В 2018 году урожайность хлопка-сырца в Узбекистане составляет 2669 кг/га, что ниже, чем в Китае (5280 кг/га). Урожайность пшеницы 4126 кг/га, что ниже урожайности пшеницы в Китае (5416 кг/га).

2.7.2.2. Животноводство

Животноводство имеет долгую историю, производство в основном сосредоточено на производстве шерсти и мяса, каждый год выращивается и экспортируется большое количество ягнят. В основном занимаются разведением крупного и мелкого рогатого скота и кур. В Узбекистане 26,5 млн гектаров пустынных пастбищ. В 2016 году по всей стране создано 1138 животноводческих ферм,

592 птицефабрики, 601 рыбоводческое хозяйство и 1428 пасеки. В настоящее время более 10 млн голов выращивается на небольших частных и частных коммерческих фермах. Поставки домашней птицы достигают 80%, яиц – 100% внутренних потребностей. Кроме того, также очень развито шелководство с годовым объемом производства 16 тыс. тонн шелковичных коконов, по данному показателю Узбекистан занимает шестое место в мире.

2.7.3. Наука и техника в области сельского хозяйства

2.7.3.1. Технологии растениеводства

В Узбекистане придается большое значение исследованиям по разведению хлопка. Но управление хлопковым полем является экстенсивным, технический уровень управления растениеводства не значительно повышается, передовые технологии хлопкосеяния мало применяются, всё это вызывает более низкий урожай хлопка в данной стране, чем в синьцзян-уйгурском автономном районе Китая. В 2018 году, применив технологию хлопкосеяния нашей страны, полученный урожай увеличивается в два раза, чем применяется традиционный местный метод хлопкосеяния.

2.7.3.2. Технологии животноводства

Узбекистану не хватает элитных пород скота и птицы, используются отсталые методы разведения, отсутствуют новые высокопроизводительные и устойчивые к болезням породы скота и существует низкий охват хорошими породами. В последние годы в целях повышения уровня животноводства и увеличения поголовья скота в хозяйствах огромные виды скота импортированы из Украины, Беларуси, Польши, Австрии, Германии и других стран.

2.7.3.3. Ирригационные технологии

Узбекистан расположен в засушливых районах с дефицитом водных ресурсов и низким уровнем орошения, сдерживающими сельскохозяйственное производство страны. В проблеме водных ресурсов Узбекистан находится в пассивном состоянии, с неблагоприятным географическим положением и климатическими условиями, интенсивным развитием и использованием водных ресурсов и т.д., что не только влияет на реформу и развитие ирригационного сельского хозяйства, но и связано с общим процессом государственных экономических реформ. Узбекистан имеет неэффективные методы орошения и неэффективно использует водные ресурсы, ирригационное сельское хозяйство концентрирует около 90% потребления воды в Узбекистане, естественная потеря воды составляет около 50%, поэтому обеспечение необходимой оросительной водой является давней проблемой. В настоящее время 46,6% орошаемых земель сталкиваются с проблемами засоления почв. В целях содействия устойчивому развитию сельского хозяйства Узбекистану необходимо в срочном порядке ускорить строительство ирригационных сооружений, улучшить технологию орошения сельского хозяйства и развивать водосберегающее сельское хозяйство.

2.7.3.4. Уровень механизации в сельском хозяйстве

Сельскохозяйственная машиностроительная промышленность уже давно является убыточным сектором, для обеспечения развития сельского хозяйства страны Узбекистан должен освободить часть сельхозтехники от импортных пошлин и стимулировать импорт сельхозтехники из-за рубежа. В Узбекистане высокая степень механизации хлопководства, помимо сбора, основной реализации механизации, есть глубокие плуги, бороны, двухрядные свялки и т.д., однако, из практической надежности полевого оборудования для хлопководства и фактического эффекта от эксплуатации, качество и эффективность работы машинного оборудования, очевидно, не так высоки, как в Синьцзян-Уйгурском хлопководческом районе.

2.7.3.5. Технологии хранения и переработки сельхозпродукции

В Узбекистане отсталые технологии хранения и глубокой

переработки сельскохозяйственной продукции. Ежегодный урожай в среднем составляет более 16 млн тонн фруктов и овощей, бахчевых и бобовых, около 1,5 млн тонн мяса, 10 млн тонн молока, при этом уровень переработки в среднем составляет 15-20%. Сельскохозяйственная продукция не хранится и не отбирается в соответствии со стандартами, что приводит к потере урожая почти на 30%, экспортируется только 3-4% выращенных овощей и 11% фруктов.

2.7.4. Торговля сельхозпродукцией

В 2017 году Узбекистан в основном экспортировал хлопок, свежие и переработанные фрукты и орехи, на которые приходится 16% от общего объема экспорта товаров. Из этого общего объема экспорт хлопка составил $905 млн. Основными импортными сельскохозяйственными продуктами являются растительные масла, пшеница, овощи, мясо и т.д., а объем их импорта составляет 10% от общего импорта товаров. Узбекистан находится в профиците с точки зрения торговли сельскохозяйственной продукцией, но в последние годы сокращаются масштабы профицита.

В 2017 году сельскохозяйственная продукция Узбекистана в основном экспортируется в Россию, страны СНГ и Китай. Только на Китай и Россию приходится более 50% общего объема сельскохозяйственного экспорта. Хлопок в основном экспортируется в Китай, Россию, Турцию, Иран и другие страны. Импорт сельскохозяйственной продукции осуществляется главным образом из России, стран СНГ и Европы, на которые приходится около 70% общего импорта сельскохозяйственной продукции. Пшеница является основным импортным зерном, импортируется в основном из Казахстана, Дании, России, Турции и других стран. Импортерами мяса, масла и жиров являются Россия, а также Малайзия и Казахстан.

2.7.5. Политика в области сельского хозяйства

2.7.5.1. Меры экономических реформ сельского хозяйства

Земельная реформа. После обретения Узбекистаном независимости наиболее важным аспектом сельского хозяйства стала земельная реформа, в результате которой совхозы и колхозы из плановой экономики переведены во владение крестьянам для самостоятельного возделывания земли. Земельная реформа в значительной степени мобилизовала энтузиазм крестьян, поэтому сельскохозяйственное производство Узбекистана проломило спад и значительно улучшилось после обретения независимости.

Решение проблем продовольственной безопасности. В целях дальнейшего повышения продовольственной безопасности, обеспечения внутреннего снабжения основными продовольственными продуктами и содействия росту сельскохозяйственного экспорта Узбекистан улучшает структуру земледелия и постепенно сокращает площади под выращивание хлопка. В соответствии с продовольственной программой, определенной Президентом Узбекистана, в течение 2015-2019 гг. Узбекистан продолжит переход на подходящие сорта фруктов и овощей в районах с низкой урожайностью хлопка, чтобы освободить часть земель для подходящих фруктов и овощей.

Оптимизация ассортимента сельхозпродукции. Согласно статистике 1990-2010 гг., доля производства хлопка-сырца в сельскохозяйственном производстве Узбекистана сократилась с 47,7% до 11,1% при значительном увеличении зерновых культур, картофеля, фруктов и овощей, до некоторой степени оптимизировав структуру сельскохозяйственной продукции Узбекистана. Тем не менее, производительность повышается на основе энтузиазма крестьян в отношении производства, ее трудно значительно повысить после достижения определенного уровня. Несмотря на то, что структура земледелия в Узбекистане изменилась, в ней остается значительной доля хлопковой промышленности.

2.7.5.2. Политика экономических реформ сельского хозяйства

Правительством Узбекистана создана необходимая правовая основа для обеспечения реализации экономических реформ в аграрном секторе. В последние годы правительством Узбекистана обнародованы различные программы, меры и т.д. в качестве политической основы для реформы, которые включают «Программу дальнейшей модернизации технического и технологического перевооружения сельскохозяйственного производства на 2012-2016 гг.», «О мерах по дальнейшему улучшению мелиоративного состояния орошаемых земель и рациональному использованию водных ресурсов на период 2013-2017 гг.»,«О мерах укорения развития вспомогательных услуг в сельских районах Узбекистана 2013-2016 гг.», «О мерах по углублению реформирования и развитию сельского хозяйства на 2016-2020 гг.» и др. Принятие ряда законов заложило основу для экономической реформы сельского хозяйства Узбекистана, которая в последние годы привела к устойчивому росту сельскохозяйственного производства.

2.7.5.3. Важное содержание экономических реформ в сельском хозяйстве

Основное содержание: достижение реформы собственности и ее результаты; повышение эффективности землепользования и водопользования; продолжающееся повышение производства зерна и обеспечение безопасности пищевых продуктов; продвижение модернизации сельскохозяйственного производства и обновление агротехнологий.

Благодаря эффективному продвижению и реализации различных стратегий в сельскохозяйственной реформе Узбекистаном достигнуты значительные успехи в области продовольственной безопасности и развития сельского хозяйства, однако по-прежнему существуют некоторые проблемы, наиболее важными из которых являются низкая эффективность землепользования, несовершенство системы управления водными ресурсами, отсталость ирригационных технологий и т.д.

2.8. Китай

2.8.1. Общая ситуация

Китай является самой густонаселенной страной, на которую приходится почти пятая часть населения мира, решение проблемы продовольствия для нашего населения и поддержание национальной продовольственной безопасности всегда является первоочередной задачей, стоящей перед сельским хозяйством. Китай – страна с относительно большим населением, занятом в сельском хозяйстве (40,42% в 2018 году), поэтому положение сельского хозяйства в экономике страны имеет важное значение. Несмотря на то, что площадь Китая составляет 9,6 млн км², площадь пахотных земель составляет всего 1,28 млн км², около 7% пахотных земель в мире. В последние годы ускоряется модернизация сельского хозяйства Китая, но также проявляются новые проблемы.

2.8.2. Сельскохозяйственное производство

Если сравнивать с развитыми странами, то обнаруживается много проблем в традиционном сельском хозяйстве Китая: низкой является автоматизация сельскохозяйственного производства, высокие вложения на единицу обрабатываемых земель, низкий объем производства, что не может удовлетворить спрос населения на сельскохозяйственные ресурсы. В то же время развитие сельского хозяйства связано с нехваткой земельных и водных ресурсов, часто происходят стихийные бедствия.

Особенно заметно проявляются проблемы качества и безопасности сельскохозяйственной продукции. В последние годы дела, связанные с меламином, арбузами с расширяющими добавками, рактопамином и др., выдвигают на первый план вопросы качества и безопасности сельскохозяйственной продукции. Качество и безопасность сельскохозяйственной продукции является одним из основных вопросов, связанных с национальной экономикой и средствами к существованию людей, а также важным вопросом, влияющим на порядок рыночной конкуренции и ограничивающим экономическое развитие.

Все более заметной становится проблема структурных диспропорций в сельскохозяйственном производстве. Эффективное предложение не может адаптироваться к изменениям рыночного спроса, сельское хозяйство является большим, но не сильным, большим, но не превосходным, что приводит к структурному дисбалансу в поставках сельскохозяйственной продукции. В то же время необоснованная структура поставок также оказывает большое давление на окружающую среду, чрезмерно культивируются лесные угодья, луга и водно-болотные угодья, серьезной проблемой является чрезмерное потребление грунтовых вод, растет загрязнение сельскохозяйственных источников, несущая способность экологической среды становится все ближе и ближе к пределу.

Наблюдается относительно низкая эффективность сельского хозяйства. В настоящее время высокая себестоимость сельскохозяйственного производства становится важным вопросом, не только приведшим к росту внутренних и внешних цен на зерно, в то же время необоснованное использование большого числа пестицидов и удобрений не только приводит к повышению стоимости и экологическому давлению, но и ставит под угрозу устойчивое развитие сельского хозяйства Китая.

2.8.3. Наука и техника в сельском хозяйстве

В сфере растениеводства находится на передовых мировых позициях китайская технология молекулярного разведения сельскохозяйственных культур, но недостаточна уникальность технологии, серьезно отстает промышленное применение. Выращивание сортов сельскохозяйственных культур достигает замечательных результатов, однако серьезно отстает и не может удовлетворить диверсифицированные потребности современного сельскохозяйственного развития промышленное внедрение генетически модифицированных сортов.

В сфере животноводства Китаем культивирован ряд уникальных пород скота и птицы, например, куры-несушки пород «Цзинфэн» и «Цзинхун», самостоятельно разводимые Пекинской птицеводческой компанией «Юйкоу», высококачественные породы желтых бройлеров, самостоятельно разводимые корпорацией «Вэньши» и др. Однако в настоящее время китайские скотоводческие и птицеводческие фермы по разведению молочного и мясного крупного рогатого скота, свиней, бройлеров и др. в основном зависят от импорта.

Что касается сферы улучшения и защиты почв, то Китай внимательно следит за международным передовым уровнем и управляет технологиями улучшения почвы и повышения ее плодородия.

В сфере технологий этапного внесения удобрений Китай находится на том же уровне, что и международные стандарты в области технологий внесения удобрений, технологий целенаправленного / точечного внесения удобрений и технологии совместного орошения и внесения удобрений.

В сфере технологий водосбережения Китаем сформированы уникальные особенности в области технологий и продукции мульчирования и орошения, в оригинальной теории биологической экономии воды, соответствующие технические средства, связанные с восприятиям, интеллектуальной технологии водосберегающего полива, интеллектуальная модель принятия решений по-прежнему имеет большой разрыв с мировым уровнем.

В сфере технологий дозирования лекарственных средств Китай

осуществляет прогнозирование основных вредителей и болезней путем интеграции биологии, информатики, интернета + технологий, значительно повысив возможности защиты от сельскохозяйственных биологических катастроф. Тем не менее, текущий уровень использования пестицидов в Китае составляет 38,8%, по-прежнему существует большой разрыв со странами Европы и США, где данный показатель составляет 60%, точность применения пестицидов и технология переменного распыления технологически значительно отстают от стран Европы и США.

В сфере кормового разведения Китай достиг ряда инновационных достижений в области качества кормов и технологии тестирования безопасности, технологии оценки биологической ценности кормов, технологии кормовых добавок новой экологически чистой модели, технологии улучшения питания продуктов животноводства, технологии тестирования качества окружающей среды для разведения и т.д., однако необходимо укрепить научные исследования и разработки экологически чистых технологий подачи кормов с низким содержанием белка и других новых технологий пищевых добавок. Кроме того, в Китае все более заметной становится нехватка кормового сырья, из года в год увеличивается внешняя зависимость кормового протеинового и энергетического сырья, например, в нашей стране импорт сои имеет внешнюю зависимость более 80%. В последние годы в нашей стране постоянно укрепляются научные исследования в области кормов и комплексного использования ресурсов, в полной мере развивается кормовая ценность сырья, энергично разрабатываются незерновые корма.

В сфере профилактики и контроля эпизоотических заболеваний по сравнению с развитыми странами в нашей стране ощущается очевидный недостаток изучения иммунного механизма большинства основных заболеваний животных и зоонозных заболеваний, отсутствуют оригинальные исследования, основное внимание уделяется эпидемическому надзору за вспышками африканской чумы свиней, катаральной лихорадки овец и другим новым и экзотическим заболеваниям, недостаточно глубоко осуществляется изучение патогенных механизмов, диагностики и вакцин-кандидатов, остаются недостаточными оценка эпидемического риска и методы раннего предупреждения. Тем не менее, наша страна по-прежнему на передовом уровне в мире в разработке лапинизированной аттенуированной вакцины против чумы свиней, свиной псевдорабической вакцины, аттенуированной лейкоцитной вакцины вируса инфекционной анемии лошадей, инактивированной вакцины птичьего гриппа и других вакцин.

В сфере переработки сельскохозяйственной продукции нашей страной сделаны большие прорывы в потоковой технологии точного дозирования заливного риса, сборе семян кукурузы, механизированном сборе арахиса, в отборе и сортировке фруктов, рациональном ведении сельского хозяйства и других сферах. В настоящее время сельскохозяйственная техника и оборудование Китая в основном предназначены для трех основных продовольственных культур (пшеницы, кукуруы и риса) полевой эксплуатационной техники.

В сфере технологий переработки сельхозпродукции наша страна занимает ведущие позиции в мире в технологиях индустриализации традиционных китайских продуктов питания, но недостаточны оригинальность и интеграция общего технического оборудования переработки сельскохозяйственной продукции.

В сфере применения и переработки отходов сельского хозяйства в нашей стране уровень исследований и разработок в области вычислений фекального аэробного компостирования, биогаза/биогазовой технологии, газификации соломы и технологии обработки и утилизации мертвых животных и птицы сопоставим с уровнем использования в развитых странах.

В сфере исследования и разработки сельскохозяйственных биотехнологий наша страна исследует технологии редактирования генов, технологии отбора генома, технологии генетической модификации, синтетические биотехнологии, технологии гендерного контроля и т.д. и идет в ногу с мировым развитием. Но в целом, по-прежнему недостаточно развиты сельскохозяйственные биотехнологии и оригинальность продукции.

В сфере сельскохозяйственных IT-технологий наша страна осуществляет развитие технологий искусственного интеллекта в соответствии с общемировым развитием, но основные технологии сельскохозяйственного искусственного интеллекта сильно отличаются от передового международного уровня, вычислительные чипы, основные алгоритмы, платформы программного обеспечения и т.д. опираются на зарубежные страны.

2.8.4. Торговля сельхозпродукцией

В 2018 году импортная и экспортная торговля сельскохозяйственной продукцией Китая продолжает всесторонне расти. Экспорт составил $80,45 млрд, что на 6,5% больше, чем в предыдущем году, импорт – $137,26 млрд, что больше на 9,1%, чем за аналогичный период предыдущего года; дефицит торгового баланса составил $56,81 млрд, что на $6,49 млрд больше, чем за аналогичный период предыдущего года.

По категориям в пятерку лидеров по экспорту сельскохозяйственной продукции Китая входят продукты водного хозяйства, овощи, фрукты, продукты животного происхождения и напитки; в первую пятерку импортируемых сельскохозяйственных продуктов входят семена масличных культур, продукты животноводства, продукция водного хозяйства, фрукты и напитки. В первую пятерку экспортных рынков входят Япония, Гонконг, Соединенные Штаты, Вьетнам и Корея, на которые приходится 49,5% от общего объема экспорта; в первую пятерку стран импорта входят Бразилия, Соединенные

Штаты, Австралия, Канада и Новая Зеландия, на долю которых в совокупности приходится 54,5% общего импорта.

В первую пятерку регионов по экспорту сельскохозяйственной продукции входят провинции Шаньдун, Гуандун, Фуцзянь, Чжэцзян и Ляонин. В первую пятерку регионов-импортеров входят провинции Гуандун, Цзянсу, Шаньдун, города Шанхай и Тяньцзинь.

2.8.5. Политика в области сельского хозяйства

2.8.5.1. В 2019 году в документе № 1 Центрального правительства предлагается придерживаться общей политики приоритетного развития сельского хозяйства и села

В документе указывается: данные два года(2019-2020) – это решающий период всестороннего строительства среднезажиточного общества. Существует много трудных задач, которые должны быть завершены в области проблем крестьян, села и сельского хозяйства, «трех сельских проблем», необходимо серьезно и непоколебимо настаивать на решении «трех сельских проблем» в качестве первоочередной задачи работы партии для дальнейшего объединения идей, укрепления доверия и осуществления работы закрепить благоприятную ситуацию в развитии сельскохозяйственных и сельских районов и сыграть роль балластного камня в «трех сельских проблемах», чтобы взять на себя инициативу по эффективному решению различных проблем риска, обеспечить устойчивое и здоровое развитие экономики и общей стабильности общества, заложить основу своевременного достижения цели столетия с момента образования КПК.

В документе подчеркивается необходимость твердо установить направленность политики приоритетного развития в сельском хозяйстве и на селе, создать приоритет укомплектованию штатов «трех сельских проблем», обогатить выдающиеся кадры на фронте «трех сельских проблем», обогатить элитные силы на первой линии на низовом уровне; приоритетное внимание уделять разработке элементов развития крестьян, села и сельского хозяйства, решительно устранять институциональные и структурные барьеры, препятствующие свободному потоку и равному обмену между городом и селом, содействовать притоку необходимых ресурсов на село; отдавать приоритет обеспечению инвестирования фондов крестьян, села и сельского хозяйства, настаивая на сельскохозяйственных и сельских районах в качестве приоритетной области финансовой безопасности и приоритетной сферы финансовых услуг, в большей мере ориентировать государственное финансирование в сторону «трех сельских проблем»; обращать особое внимание на государственные услуги на селе, содействовать унификации основных стандартов государственной службы и системной гармонизации в городских и сельских районах.

2.8.5.2. Общегосударственный план экономического развития села на XIII пятилетку

В 2016 году в «Общегосударственном плане экономического развития села на XIII пятилетку», опубликованным Государственным комитетом по экономическому развитию и реформам Государственного Совета, указывается:

1. Широкомасштабно продвигать высококачественное строительство сельскохозяйственных угодий к 2020 году для обеспечения завершения создания 800 млн му и энергичного создания 1 млрд му высококачественных сельскохозяйственных угодий; укрепить строительство полевого орошения, ускорить обновление и трансформацию водосбережения крупных и средних ирригационных зон, осуществить пилотные проекты по модернизации крупных и средних ирригационных зон; содействовать техническим инновациям в области земледелия, всесторонне содействовать совместному научному исследованию элитных сортов, ускорить новый виток обновления основных зерновых

культур; усиленно продвигать механизацию сельского хозяйства, содействовать всесторонней механизации производства основных продовольственных культур, повышать уровень механизированной работы по выращиванию риса, сбору кукурузы и картофеля.

2. Ускорить информатизацию сельского хозяйства, реализовать инициативу современного сельского хозяйства «Интернет+», содействовать применению современных информационных технологий в сельскохозяйственном производстве, эксплуатации, управлении и услугах, разработать сетевую, интеллектуальную и детализированную современную модель выращивания и разведения. Использовать большие данные, Интернет вещей, облачные вычисления и другие технологии, создавать интеллектуальные системы сбора, обработки, приложений, услуг и обмена данными. Разрабатывать применение интеллектуальных метеорологических и сельскохозяйственных технологий дистанционного зондирования, создавать и совершенствовать систему мониторинга сельскохозяйственной информации и раннего предупреждения, повышать уровень информатизации сельского хозяйства.

3. Продолжить реализацию национального плана по добавлению 50 млрд цзиней мощностей по производству зерновых, повысить мощности производства зерновых в 800 крупных уездах по производству зерна, расширить площади выращивания бобовых на восток и на север, стабилизировать мощности по производству хлопка в СУАР, сахарного тростника в Гуанси-Чжуанском АР и пров. Юньнань, масличных культур в бассейне Янцзы и т.д.; обеспечить поддержку в выращивании уникальных экономических культур в центральных и западных районах страны в соответствии с местными условиями, животноводства в горных районах, древесных масел, лесоводства и садоводства, съедобных грибов, лекарственных растений традиционной китайской медицины, лесных промыслов и т.д.

4. Активно продвигать выход на внешний рынок в сфере

сельского хозяйства. Полностью выявлять преимущества ведущих предприятий в области сельскохозяйственной индустриализации и сельскохозяйственных мелиоративных предприятий, культивировать обладающие международной конкурентоспособностью и узнаваемым брендом предприятий, дистрибьюторов и сельскохозяйственных корпораций по транснациональной торговле зерновыми. Оказывать поддержку предприятий в строительстве сельскохозяйственных производств, переработки, хранения и транспортных баз за рубежом, создание глобальной цепочки сельскохозяйственной промышленности. Укреплять сотрудничество с международными сельскохозяйственными предприятиями и оказывается содействие сотрудничеству в области производственного потенциала в сфере сельскохозяйственной техники и оборудования, сельскохозяйственных и ветеринарных препаратов, удобрений и т.д. Улучшать магистральную сеть рынка сельхозпродукции, оказывать содействие модернизации оптового рынка сельскохозяйственной продукции или логистических центров, ускорять создание ряда отечественных и зарубежных центров распределения сельхозпродукции, центров логистической переработки и дистрибуции, международных выставочных и маркетинговых центров сельскохозяйственной продукции, развивать роль центра формирования цен.

2.8.5.3. Специальный план научно-технических инноваций в сельском хозяйстве и на селе на XIII пятилетку

В 2017 году 16 министерствами и ведомствами, включая Министерство науки и техники, Министерство сельского хозяйства и Государственное океанологическое управление, принят «Специальный план научно-технических инноваций в сельском хозяйстве и на селе на XIII пятилетку», основное содержание которого состоит в следующем:

1. Разведение основных сельскохозяйственных культур. Необходимо совершить прорыв в основных технологиях генного

потенциала, моделировании сортов и распространении элитных сортовых семян, сосредоточившись на научно-технических инновациях и индустриализации риса, пшеницы, кукурузы, сои, хлопка и других основных культурах растениеводства, создавать новые виды со значительными перспективами применения, культивировать и применять ряд новых прорывных сортов с независимыми правами интеллектуальной собственности.

2. Разведение основных технических культур. Развивать сбор, оценку и использование видовых ресурсов, сосредоточив внимание на овощах, масличных культурах, съедобных грибах, сахарных культурах, чае, картофельных, кормовых культурах и т.д., обращать внимание на генный потенциал, молекулярное конструирование и генетически модифицированное разведение, проводить селекцию при поддержке молекулярных маркеров и другие ключевые технологические исследования, создавать ряд новых высококачественных, высокодоходных, высокоэффективных сортов.

2. Разведение домашнего скота, птицы и продукции водного хозяйства. Уделять особое внимание прорыву основных генных технологий, созданию новых пород и хорошему разведению, обращая внимание на разведение свиней, крупного и мелкого рогатого скота, кур, водоплавающей птицы и других важных видов домашних животных, рыбы, креветок, крабов, моллюсков, водорослей, трепангов и других важных водных животных (растений), увеличивать исследования методов скрининга для внедрения ресурсов биологических видов за рубежом, культивировать ряд высокую производительность пород животных.

4. Культивирование лесных, плодовых, цветочных и луговых культур. Развивать сбор, оценку и использование качественных ресурсов лесных плодовых и цветочных видов, углублять передовые научные исследования в области селекционного клеточного разведения, селекционной генной инженерии, молекулярного

маркерного разведения, космического разведения и т.д., вводить инновации в методы разведения, совершать прорыв в ключевых технологиях разведения, выращивать ряд новых элитных сортов.

Кроме того, в «Плане» также предлагается проект развития сельскохозяйственных высокотехнологичных предприятий. Для биологической промышленности, сельскохозяйственной техники и оборудования, интернета вещей в области сельского хозяйства, пищевой промышленности и других современных сельскохозяйственных отраслей исследуется и внедряется политика поддержки в области инкубации и культивирования предприятий новых высоких технологий в сфере сельского хозяйства, поощряются промышленные, образовательные и научно-исследовательские организации к сотрудничеству в выработке и принятии соответствующих национальных научно-технических планов, чтобы к 2020 году создать около 10 тыс. высокотехнологичных сельскохозяйственных предприятий.

Глава III
Содержание потребностей обменов, подготовки кадров и демонстрации сельскохозяйственных технологий в странах ШОС

В настоящее время перед государствами-членами ШОС стоит тяжелая задача экономического развития, в котором сельское хозяйство выступает в качестве приоритета, чтобы осуществить скачок от традиционного сельского хозяйства к современному сельскому хозяйству и как можно скорее сократить разрыв с развитыми странами, необходимо сделать новый прорыв в развитии сельскохозяйственной науки и техники.

Государства-члены ШОС из-за различий в своих экономических моделях, ресурсах, уровнях развития производительности, политической среде и т.д. имеют определенные преимущества и недостатки в сельскохозяйственной продукции, технологиях, квалифицированных кадрах и т.д.

В настоящее время Китай по общему уровню инноваций в области сельскохозяйственной науки и технологиях занимает второе место в мире, уровень вклада в развитие сельскохозяйственной науки и техники достигает 58,3%. Китай добился значительного прогресса в выращивании различных видов, профилактике и борьбе с вредителями, сельском хозяйстве с контролируемой средой, разработке сельскохозяйственной техники и оборудования, информатизации, стандартизации и интеллектуализации сельскохозяйственного производства, спасении от засухи, капельном орошении и ирригации, научном применении удобрений и пестицидов и использовании ресурсов сельскохозяйственных отходов. Однако по-прежнему существует большой разрыв с мировым уровнем животноводства, профилактики и борьбы с серьезными эпидемиями, глубокой переработки сельскохозяйственной продукции, сельскохозяйственных биотехнологий , информационных технологий и т.д.

В целях дальнейшего углубления сельскохозяйственного сотрудничества между государствами-членами ШОС, повышения производительности сельского хозяйства и достижения общего развития и процветания всех стран Китай, являясь страной-инициатором и родиной ШОС, на основе собственной мощи и опыта развития сельского хозяйства, вышеупомянутого анализа базового положения в области сельскохозяйственного и научно-технического развития в различных странах для выявления некоторых общих и частных проблем, которые ограничивают сельскохозяйственное развитие различных стран, для разных стран и для персонала различного уровня проводит целевые обмены, профессиональную подготовку и демонстрацию сельскохозяйственных технологий, что имеет важное стратегическое значение.

3.1. Общие проблемы регионального развития

3.1.1. Трансграничная профилактика и контроль эпизоотических заболеваний

В целях дальнейшего расширения региональной торговли сельскохозяйственной продукцией, снижения торговых барьеров и взаимного открытия рынков профилактика и контроль основных региональных эпизоотических заболеваний (например, птичьего гриппа, африканской чумы свиней, ящура и т.д.) также вызывают общую озабоченность государств-членов ШОС. Государства-члены ШОС должны укреплять диалог, обмены и сотрудничество, работать вместе для решения проблем, укреплять совместную профилактику и борьбу с трансграничными эпизоотическими заболеваниями, а также создавать каналы биобезопасности. Обмен опытом в области профилактики и борьбы с эпизоотическими заболеваниями, исследования и разработка вакцин, а также осуществление политики иммунизации будет не только способствовать эффективной борьбе с эпизоотическими заболеваниями в регионе, но и играть активную роль в укреплении взаимного доверия между государствами-членами ШОС и поощрении торговли животными и продуктами животного происхождения.

3.1.2. Опустынивание и деградация земель

Проблема опустынивания земель в некоторых государствах-членах ШОС (Северная Индия, Пакистан, Центральная Азия и северо-запад Китая) становится все более серьезной, становясь важным препятствием на пути устойчивого развития сельского хозяйства. В Центральной Азии в связи с растущим демографическим давлением, последствиями глобального изменения климата и непрерывным снижением уровня воды в Аральском море все более серьезной становится тенденция засоления, истощения, сильной аризации и деградации наземного растительного покрова. В некоторых районах Кыргызстане серьезным является вторичное засоление почвы из-за чрезмерного выпаса скота и долгосрочного использования традиционных методов орошения, в сочетании с чрезмерным использованием речной воды резко сократилась площадь озер, снизилась их способность регулировать климат, что в сочетании с чрезмерным земледелием привело к усилению опустынивания земель. В Пакистане процесс выветривания очень активен из-за особенно засушливого климата, в сочетании с чрезмерной обработкой земель, чрезмерным выпасом скота, добычей полезных ископаемых и уничтожением естественной растительности, изменениями русла рек, строительством автомобильных дорог и другим ущербом для земной поверхности возникает усиление опустынивания в районе Тар. Каким образом использовать передовую науку и технику для содействия предотвращению и контролю деградации земель и опустынивания, ускорить профилактику и контроль и сократить деградацию земель и опустынивание, все это является вопросом, представляющими общий интерес для большинства государств-членов ШОС.

3.1.3. Дефицит водных ресурсов

Дефицит водных ресурсов находится в центре внимания во всем мире. Нехватка воды, неравномерное распределение водных ресурсов, серьезное загрязнение водной среды и т.д., – все это ряд проблем, которые необходимо срочно решить современному обществу, данные проблемы представляют собой серьезную угрозу экономическому развитию стран мира, способы решения проблем избытка и недостатка водных ресурсов, грязной воды и загрязнения водных ресурсов и т.д. непосредственно связано с устойчивым использованием водных ресурсов, безопасностью производства продовольствия, режимом экономического роста, устойчивым развитием национальной экономики, поддержанием экологической среды и стабильностью внутренней и международной окружающей среды. Государства-члены ШОС (за исключением России) сталкиваются с нехваткой водных ресурсов, что является фундаментальным фактором, ограничивающим развитие сельского хозяйства. Каким образом использовать водные ресурсы с научной точки зрения, повысить коэффициент использования водных ресурсов и смягчить негативные последствия их нехватки для сельскохозяйственного производства, – эти вопросы являются неотложной проблемой, которую должны решить государства-члены ШОС.

3.1.4. Реагирование на изменение климата

Изменение климата оказывает непосредственное воздействие на все страны и является проблемой продовольственной безопасности. Изменение климата может привести к увеличению опасности появления вредителей растений и эпизоотических заболеваний, нестабильному производству продуктов питания и снижению их качества, – все это оказывает серьезное воздействие на продовольственную безопасность. В связи со сходством геополитических условий, связанностью интересов и схожими характеристиками стихийных бедствий государств-членов ШОС в сочетании с увеличением числа стихийных бедствий и погодных аномалий, вызванных изменением климата в последние годы, будущие совместные ответные меры на изменение климата будут общей проблемой, стоящей перед всеми государствами-членами ШОС. После Конференции ООН по окружающей среде и развитию в 1992 году правительством Китая с опережением организована и принята «Повестка дня Китая XXI века: Белая книга Китая по народонаселению, окружающей среде и развитию в XXI веке», исходя из национальных условий принят ряд политических мер, направленных на внесение позитивного вклада в смягчение последствий глобального изменения климата. В докладе, опубликованном в марте 2018 года Институтом исследований энергетической политики Чикагского университета, указывается, что в 2013-2017 гг. уровень мелких твердых частиц в воздухе Китая снизился в среднем на 32%. В докладе высоко оценивается прогресс Китая в борьбе с загрязнением воздуха, как «отлично по любым стандартам» всего за четыре года, а Соединенным Штатам понадобились десятилетия, чтобы выполнить ту же задачу. Примерно в течение последнего десятилетия Китай доказал, что он изучает беспроигрышный путь развития для борьбы с изменением климата, защиты окружающей среды и достижения беспроигрышного экономического роста.

3.1.5. Несоответствие международным стандартам системы сертификации качества и безопасности сельскохозяйственной продукции

Качество и безопасность сельскохозяйственной продукции уже находятся в центре внимания и правительств, и простого народа. В настоящее время большинство государств-членов ШОС испытывает множество проблем в системе сертификации качества и безопасности сельскохозяйственной продукции, столкнувшись с постоянным совершенствованием международных стандартов доступа на рынки, экспорт сельскохозяйственной продукции испытывает серьезные экологические барьеры. Многократно происходят инциденты, связанные с несоответствием качества продукции требованиям международных стандартов, что вызывает значительные потери фермеров-крестьян и экспортных предприятий и негативно сказывается на репутации сельскохозяйственной продукции государств-членов ШОС. Стандарты качества и безопасности сельхозпродукции развитых стран используют более упорядоченную систему управления, обращая внимание на управлении всей продуктовой цепочкой «от поля до обеденного стола», что является основополагающим принципом управления безопасностью пищевой продукции в странах Европейского Союза и других развитых странах. Однако показатели качества и безопасности в некоторых государствах-членах ШОС не охватывают весь производственный процесс, пересмотр системы стандартов сельскохозяйственных и ветеринарных препаратов не связан с регистрацией лекарственных средств и запрещенных препаратов. Международные стандарты быстро меняются, в то время как относительно отстают стандарты в некоторых государствах-членах ШОС. Государствам-членам ШОС также необходимо решить неотложные вопросы о том, как создать систему сертификации качества и безопасности сельскохозяйственной продукции в соответствии с международными стандартами, облегчить и расширить торговлю сельскохозяйственной продукцией.

3.1.6. Низкий уровень упрощения процедур торговли сельскохозяйственной продукцией

Уровень упрощения процедур торговли зачастую связан с уровнем экономического развития, в большинстве государств-членов ШОС наблюдается низкий уровень упрощения трансграничной торговли сельскохозяйственной продукцией, отмечается длительное время таможенного оформления, высокая стоимость и низкая эффективность. Помимо больших различий в географии и культуре, истории, социальных обычаях и правовой системе неравномерен также и уровень экономического развития, большинство стран принадлежат к развивающимся странам, и в основных инфраструктурных средствах, таких как дороги, порты, складирование и т.д., и в таможенной эффективности, информационных и интернет-технологиях, инспекции и карантине, институциональной среде и других программных средствах существует множество препятствий для облегчения торговли сельскохозяйственной продукцией. Практические проблемы, которые государства-члены ШОС должны решить состоят в следующем: как повысить уровень упрощения процедур торговли сельскохозяйственной продукцией, как содействовать торговле, как расширить масштабы торговли и добиться устойчивого роста объемов торговли сельскохозяйственной продукцией. В настоящее время более эффективными мерами является прорыв в упрощении таможенных процедур, который должен содействовать общему развитию систем упрощения торговли, включая строительство инфраструктуры, логистику и транспорт, инспекцию и карантин сельскохозяйственной продукции, а также трансграничную электронную торговлю сельскохозяйственной продукцией.

3.1.7. Сокращение масштабов нищеты

В современном мире нищета является одной из самых серьезных проблем, стоящих перед человечеством. С древних времен искоренение нищеты является мечтой всего человечества и основным правом всех народов на счастливую жизнь. После окончания Второй мировой войны искоренение нищеты всегда является важной задачей, стоящей перед развивающимися странами. К 2020 году в Китае должна быть искоренена абсолютная нищета, сделаны значительные успехи в борьбе с нищетой, сформирована полная система, объединяющая борьбу с нищетой и экономическое развитие. Накопленный Китаем опыт и созданная Китаем модель сокращения масштабов нищеты и экономического развития являются кристаллизацией мудрости развития человеческой цивилизации и имеют важное значение для остального мира. Например, в целях содействия целевому сокращению масштабов нищеты Центральным правительством КНР предложено осуществление проекта «пяти пакетов мер», который предполагает, во-первых, развитие производства и ликвидацию бедности, во-вторых, переселение в более благоприятные районы и ликвидацию бедности, в-третьих, экологические субсидии и ликвидацию бедности, в-четвертых, развитие образования и ликвидацию бедности, в-пятых, ответственность за социальное обеспечение. Все это сочетается с сокращением масштабов нищеты в области занятости, в области здравоохранения, в области потребления, в доходах от активов и другой защитой. Китайское правительство награждено целевым сертификатом Организации Объединенных Наций по достижению целей в области развития, сформулированных в Декларации тысячелетия (ЦРТ), сертификатом Всемирной продовольственной организации (ФАО) и целевым сертификатом Всемирного саммита по продовольствию (МПП) по результатам сокращении масштабов голода, — все это отражает полное признание международным сообществом достижений Китая в области развития сельского хозяйства и сокращения масштабов бедности. Большинство государств-членов ШОС являются традиционными сельскохозяйственными странами с относительно большим сельским населением более 50% (кроме

АНАЛИТИЧЕСКИЙ ОТЧЁТ О ПОТРЕБНОСТЯХ СТРАН ШОС В ОБМЕНАХ,
ОБУЧЕНИИ И ДЕМОНСТРАЦИИ СЕЛЬСКОХОЗЯЙСТВЕННЫХ ТЕХНОЛОГИЙ (2019 Г.)

Китая – 42%, России – 26% и Казахстана – 42%), в том числе в Индии – 66%. Искоренение нищеты, повышение уровня жизни людей и достижение устойчивого развития должны стать общими проблемами, стоящими перед всеми государствами-членами ШОС.

3.2. Проблемы развития сельского хозяйства, стоящие перед государствами-членами ШОС

Помимо вышеупомянутых проблем, с которыми сталкивается региональное развитие, в процессе развития сельского хозяйства каждое из государств-членов ШОС в связи с различными национальными условиями также сталкивается с некоторыми нерешенными проблемами.

3.2.1. Пакистан

Высокая доля сельскохозяйственного населения, низкий вклад сельскохозяйственной науки и техники и качества научно-технологической культуры рабочей силы, занятой в сельскохозяйственном труде. Используются экстенсивные методы сельскохозяйственного производства, низкий уровень механизации, более распространенными ручные или низкоэффективные средства механизации, относительно низкая производительность. Относительно низкое качество семян, дефицит высокоурожайных элитных сортов, недостаточное использование химических удобрений. Дефицит водных ресурсов, низкая эффективность использования водных ресурсов. Низкий уровень технического оборудования в животноводстве. Проблемы относительно отсталой технологий переработки сельхозпродукции, недостаточная завершенность системы переработки, небольшие масштабы перерабатывающих предприятий, недостаточно совершенные стандарты обработки и переработки сельхозпродукции, недостаток комплексного использования сельхозпродукции и т.д. Недостаточно высокое качество экспортируемой сельхозпродукции, недостаточно совершенна система сертификации качества сельхозпродукции и другие проблемы.

3.2.2. Индия

Являясь одним из крупнейших производителей продовольствия в мире, Индия имеет вторую по величине площадь пахотных. Но несмотря на благоприятные природные условия сельскохозяйственного производства, число голодающих по-прежнему высоко. Хотя Индия – крупная сельскохозяйственная страна, как правило, невысок уровень сельскохозяйственного производства; отставание в строительстве сельскохозяйственной инфраструктуры является узким местом в развитии сельского хозяйства, особенно оздоровление в части распределения водных ресурсов на пахотных землях значительно ограничивает развитие потенциала сельскохозяйственного производства; земельные ресурсы рассредоточены; растет стоимость производственных ресурсов; отсутствует система расширения сельскохозяйственных технологий на низовом уровне; урожайность основных продовольственных культур (рис, пшеница), экономических культур (хлопок, соя и рапс) значительно ниже, чем в среднем по Китаю и миру; отсталые ирригационные сооружения, сельское хозяйство в основном использует чрезмерное орошение, не хватает технологий капельного орошения; недостаточны возможности профилактики стихийных бедствий; медленно развивается применение элитных семян и популяризация передовых сельскохозяйственных технологий; низкий уровень механизированного земледелия; низкий уровень общественных инвестиций в сельское хозяйство; чрезмерное использование удобрений; из-за недостатка холодильных хранилищ, рефрижераторных грузовиков и плохих дорожных условий почти 40% продовольствия теряется; недостаточное хранение и переработка зерна, требуется реконструкция складских и перерабатывающих мощностей; недостаточно развита добавленная стоимость продуктов питания и другие проблемы.

3.2.3. Россия

В РФ наблюдается медленный и даже отрицательный экономический рост, весьма серьезной является поляризация между сельскими и городскими районами; в сельском хозяйстве наблюдается дефицит рабочей силы, в сельских районах, как правило, не хватает молодой, квалифицированной в области технологии сельскохозяйственного производства рабочей силы; со стороны правительства недостаточен уровень инвестиций, ощущается недофинансирование; отстает строительство логистической инфраструктуры сельскохозяйственной продукции, отсутствуют прямые каналы продаж; сельское хозяйство в значительной степени зависит от международных рынков; основными ограничениями сельскохозяйственного производства являются климатические условия, в целом неблагоприятные природные условия для сельского хозяйства и суровые природные условия на северо-востоке страны; низкая эффективность производственного оборудования, некоторые небольшие хозяйства полагаются на ручной труд, не могут позволить себе сельскохозяйственные машины; небольшое разнообразие видов продовольственных культур, в основном выращивается пшеница; площадь пастбищ сокращается, наблюдается зависимость от импорта мясных и молочных продуктов; фрукты и овощи также зависят от импорта, что связано с неблагоприятными климатическими условиями; аномальная погода (засуха, град) оказывает определенное влияние на производство продовольствия; отток научно-исследовательского персонала из сельского хозяйства, недостаточные инвестиции в научно-технические инновации, достаточно серьезная ситуация научно-исследовательского эшелона, что имеет негативные последствия для развития сельскохозяйственной науки и техники.

3.2.4. Казахстан

Казахстан является страной, не имеющей выхода к морю, с более развитым сельским хозяйством. Земледелие занимает большие площади при невысокой урожайности, урожайность пшеницы, хлопка значительно ниже, чем в Китае; недостаточные мощности по хранению зерна и отсталая логистическая система; недостаток капитальных инвестиций в сельское хозяйство; отсталые технологии сельхозпроизводства, низкий уровень механизации сельского хозяйства; крайне недостаточным является предложение удобрений, пестицидов и других сельскохозяйственных средств, при развитии животноводства недостаточна безопасность кормов, увеличиваются капиталовложения, управление мелкомасштабным и разрозненным животноводством, низкая степень интенсивности, слабо развито животноводство, медленно развивается процесс разведения качественного скота и птицы; не достигают желаемого результата ветеринарные услуги; не хватает занятых в сельском хозяйстве трудовых ресурсов, низкий уровень технического персонала, существует серьезная возрастная диспропорция; импортируется 60% молочной продукции; плодоовощная, инфраструктурная, переработанная и другая трудоемкая и технологическая сельскохозяйственная продукция находятся в невыгодном положении по сравнению с Китаем.

3.2.5. Кыргызстан

Кыргызстан имеет слабый интегрированный сельскохозяйственный производственный потенциал, сталкивается с проблемами продовольственной безопасности; низкий урожай зерновых;

отсутствуют сельскохозяйственные технические меры; низкий уровень контроля заболеваний и вредителей; низкий уровень плодородия почв, низкий уровень внесения удобрений и пестицидов; не сформирована цепочка переработки сельскохозяйственной продукции, в переработке, транспортировке, консервации, хранении и других ключевых звеньях отстает развитие технологического уровня; старение ирригационных проектов, низкая эффективность использования водных ресурсов; не хватает средств на реализацию проектов, отстает испытательное оборудование; высокая потребность в импорте некоторой сельскохозяйственной продукции, особенно переработанных пищевых продуктов и других трудоемких продуктов; утечка исследовательских кадров сельского хозяйства, нехватка на низовом уровне персонала для обслуживания сельскохозяйственной техники.

3.2.6. Таджикистан

Сельское хозяйство в Таджикистане по-прежнему находится на медленном этапе восстановления, при этом ощущается острая нехватка продовольственных культур, 40% продовольствия получается за счет импорта. Ощущается серьезный недостаток инфраструктуры сельского хозяйства; низкий уровень урожая с единицы площади культур; острый дефицит сельскохозяйственных земель, низкий уровень плодородия почв, дефицит качественных пахотных земель, отсутствует система улучшения плодородия почв, агроэкологического управления и методов улучшения почв; однородная структура растениеводства, высокая внешняя зависимость; в земледелии используется экстенсивная модель, низкая степень интенсификации сельского хозяйства; старение сельскохозяйственной техники, неадекватное оборудование, в растениеводстве наблюдается отсталость технологии обработки земли, медленно продвигается научно-исследовательская работа по защите растений, продвижению сельхозтехники и т.д., не проводится исследований новых биотехнологий по отбору новых сортов; деградация сортов сельскохозяйственных культур, отсутствие высококачественных урожайных сортов, недостаточны возможности для научных исследований и разработок; некачественные породы скота, низкий уровень использования лугов, серьезная нехватка кормов; используются интенсивные методы сельскохозяйственного производства, острый дефицит удобрений и пестицидов; отстает в развитии сельскохозяйственная перерабатывающая промышленность, недостаточно технологии глубокой переработки хлопка, глубокой переработки продуктов питания, для удовлетворения внутренних потребностей в основном используется импорт; несовершенство сельскохозяйственной научно-технологической системы, недостаток финансирования научных исследований и кадров в сфере сельского хозяйства, отсутствует преемственность между научно-исследовательскими кадрами, отстают методы и технологии исследований, используется устаревшая аппаратура и т.д.

3.2.7. Узбекистан

В Узбекистане засушливый континентальный климат, в котором природные условия в определенной степени ограничивают развитие сельского хозяйства; однородная структура земледелия; большая часть сельскохозяйственных угодий обрабатывается за счет ручного труда, низкий уровень производительности; необоснованное использование и низкая эффективность использования водных ресурсов вызывает множество экологических проблем; земли продолжают обрабатываться недостаточно, самая большая проблема – засоление почв, около 2 млн гектаров пахотных земель имеют различную степень засоления, весьма серьезными является также проблемы опустынивания лугов, петрификация и засоление пастбищ для выпаса скота; устаревает механизированное оборудование, относительно низкий уровень технологий, урожай серьезно повреждается во время уборки, транспортировки и хранения; торговля сельскохозяйственной продукцией в основном основана на первичной продукции; низкий уровень использования иностранного капитала для сельскохозяйственного сотрудничества; в производстве хлопка большинство машинного оборудования хлопкоочистительных заводов устарело, низкая эффективность пухоотделителя, невозможно проводить качественную очистку флока от семени хлопчатника, низкий коэффициент выхода хлопко-волокна; из-за старого маслобойного оборудования уровень добычи масла из хлопкового семени составляет всего 10-15%, что ниже 23-процентного уровня в Китае.

3.2.8. Китай

Устойчивое развитие всегда является центром современного сельского хозяйства. Устойчивое развитие сельского хозяйства связано с будущим сельскохозяйственного экономического развития Китая и фундаментальным решением проблем «крестьян, деревни и сельского хозяйства». В процессе устойчивого развития китайского сельского хозяйства существует множество видов ограничений, например, развитие сельского хозяйства серьезно сдерживается нехваткой земельных и водных ресурсов, часто происходят стихийные бедствия; недостаточны результаты сельскохозяйственной науки и технологических инноваций, недостаточны инвестиции в сельскохозяйственную науку и технологии, низкий коэффициент конверсии достижений в области сельскохозяйственной науки и техники, большой региональный разрыв в области сельскохозяйственной науки и технологических инноваций; на видном месте стоит проблема качественной безопасности сельхозпродукции и структурного дисбаланса сельскохозяйственного производства; сельское хозяйство является большим, но не сильным, большим, но не хорошим, существует структурный дисбаланс в поставках сельскохозяйственной продукции; чрезмерно распахиваются лесные угодья, луга и водно-болотные угодья, чрезмерная добыча и использование подземных вод, растет загрязнение сельскохозяйственных источников, все ближе к пределу становится несущая нагрузка на экологическую среду; высокая себестоимость сельскохозяйственного производства и необоснованное использование большого числа пестицидов и удобрений привели к высокой стоимости и экологическому давлению, что поставило под угрозу устойчивое развитие сельского хозяйства в Китае.

3.3. Объект и содержание обменов, подготовки кадров и демонстрации науки и технологий в области сельского хозяйства

Из-за различий в географическом положении, климатических условиях, природных и водных ресурсах, различий в видах производимой и экспортируемой сельскохозяйственной продукции будет отличаться содержание обмена, подготовки кадров и демонстрации в сельскохозяйственной науке и технологии (см. Табл. 1).

Табл. 1. Основные виды производимой и экспортируемой сельскохозяйственной продукции государств-членов ШОС

	Основные зерновые культуры	Основные технические культуры	Основная продукция животноводства	Экспортируемая сельскохозяйственная продукция
Россия	Пшеница, ячмень, рожь, овес	Лен, подсолнечник, свекла	Говядина, свинина, баранина, птица, молоко, яйца	Пшеница
Индия	Рис, пшеница	Хлопок, чай	Птица, говядина, баранина	Хлопок, говядина
Пакистан	Пшеница, рис	Хлопок, сахарный тростник	Говядина, баранина, птица, молочная продукция	Хлопок

	Основные зерновые культуры	Основные технические культуры	Основная продукция животноводства	Экспортируемая сельскохозяйственная продукция
Казахстан	Пшеница, рис	Хлопок	Говядина, баранина, птица	Пшеница, хлопок
Кыргызстан	Пшеница	Хлопок, свекла	Говядина, баранина, птица, молоко, овечья шерсть, яйца	Живой скот, хлопок
Таджикистан	Пшеница	Хлопок	Говядина, баранина, птица,	Хлопок
Узбекистан	Пшеница	Хлопок	Говядина, баранина, птица, молоко	Хлопок
Китай	Рис, пшеница, кукуруза	Хлопок, масличные, сахароносные, табак, лен, лекарственные растения и т.д.	Свинина, птица, говядина, баранина, молоко, яйца	Продукция водного хозяйства, овощи, фрукты и др.

3.3.1. Для высокопоставленных должностных лиц в области национального сельского хозяйства

Будучи крупной страной в регионе, Китай учитывает реалистичные требования своих партнеров в сельскохозяйственном сотрудничестве, активно играет роль крупного государства и создает эффективные коммуникационные механизмы. Высокопоставленные должностные лица в области сельского хозяйства в качестве национальных директивных органов и исполнителей играют роль руководителей в текущем руководстве и управлении сельским хозяйством. Уровень их деятельности и управленческий потенциал оказывают непосредственное воздействие на разработку и осуществление государственной политики в области сельского хозяйства.

Китай в полной мере использует платформу ШОС для укрепления общения на высоком уровне с государствами-членами ШОС и организации высокопоставленных сельскохозяйственных должностных лиц государств-членов ШОС для проведения обменов, профессиональной подготовки и демонстрации сельскохозяйственных технологий, а также укрепления всеобъемлющего управленческого потенциала, что будет способствовать модернизации сельского хозяйства в государствах-членах ШОС, оптимизировать окружающую среду для иностранного сотрудничества в сельском хозяйстве, укреплять региональные связи, укреплять комплексную эффективность, содействовать здоровому развитию регионального сельского хозяйства и достигать общего развития и процветания.

В ответ на проблемы, с которыми сталкивается большинство государств-членов ШОС, проанализированные выше, обмены, подготовка кадров и демонстрация технических достижений может проводиться в нижеследующих областях (см. Табл. 2).

Табл. 2. Содержание обменов, подготовки кадров и демонстрации технических достижений

	Ро-ссия	Ин-дия	Паки-стан	Казах-стан	Кыргы-зстан	Таджи-кистан	Узбеки-стан	Ки-тай
Профилактика и контроль трансграничных эпизоотических заболеваний	✓	✓	✓	✓	✓	✓	✓	✓
Комплексное использование водных ресурсов	✓	✓	✓	✓	✓	✓	✓	✓
План профилактики и борьбы с деградацией почв и опустыниванием в Китае	✓	✓	✓	✓	✓	✓	✓	×
Система сертификации качества и безопасности сельскохозяйственной продукции	✓	✓	✓	✓	✓	✓	✓	✓
Трансграничная торговля сельхозпродукцией	✓	✓	✓	✓	✓	✓	✓	✓
Инспекция и карантин импорта и экспорта сельскохозяйственной продукции	✓	✓	✓	✓	✓	✓	✓	✓
Китайская программа сокращения масштабов нищеты	✓	✓	✓	✓	✓	✓	✓	×
Китайская программа по борьбе с изменением климата	✓	✓	✓	✓	✓	✓	✓	×

Примечание:×указывает на то, что содержание не является необходимым для государства-члена ШОС; √ указывает на то, что содержание является необходимым для государства-члена ШОС.

Относится ко всем таблицам, представленным ниже.

3.3.2. Для национального профессионального и технического персонала

После начала политики реформ и открытости стремительно развивается китайская аграрная наука и техника, многие практические технологии подходят для нужд большинства государств-членов ШОС и могут применяться для содействия модернизации сельскохозяйственных технологий и общему развитию сельскохозяйственной науки, техники и экономики в регионе. В настоящее время курсы технической подготовки для развивающихся стран, спонсируемые Китаем, все чаще становятся ярким брендом для Китая в деле расширения его открытия и осуществления взаимовыгодного и взаимовыигрышного сотрудничества, неся пользу для всего человечества. Китай располагает передовыми технологиями в земледелии, водосбережении и ирригации, ИТ-технологиях в области сельского хозяйства и многих других областях, проводит техническую подготовку и обмены в различных областях в целях повышения профессионального уровня, способствуя тем самым широте и глубине сельскохозяйственного сотрудничества между государствами-членами ШОС, содействуя модернизации сельского хозяйства и достижению общего процветания региональной экономики. Кроме того, относительно продвинуты индийский сельскохозяйственные биотехнологии, IT-технологии, российские технологии растениеводства, технологии животноводства, государства-члены ШОС могут обмениваться мнениями, учиться друг у друга и содействовать общему развитию современного сельского хозяйства в государствах-членах ШОС.

Объектами обменов, обучения и демонстрации являются следующие: профессиональный и технический персонал, занимающийся сельскохозяйственными исследованиями, в сельскохозяйственных научно-исследовательских подразделениях, сельскохозяйственных университетах, сельскохозяйственных компаниях и других учреждениях. Содержание обменов, подготовки и демонстрации сельскохозяйственных технологий включают технологии разведения сельскохозяйственных культур, технологии животноводства, технологии улучшения и сохранения почв и т.д., всего предусматривается 12 крупных направлений. Конкретное содержание представлено в таблицах (см. Табл. 3-14).

1. Технологии селекции и семеноводства

Основное содержание обменов, обучения и демонстрации: технологии разведения гибридного риса, технология разведения гибридной пшеницы, технологии разведении генетически модифицированного хлопка, устойчивого к насекомым-вредителям.

Табл. 3. Содержание обменов, обучения и демонстрации технологий селекции и семеноводства для государств-членов ШОС

	Россия	Индия	Пакистан	Казахстан	Кыргызстан	Таджикистан	Узбекистан	Китай
Технологии разведения гибридного риса	×	✓	✓	✓	×	×	×	×
Технология разведения гибридной пшеницы	×	✓	✓	✓	✓	✓	✓	×
Технологии разведении генетически модифицированного хлопка, устойчивого к насекомым-вредителям	×	✓	✓	✓	✓	✓	✓	✓

2. Технологии селекции животных

Основное содержание обменов, обучения и демонстрации: технологии молекулярного разведения крупного рогатого скота, технология отбора генома молочного крупного рогатого скота, Технологии отбора генома мясного крупного рогатого скота.

Табл. 4. Содержание обменов, обучения и демонстрации технологий селекции животных для государств-членов ШОС

	Россия	Индия	Пакистан	Казахстан	Кыргызстан	Таджикистан	Узбекистан	Китай
Технологии молекулярного разведения крупного рогатого скота	×	✓	✓	✓	✓	✓	✓	✓
Технологии отбора генома молочного крупного рогатого скота	×	✓	✓	✓	✓	✓	✓	✓
Технологии отбора генома мясного крупного рогатого скота	×	✓	✓	✓	✓	✓	✓	✓

3. Технологии улучшения и сохранения качества земельных ресурсов

Основное содержание обменов, обучения и демонстрации: технологии комплексного восстановления и эффективного использования соленых и щелочных земель, технологии улучшения и повышения плодородия почв, используемых для выращивания заливного риса, технологии улучшения качества почвенных органических веществ.

Табл. 5. Содержание обменов, обучения и демонстрации технологий улучшения и сохранения почв для государств-членов ШОС

	Россия	Индия	Пакистан	Казахстан	Кыргызстан	Таджикистан	Узбекистан	Китай
Технологии комплексного регулирования и высокоэффективного использования солончаковых почв	✓	✓	✓	✓	×	×	✓	×
Технологии улучшения и повышения плодородия почв, занятых под выращивание заливного риса	×	✓	✓	✓	×	×	×	×
Технологии улучшения качества почвенных органических веществ	×	✓	✓	✓	✓	✓	✓	×

4. Технологии внесения удобрений и орошения

Основное содержание обменов, обучения и демонстрации: технология улучшения плодородия почв и технологии орошения (комплексная технология подкормки и орошения).

Табл. 6. Содержание обменов, обучения и демонстрации технологий внесения удобрений и орошения для государств-членов ШОС

	Россия	Индия	Пакистан	Казахстан	Кыргызстан	Таджикистан	Узбекистан	Китай
Технология улучшения плодородия почв с использованием метода тестирования	✓	✓	✓	✓	✓	✓	✓	×
Технологии подкормки и орошения (комплексная технология)	✓	✓	✓	✓	✓	✓	✓	×

5. Водосберегающие технологии

Основное содержание обменов, обучения и демонстрации: технологии мульчирования, технологии капельного орошения, технологии нестандартного использования воды.

Табл. 7. Содержание обменов, обучения и демонстрации водосберегающих технологий для государств-членов ШОС

	Россия	Индия	Пакистан	Казахстан	Кыргызстан	Таджикистан	Узбекистан	Китай
Технологии мульчирования	×	✓	✓	✓	✓	✓	✓	×
Технологии капельного полива и полива дождевальными установками	×	✓	✓	✓	✓	✓	✓	✓
Технологии нестандартного использования водных ресурсов	×	✓	✓	✓	✓	✓	✓	×

6. Технологии экономии воды, удобрений и пестицидов

Основное содержание обменов, обучения и демонстрации: технологии биологического метода профилактики борьбы с вредителями, технологии использования дронов для защиты растений, основные технологии прогнозирования и сигнализации о вредителях и заболеваниях сельхозкультур.

Табл. 8. Содержание обменов, обучения и демонстрации технологий экономии воды, удобрений и пестицидов для государств-членов ШОС

	Россия	Индия	Пакистан	Казахстан	Кыргызстан	Таджикистан	Узбекистан	Китай
Технологии биологической профилактики и борьбы с вредителями	✓	✓	✓	✓	✓	✓	✓	×
Технологии использования дронов для защиты растений	✓	✓	✓	✓	✓	✓	✓	×
Основные технологии прогнозирования и сигнализации о вредителях и заболеваниях сельхозкультур	✓	✓	✓	✓	✓	✓	✓	×

7. Технологии разведения и кормления скота и птицы

Основное содержание обменов, обучения и демонстрации: выведение новых кормовых сортов, разработка новых кормовых ресурсов и сырья, новые технологии и оборудование для разведения скота и птицы, технологии улучшения питательности животноводческой продукции, ресурсы непродовольственных (незерновых) кормов, состав новых комбикормов и технологии комплексного их использования, технологии тестирования качества окружающей среды, технологии проверки качества и безопасности кормов и т.д.

Табл. 9. Содержание обменов, обучения и демонстрации технологий разведения и кормления скота и птицы для государств-членов ШОС

	Россия	Индия	Пакистан	Казахстан	Кыргызстан	Таджикистан	Узбекистан	Китай
Выведение новых кормовых сортов	✓	✓	✓	✓	✓		✓	✓
Разработка новых кормовых ресурсов и сырья	✓	✓		✓	✓		✓	✓
Новые технологии и оборудование для разведения скота и птицы	✓			✓			✓	✓
Технологии улучшения питательности животноводческой продукции	✓	✓	✓		✓	✓	✓	✓
Технологии разработки непродовольственных кормов	✓	✓		✓				✓
Состав новых комбикормов и технологии комплексного использования	✓	✓		✓	✓			✓
Технологии мониторинга качества окружающей среды								
Технологии проверки качества и безопасности кормов	✓	✓	✓		✓	✓		✓

8. Технологии профилактики и контроля эпизоотических заболеваний

Основное содержание обменов, обучения и демонстрации: технологии разработки вакцины против птичьего гриппа, технологии диагностики эпизоотических заболеваний.

Табл. 10. Содержание обменов, обучения и демонстрации технологий профилактики и контроля эпизоотических заболеваний для государств-членов ШОС

	Россия	Индия	Пакистан	Казахстан	Кыргызстан	Таджикистан	Узбекистан	Китай
Технологии разработки вакцины против птичьего гриппа	✓	✓	✓	✓	✓	✓	✓	×
Технологии диагностики эпизоотических заболеваний	✓	✓	✓	✓	✓	✓	✓	✓

9. Инфраструктура, сельскохозяйственная техника и оборудование

Основное содержание обменов, обучения и демонстрации: технология машинной жатвы и прямой очистки риса, технологии рационального ведения сельского хозяйства, технологии сельского хозяйства с контролируемой средой, технологии растениеводческих промышленных предприятий.

Табл. 11. Содержание обменов, обучения и демонстрации инфраструктуры, сельскохозяйственной техники и оборудования для государств-членов ШОС

	Россия	Индия	Пакистан	Казахстан	Кыргызстан	Таджикистан	Узбекистан	Китай
Технология машинной жатвы и прямой очистки риса	×	✓	✓	✓	×	×	×	×
Технологии рационального ведения сельского хозяйства	✓	✓	✓		✓	✓	✓	
Технологии сельского хозяйства с контролируемой средой	✓	×	×	✓	✓	✓	✓	×
Технологии растениеводческих промышленных предприятий	✓	✓	✓	✓	✓	✓	✓	×

10. Технологии глубокой переработки сельхозпродукции

Основное содержание обменов, обучения и демонстрации: технологии послеуборочного хранения и переработки сельскохозяйственной продукции, технологии низкотемпературного поддержания свежести сельхозпродукции, технологии логистики цепи обслуживания замороженной сельхозпродукции.

Табл. 12. Содержание обменов, обучения и демонстрации технологий глубокой переработки сельхозпродукции для государств-членов ШОС

	Ро-ссия	Ин-дия	Паки-стан	Казах-стан	Кыргы-зстан	Таджи-кистан	Узбеки-стан	Ки-тай
Технологии послеуборочного хранения и переработки сельскохозяйственной продукции	✓	✓	✓	✓	✓	✓	✓	✓
Технологии низкотемпературного хранения сельхозпродукции	✓	✓		✓	✓	✓		✓
Логистические технологии холодовой цепочки поставок сельхозпродукции	✓	✓		✓	✓	✓		✓

11. Использование ресурсов отходов сельского хозяйства

Основное содержание обменов, обучения и демонстрации: технологии удобрения полей соломой, технологии использования энергии биомассы, высокоэффективные технологии производства электроэнергии из соломы, технологии компостирования навоза животноводства и птицеводства, методы совместного контроля за фекальным загрязнением и парниковыми газами, методы формовки соломы и др.

Табл. 13. Содержание обменов, обучения и демонстрации использования ресурсов отходов сельского хозяйства для государств-членов ШОС

	Ро-ссия	Ин-дия	Паки-стан	Казах-стан	Кыргы-зстан	Таджи-кистан	Узбеки-стан	Ки-тай
Технологии удобрения полей соломой	✓	✓	✓	✓	✓	✓	✓	×
Технологии использования энергии биомассы	✓	✓	✓	✓	✓	✓		✓
Высокоэффективные технологии выработки электроэнергии из соломы	✓	✓	✓	✓	✓	✓		✓
Технологии компостирования отходов животноводства и птицеводства	✓	✓	✓	✓	✓	✓		✓
Технологии совместного контроля за фекальным загрязнением и парниковыми газами	✓	✓	✓	✓	✓	✓		✓
Технологии формовки соломы	✓	✓	✓	✓	✓	✓		✓

12. Передовые технологии

Основное содержание обменов, обучения и демонстрации: технологии искусственного интеллекта в сельском хозяйстве, технологии интернета вещей в сельском хозяйстве, технологии больших данных в сельском хозяйстве, сельскохозяйственная робототехника и т.д.

Табл. 14. Содержание обменов, обучения и демонстрации передовых технологий для государств-членов ШОС

	Ро-ссия	Ин-дия	Паки-стан	Казах-стан	Кыргы-зстан	Таджи-кистан	Узбеки-стан	Ки-тай
ИИ-технологии в сельском хозяйстве	✓	✓	✓	✓	✓	✓	✓	✓
Технологии интернета вещей в сельском хозяйстве	✓	✓	✓	✓	✓	✓	✓	✓
Технологии больших данных в сельском хозяйстве	✓	✓	✓	✓	✓	✓	✓	✓
Сельскохозяйственная робототехника	✓	✓	✓	✓	✓	✓	✓	✓

3.3.3. Для современных работников сельского хозяйства

Обмены, обучение и демонстрация для современных работников сельского хозяйства государств-членов ШОС будут способствовать механизации сельскохозяйственной деятельности, снижению производственных издержек, повышению эффективности производства, позволяя масштабировать, стандартизировать и брендизировать сельскохозяйственное производство и управление.

В настоящее время в государствах-членах ШОС работники сельского хозяйства имеют солидный возраст и низкий уровень образования, молодые и высокообразованные люди в основном устремляются в города, поэтому невозможно удовлетворить потребности развития современного сельского хозяйства, в дополнение к их идеям относительно не хватает культурных концепций, чувства автономии и инновационной осведомленности. Научно-технический уровень и фундамент современных профессиональных работников сельского хозяйства в будущем будет играть ключевую роль в развитии современного сельского хозяйства. Государствам-членам ШОС необходимо срочно создать команду современных профессиональных фермеров, которые являются культурными и квалифицированными работниками, владеющими менеджментом, в целях содействия развитию масштабов, стандартизации, науки и техники, экологии, досуга и искусства в сфере сельского хозяйства, чтобы обеспечить сильную поддержку кадров.

Китай накопил некоторый опыт в подготовке современных профессиональных фермеров, на протяжении 10 лет Янлинская демонстрационная зона достигла замечательных результатов в научно-техническое обучение огромного числа фермеров-крестьян засушливых районов, добилась нулевой дистанции стыковки между крестьянами и наукой и техникой, крестьянами и предприятиями (базами, парками), крестьянами и специалистами путем обучения нескольких десятков тысяч крестьян, позволила им расширить свои горизонты, осваивать новые технологии, становясь «передовыми бойцами» в развитии современного сельского хозяйства и «местными специалистами», демонстрирующими продвижение передовых сельскохозяйственных технологий.

Благодаря технической подготовке и обмену мнениями между профессиональными работниками сельского хозяйства в государствах-членах ШОС можно повысить научно-технический, деловой и управленческий уровень крестьян, эффективность сельскохозяйственного производства и добавленную стоимость сельскохозяйственной продукции; понять новую ситуацию в сельском хозяйстве, принять новые идеи, улучшить управленческий и административный потенциал; укрепить правовое значение и социальную ответственность, чтобы лучше играть роль лидера сельскохозяйственного производства в каждой стране.

В обменах, подготовке и демонстрации работникам сельского

хозяйства необходимо обратить особе внимание на исходное положение развития сельскохозяйственного производства, одновременно с повышением квалификации сельскохозяйственного производства повышать уровень управления сельским хозяйством, чтобы достичь одновременного повышения и в технологическом, и управленческом уровнях.

Основными объектами обменов, обучения и демонстрации достижений являются животноводы, семейные фермеры, руководители профессиональных сельскохозяйственных кооперативов, работники ведущих сельскохозяйственных предприятий, работники сельскохозяйственной отрасли, наемные работники сельского хозяйства, сельские информационные работники, сельскохозяйственные агенты, сельскохозяйственные операторы, сотрудники по профилактике заболеваний растений и эпизоотических заболеваний и т.д. Основное содержание обменов, обучения и демонстрации: технологии применения малой механизации, качественная высокодоходная технология выращивания риса, высококачественная высокодоходная технология выращивания пшеницы, высокодоходная технология выращивания хлопка, технологии первичной переработки сельхозпродукции, технологии профилактики и борьбы с вредителями и болезнями сельскохозяйственных культур, технологии выращивания овощей, технологии рационального использования удобрений и тестирования почвы, технологии разведения мясного крупного рогатого скота, технологии разведения мясного мелкого рогатого скота, технологии разведения кур на мясо, новые технологии высокоэффективного разведения, технологии хозяйствования и управления сельскохозяйственным производством.

Табл. 15. Содержание обменов, обучения и демонстрации для работников сельского хозяйства государств-членов ШОС

	Ро-ссия	Ин-дия	Паки-стан	Казах-стан	Кыргы-зстан	Таджи-кистан	Узбеки-стан	Ки-тай
Технологии применения малой механизации	✓	✓	✓	✓	✓	✓	✓	×
Технологии высокоэффективного выращивания высококачественного риса	×	✓	✓	✓	×	×	×	×
Технологии высокоэффективного выращивания высококачественной пшеницы	✓	✓	✓	✓	✓	✓	✓	×
Технологии высокоэффективного выращивания хлопка	×	✓	✓	✓	✓	✓	✓	✓
Технологии первичной переработки сельхозпродукции	✓	✓	✓	✓	✓	✓	✓	×
Технологии профилактики и борьбы с вредителями и болезнями сельхозкультур	✓	✓	✓	✓	✓	✓	✓	×
Технологии тепличного выращивания овощей	✓	×	×	✓	✓	✓	✓	×
Методы черенкования деревьев	✓	✓	✓	✓	✓	✓	✓	×
Технологии рационального использования удобрений и тестирования почвы	✓	✓	✓	✓	✓	✓	✓	×
Новые технологии разведения мясного крупного рогатого скота	✓	✓	✓	✓	✓	✓	✓	×
Новые технологии разведения мясного мелкого рогатого скота	✓	✓	✓	✓	✓	✓	✓	×
Технологии разведения бройлеров	✓	✓	✓	✓	✓	✓	✓	×
Новые технологии высокоэффективного животноводства	✓	✓	✓	✓	✓	✓	✓	×
Технологии управления и администрирования сельскохозяйственного производства	✓	✓	✓	✓	✓	✓	✓	×
Маркетинговые стратегии на рынке сельхозпродукции	✓	✓	✓	✓	✓	✓	✓	×

3.4. Программа обменов, обучения и демонстрации сельскохозяйственной науки и техники

3.4.1. Для высокопоставленных руководителей сельского хозяйства

Конкретное планирование по 8 проектам, представленным в Таблице 2 по содержанию обменов, подготовке и демонстрации сельскохозяйственной науки и технологий:

1. Место проведения: Янлинская демонстрационная зона (пров. Шэньси, КНР), Пекин

2. Модель проведения: краткосрочные курсы + практика на месте

3. Организация: 20-30 человек, 14-21 день, 1 курс в год

4. Методы проведения занятий: очное обучение специалистами

5. Уровень преподавателей: специально приглашенные профессора Китайского Народного университета, Китайского сельскохозяйственного университета, Академии сельскохозяйственных наук Китая, Северо-Западного университета лесного и сельского хозяйства, Пекинского университета, Университета Цинхуа и других организаций, специализирующиеся на соответствующей проблеме

6. Документальное подтверждение: свидетельство об окончании курсов

3.4.2. Для технических специалистов в области сельского хозяйства

Конкретное планирование по 12 проектам, по представленному выше содержанию обменов, подготовке и демонстрации сельскохозяйственной науки и технологий, в то же время, с учетом фактических потребностей государств-членов ШОС, в зависимости от различных областей целенаправленных обменов, подготовки и демонстрации сельскохозяйственного научно-технологического персонала:

1. Место проведения: в Китае (Янлинская демонстрационная зона, пров. Шэньси, КНР, Пекин, развитые сельскохозяйственные провинции), за рубежом (в государстве-члене ШОС)

2. Модель проведения: краткосрочные курсы + практика на месте; долгосрочные курсы, обучение за границей, открытые краткосрочные курсы и обмены + инструктаж на месте специалистами, направляемыми в государства-члены ШОС

3. Организация

• краткосрочные курсы + практика на месте: 20-30 человек, 14-21 день, 1 курс в год

• долгосрочные курсы: 3 месяца, 8 учебных часов / месяц, 24 учебных часа / курс, 2 раза в год

• академическое образование: студенты государств-членов ШОС, обучение в китайском сельскохозяйственном университете

• открытые краткосрочные курсы и обмены + технический инструктаж на месте специалистами, направляемыми в государства-члены ШОС: 5 дней, 1 курс / государство / год, 7 курсов в 7 государствах-членах ШОС

4. Методы проведения занятий: очное обучение специалистами, удаленное / дистанционное обучение

5. Уровень преподавателей: специально приглашенные специалисты престижных китайских сельскохозяйственных университетов и научных сельскохозяйственных институтов, и эксперты из государств-членов ШОС, специализирующиеся на соответствующей проблеме

6. Документальное подтверждение: свидетельство об окончании курсов

3.4.3. Для работников современного сельского хозяйства

Обмен, подготовка и демонстрация проводились в соответствии с 15 темами, представленными в Таблице 15, в соответствии с фактическими потребностями страны, целенаправленные обмены, обучение и демонстрация, каждый из которых разработан следующим образом:

1. Место проведения: каждая из стран-членов ШОС

2. Модель проведения: краткосрочные курсы + практика на месте специалистами, направляемыми Китаем в государство-член ШОС; долгосрочные курсы; организация работников сельского хозяйства в целевых странах для просмотра видеоматериалов о высокоэффективных методах растениеводства и методах разведения скота (видеоматериал записан китайскими специалистами)

3. Организация

• краткосрочные курсы + практика на месте специалистами, направляемыми Китаем в государство-член ШОС, включая 2 дня теоретического обучения + 3 дня технологической практики на месте, 5 дней / курс, 1 курс / государство-член ШОС / год, 7 государств-членов ШОС / 7 курсов

• долгосрочные курсы: обучение на месте, 3 месяца / курс, 8 учебных часов / месяц, 24 учебных часа / курс, 2 курса / год

• организация работников сельского хозяйства в целевых странах для просмотра видеоматериалов о высокоэффективных методах растениеводства и методах разведения скота, возможна организация коллективного просмотра учебными группами

4. Методы проведения занятий: очное обучение специалистами и дистанционное обучение

5. Уровень преподавателей: специально приглашенные профессора китайских сельскохозяйственных университетов, научных сельскохозяйственных институтов, сельскохозяйственных предприятий, организаций по продвижению сельскохозяйственных технологий и других организаций, специализирующиеся на соответствующей проблеме, вместе тем, ещё приглашенные сельскохозяйственные техники из государств-членов ШОС по соответствующим областям

6. Документальное подтверждение: свидетельство об окончании курсов

Глава IV
Защитные меры обменов, обучения и демонстрации сельскохозяйственной науки и техники государств-членов ШОС

4.1. Уровень организации

В ответ на цель, выдвинутую Председателем КНР Си Цзиньпином превратить ШОС в модель «солидарности и взаимного доверия, единой ответственности, взаимной выгоды и взаимного выигрыша, инклюзивности и взаимного обучения», Китай как страна-инициатор создания ШОС принимает практические меры для содействия создания Сообщества судьбы ШОС с Китаем в качестве движущей силы. Дальнейшее укрепление сельскохозяйственного сотрудничества между странами ШОС будет способствовать укреплению их экономической мощи, преодолению соответствующих различий в сельскохозяйственных технологиях, оптимизации эффективного использования сельскохозяйственных ресурсов, улучшении уровня и качества жизни людей и достижения общего развития и процветания.

Сельскохозяйственное сотрудничество как высококачественный дипломатический ресурс стало важным приоритетным вопросом в дипломатической деятельности руководителей государств. В строительстве «Одного пояса и одного пути» обмены и сотрудничество в области сельского хозяйства является важной опорой, уже подписано 101 соглашение о сотрудничестве в 48 странами «Одного пояса и одного пути». В 2018 году на Саммите ШОС сельскохозяйственное сотрудничество являлось важным содержанием сотрудничества между странами ШОС.

Механизм «Совместного межведомственного совещания по внешнему сельскохозяйственному сотрудничеству» во главе с министром Министерства сельского хозяйства и сельских дел КНР, в составе которого находятся 21 подразделения уровня министерств, утвержденного Государственным Советом КНР включает все соответствующие стороны, участвующие в сельском хозяйстве, чтобы заложить сильную организационную гарантию внешнего сельскохозяйственного сотрудничества и совместно содействовать сотрудничеству Китая в области сельского хозяйства в области внешней торговли.

Последовательно обнародованы Мнения о развитии китайско-иностранного сельскохозяйственного сотрудничества, План китайско-иностранного сельскохозяйственного сотрудничества, «Соглашение о межправительственном сельскохозяйственном сотрудничестве между государствами-членами ШОС», «Перспективы и план действий по содействию совместного строительства инициативы "Один пояс и один путь" в сфере сельскохозяйственного сотрудничества» и другие документы, что стало основным примером китайско-иностранного сельскохозяйственного сотрудничества.

4.2. Уровень финансирования

Финансирование является материальной основой для плавного развития проектов ШОС по обмену, обучению и демонстрации сельскохозяйственных технологий. Подготовка проектов может быть финансирована в соответствии с тремя основными направлениями, включая руководителей высокого уровня для национального сельского хозяйства, специальный технический персонал для национального сельского хозяйства и работников современного государственного сельского хозяйства. В настоящее время, масштаб подготовки проектов, стандарты затрат и другие вопросы еще не определены, поэтому бюджет конкретно не определяется.

Приложения (на русском и английском языках)

Приложение 1

Анкета для исследования ситуации развития сельского хозяйства в государствах-членах ШОС

Для каждой страны, которая является государством-членом, государством-наблюдателем или партнером в диалоге ШОС, в целях более активного содействия обмену и сотрудничеству в области сельскохозяйственной науки и техники между двумя странами Проектная группа аналитического центра ШОС намерена провести анкетный опрос о потребностях и содержании обменов, обучения и демонстрации сельскохозяйственных технологий среди государств-членов, государств-наблюдателей и партнеров по диалогу стран ШОС. Просим вас помочь нам в ваше напряженное время ответить на нижеследующие вопросы, и заранее выражаем искреннюю благодарность за вашу самоотверженную помощь.

1. Пожалуйста, выберите гражданство (один вариант, отметить соответствующий вариант)

Россия (   ); Индия (   ); Пакистан (   ); Таджикистан (   );
Кыргызстан (   ); Казахстан (   ); Узбекистан (   ); Монголия (   );
Иран (   );Афганистан (   ); Беларусь (   ); Азербайджан (   );
Армения (   ); Камбоджа (   ); Непал (   );Турция (   ); Шри-Ланка (   )

2. Пожалуйста, выберите свою профессию (один вариант, отметить соответствующий вариант)

A. Студент ( )

B. Исследователь ( )

C. Государственный служащий ( )

D. Сотрудник предприятия ( )

E. Фермер / крестьянин ( )

F. Другое ( )

3. Что вы думаете об уровне развития сельского хозяйства в Вашей стране? (один вариант, отметить соответствующий вариант)

A. Развитое ( )

B. Неразвитое ( )

4. Какие сельскохозяйственные технологии, по Вашему мнению, являются относительно развитыми в Вашей стране (несколько вариантов, отметить соответствующие варианты)

A. Технология разведения сельскохозяйственных культур ( )

B. Технология разведения животных ( )

C. Технологии улучшения и сохранения почвы ( )

D. Технологии экономии удобрений ( )

E. Технологии экономии водных ресурсов ( )

F. Технология экономии пестицидов ( )

G. Технологии кормления и питания животных ()

H. Технологии профилактики и контроля эпизоотических заболеваний ( )

I. Сельскохозяйственная техника и оборудование ( )

J. Технология глубокой переработки сельскохозяйственной продукции ( )

K. Утилизация сельскохозяйственных отходов ( )

L. Технологии борьбы с опустыниванием земель ( )

M. Сельскохозяйственные биотехнологии ( )

N. Сельскохозяйственные информационные технологии ( )

5. Что вы думаете о факторах, которые влияют на науку и технологические инновации в сфере сельского хозяйства Вашей страны? (несколько вариантов, отметить соответствующие варианты)

A. Недостаточные расходы на науку и технологии в области сельского хозяйства ( )

B. Отсталость инновационного оборудования сельскохозяйственных технологий ( )

C. Серьезная утечка кадров в сельском хозяйстве ( )

D. Несовершенный механизм стимулирования научных исследований ( )

E. Недостаточные инновационные возможности сельскохозяйственного научно-технического персонала ( )

F. Недостаточный исследовательский потенциал базовой теории ( )

6. Какие проблемы сельского хозяйства, по Вашему мнению, Ваша страна и Китай должны решать вместе? (несколько вариантов, отметить соответствующие варианты)

A. Совместная профилактика и контроль трансграничных эпизоотических заболеваний ( )

B. Деградация земель и опустынивание ( )

C. Нехватка водных ресурсов ( )

D. Борьба с изменением климата ( )

E. Несоответствие между системой качества и безопасности сельскохозяйственной продукции и международными стандартами ( )

F. Низкий уровень упрощения торговли сельскохозяйственной продукцией ( )

G. Сокращение бедности ( )

7. Какие факторы, по Вашему мнению, влияют на производство зерновых культур в Вашей стране? (несколько вариантов, отметить соответствующие варианты)

A. Отсутствие ирригационных сооружений (　)

B. Нехватка водных ресурсов (　)

C. Низкое плодородие почв (　)

D. Стихийные бедствия (　)

E. Отсталые технологии культивирования (　)

F. Дефицит высокоурожайных сортов (　)

G. Низкий уровень образования работников сельского хозяйства (　)

H. Недостаток удобрений и пестицидов (　)

I. Отсутствие сельскохозяйственной техники и инструментов (　)

J. Низкий уровень механизации (　)

K. Отсталые технологии сбора, хранения и глубокой переработки урожая зерновых (　)

8. Какие факторы, по Вашему мнению, влияют на развитие животноводства в Вашей стране? (несколько вариантов, отметить соответствующие варианты)

A. Высокие затраты на корма (　)

B. Отсутствие элитных пород (　)

C. Недостаточные ресурсы кормов (　)

D. Отсталые технологии откорма (　)

E. Отсутствие мер профилактики и контроля эпизоотических заболеваний (　)

F. Низкий уровень образования работников сельского хозяйства (　)

9. В каких сельскохозяйственных технологиях, по Вашему мнению, в будущем может вестись сотрудничество и обмен между Вашей страной и Китаем? (несколько вариантов,отметить соответствующие варианты)

A. Технологии выращивания сельскохозяйственных культур (　)

B. Технология разведения скота и птицы (　)

C. Технологии улучшения и сохранения почв ( )

D. Технологии экономии удобрений ( )

E. Водосберегающие технологии ( )

F. Технологии экономии пестицидов ( )

G. Технологии кормления и питания животных ( )

H. Технологии профилактики и контроля эпизоотических заболеваний ( )

I. Сельскохозяйственная техника и оборудование ( )

J. Утилизация отходов сельскохозяйственного производства ( )

K. Технологии контроля опустынивания земель ( )

L. Технологии глубокой переработки сельскохозяйственной продукции ( )

M. Сельскохозяйственные биотехнологии ( )

N. IT-технологии в сельском хозяйстве ( )

Приложение 2

A Survey on the Basic Situation of Agricultural Development of the SCO Member Countries, Observer Countries and Dialogue Partners (English Edition)

Your country is one of the Shanghai Cooperation Organisation (SCO) member countries, observer countries or dialogue partners. In order to promote the exchange and cooperation of agricultural science and technology well between your country and China, the SCO Think Tank Project Team will plan to conduct a questionnaire survey on the demands for the agricultural technology exchange, training and demonstration among the SCO member countries, observer countries and dialogue partners. Therefore, we would like to hope you to help us complete the following questions in the midst of your busy schedule, and express our sincere gratitude for your unselfish help here.

Shanghai Cooperation Organisation (SCO) Think Tank Project Team plans to conduct a questionnaire survey on the demands for the agricultural technology exchange, training and demonstration program among the SCO member countries, observer countries and dialogue partners in order to promote their exchange and cooperation of agricultural science and technology well with China. You are cordially invited to complete the following questions. Your support and cooperation are highly appreciated.

1. Please select your nationality (single option, put a tick at the proper option)

Russia ( ); India ( ); Pakistan ( ); Tajikistan ( ); Kyrgyzstan ( ); Kazakhstan ( ); Uzbekistan ( ); Mongolia ( ); Iran ( ); Afghanistan ( ); Belarus ( ); Azerbaijan ( ); Armenia ( ); Cambodia ( ); Nepal ( ); Turkey ( ); Sri Lanka ( )

2. Please select your occupation（single option, put a tick at the proper option）

A. Student ( )

B. Researcher ( )

C. Government official ( )

D. Enterprise staff ( )

E. Farmers ( )

E. Others ( )

3. What do you think of the level of agricultural development in your country? (single option, put a tick at the proper option)

A. Developed ( )

B. Underdeveloped ( )

4. What agricultural technologies do you think are relatively advanced in your country (multiple options, put a tick at the proper options)

A. Crop breeding technology ( )

B. Animal breeding technology ( )

C. Soil improvement and conservation technology ( )

D. Fertilizer saving technology ( )

E. Water saving technology ( )

F. Pesticide saving technology ( )

G. Animal feeding and nutrition technology ( )

H. Prevention and Control Technology of epidemic animal diseases ( )

I. Agricultural machinery and equipment ( )

J. Deep processing technology of agricultural products ( )

K. Utilization of agricultural wastes ( )

L. Land Desertification Control Technology( )

M. Agricultural biotechnology ( )

N. Agricultural information technology ( )

5. What do you think of the factors that affect your country's agricultural science and technology innovation? (**multiple options, put a tick at the proper options**)

A. Insufficient expenditure in agricultural science and technology ( )

B. Backward testing instruments and equipment ( )

C. Serious loss of agricultural talents ( )

D. Imperfect incentive mechanism for scientific research ( )

E. Insufficient innovation ability of agricultural scientific and technological personnel ( )

F. Insufficient research capacity of basic theory ( )

6. What agricultural problems do you think your country and China should face and solve together? (**multiple options, put a tick at the proper options**)

A. Joint prevention and control of cross-border animal epidemic diseases ( )

B. Land degradation and desertification ( )

C. Shortage of water resources ( )

D. Tackling climate change ( )

E. Mismatching between the quality and safety system of agricultural products and the international standards ( )

F. Low level of trade facilitation for agricultural products ( )

G. Poverty reduction ( )

7. What factors do you think affect the grain output in your country? (**multiple options, put a tick at the proper options**)

A. Lack of irrigation facilities ( )

B. Shortage of water resources ( )

C. Low soil fertility ( )

D. Natural disasters such as drought and flood ( )

E. Backward cultivation technique ( )

F. Lack of fine varieties ( )

G. Low education level of farmers (   )

H. Lack of fertilizers and pesticides (   )

I. Lack of agricultural machinery and tools (   )

J. Low level of mechanization (   )

K. Backward harvesting, storage and deep processing technology (   )

8. What factors do you think affect the development of animal husbandry in your country?（multiple options, put a tick at the proper options）

A. High feeding costs (   )

B. Lack of fine breeds (   )

C. Insufficient feed resources(   )

D. Backward feeding technology(   )

E. Lack of prevention and control measures for epidemic animal diseases (   )

F. Low education level of farmers (   )

9. What agricultural technologies do you think may cooperate and exchange between your country and China in the future?（multiple options, put a tick at the proper options）

A. Crop breeding technology (   )

B. Animal breeding technology (   )

C. Soil improvement and conservation technology (   )

D. Fertilizer saving technology (   )

E. Water saving technology (   )

F. Pesticide saving technology (   )

G. Animal feeding and nutrition technology(   )

H. Prevention and Control Technology of epidemic animal diseases (   )

I. Agricultural machinery and equipment (   )

J. Utilization of agricultural wastes (   )

K. Land desertification control technology (   )

L. Deep processing technology of agricultural products (   )

M. Agricultural biotechnology (   )

N. Agricultural information technology (   )

Использованная литература

1. Гао Юнь, Лю Цзусинь, Цзяо Цзянь, Чжао Юэлун, Ли Шуцзюнь. Анализ сельскохозяйственного сотрудничества между Китаем и Пакистаном. Всемирное сельское хозяйство. 2015. № 8. С. 26-31.

2. Ли Цзиньфэн. Обзор и оценка 15-летнего процесса развития ШОС. Вестник России. 2017. № 7 (16). С. 47-54.

3. Гуо Янь. Жизненные силы оживления и процветания Шанхайской демонстрационной зоны. Китайская внешняя торговля. 2019. № 6. С. 26-27.

4. Лю Ичжо, Дэн Мяочан. Анализ сельскохозяйственного производства, торговой и тарифной политики Индии. Всемирное сельское хозяйство. 2015. № 2. С. 78-80.

5. Сунь Чжуанчжи. Политическое строительство ШОС в новой ситуации. 2018. Всемирное знание. № 11. С. 20-21.

6. Сунь Юаньхуа, Пэн Вэньцзюнь. Оценка развития логистики Международного логистического парка ШОС на фоне «Одного пояса и одного пути». Логистические технологии. 2019. № 5 (38). С. 35-38.

7. Цзэн Сянхун. Теоретические инновации в исследовании Шанхайской организации сотрудничества: оценка текущего состояния и направления усилий. Исследования России, Восточной Европы и Центральной Азии. 2019. № 1. С. 31-49, 155.

8. У Юань. Лэй Ян. Оценка текущего состояния и перспектив развития сельского хозяйства в Пакистане. Всемирное сельское хозяйство. 2018. № 1. С. 166-174.

9. Ху Юаньхун, Ли Синь. Анализ экономического сотрудничества ШОС в новой ситуации. Иностранные инвестиции и экспортные кредиты. 2018. № 3. С. 3-6.

10. Хэ Цзинцзин, У Мяо, Хао Юнь, Чжан Сяоюнь, Ван Лисянь. Политика и эффективность сельскохозяйственной экономической реформы Узбекистана. Сельскохозяйственное обозрение. 2017. № 11. С. 35-38.

11. Цзо Симэй, Го Хуэй, Сюнь Чжицзянь. Анализ торгового воздействия уровня упрощения процедур торговли на торговлю Китая с основными странами Шанхайской организации сотрудничества. Новые финансы. 2018. № 1. С. 58-63.

12. Цзоу Синь. Анализ тяжелого положения развития ШОС в новую эпоху и ответные меры Китая. Вестник партийной школы Цзинаньского горкома партии. 2019. № 1. С. 34-37.

13. Цинь Пэн, Пэн Кунь. Анализ договорной системы Шанхайской организации сотрудничества. Вестник Синьцзянского университета (Философия. Гуманитарные и социальные науки). 2019. № 4 (47). С. 28-34.

14. Цинь Пэн, Сюй Хуэйцзюнь. Анализ организационной правовой системы Шанхайской организации сотрудничества. Вестник партийной школы провинции Гуйчжоу. 2019. № 3. С. 102-109.

15. Цян Голин. Исследование влияния ШОС и институциональной среды на торговлю Китая с пятью центральноазиатскими странами. Теория финансов и ее преподавание. 2019. № 2. С. 61-64.

16. Чжан Вэньли, Чжай Сюэлин. Ограничения и направление развития китайско-

индийского сельскохозяйственного сотрудничества. Международное экономическое сотрудничество. 2017. No 10. C. 40-44.

17. Чжан Пэй. Шанхайская организация сотрудничества: Ключевая стратегическая опора китайской инициативы «Один пояс и один путь». Вестник армейской партийной школы. 2018. No 6. C. 65-67.

18. Чжоу Чжэньюн, Ли Хунбо, Чжан Ян и др. Масштабы, структура и характеристики животноводства в Кыргызстане. Травоядный скот. 2018. No 5. C. 48-59.

19. Чжэн Гофу. Возможности и вызовы для развития сельскохозяйственного торгового сотрудничества между Китаем и государствами-членами ШОС в рамках инициативы «Один пояс и один путь». Аграрная экономика. 2019. No 6. C. 132-134.

20. Чжэн Гофу. Сельскохозяйственное торговое сотрудничество между Китаем и государствами-членами ШОС: пространственно-временные характеристики, конкурентные отношения и перспективы. Региональное и глобальное развитие. 2019. No 5. C. 115-132, 159.

21. Цзинь иньцзи. Шанхайская организация сотрудничества: Создать новую модель регионального сотрудничества и построить сообщество единой судьбы. Обозрение развития Китая. 2018. No 12. C. 10-11.

Послесловие

Мы благодарим административный комитет Янлинской демонстрационной промышленной зоны высоких и новых технологий в сфере сельского хозяйства за его оказанное доверие Китайскому научному центру Международной академии наук Евразии, Институту развития современного сельского хозяйства ШОС при Северо-западном университете сельского и лесного хозяйства, а также составителям данного отчёта. Выражаем признательность экс-замглавы административного комитета Янлинской демонстрационной промышленной зоны высоких и новых технологий в сфере сельского хозяйства г-ну Ли Цзюхуну, действующему заместителю ведомства г-ну Чэн Цзиньцину, директору Управления международного сотрудничества г-ну Мин Тао, директору Управления по науке и технологиям г-ну Хэ Сыюань а также начальнику Канцелярии иностранных дел и исполнительному заместителю директора Офиса сельскохозяйственной базы ШОС г-же Ма Цзин за существенную поддержку во время составления и издания документа.

Данный отчёт разработан при финансовой поддержке административного комитета Янлинской демонстрационной промышленной зоны высоких и новых технологий в сфере сельского хозяйства и частично получил целевую субсидию от Министерства науки и техники КНР, предназначенную для специализированной технической должности второго уровня. Документ также был включён в список промежуточных результатов проекта Национального фонда общественных наук Китая под названием "Ключевые проблемные исследования открытого сотрудничества в области науки и техники входе реализации инициативы «Один пояс и один путь»" (код проекта: 18BGJ075).

Творческая работа данного отчёта – от планирования и подготовки, составления и редактирования до печати и издания – длилась почти два года. При активной поддержке Центра зарубежных аграрных исследований Академии сельскохозяйственных наук Китая, Института сельскохозяйственной информациипри Академии сельскохозяйственных наук Китая, Северо-западного университета сельского и лесоного хозяйства, Китайского научного центра Международной академии наук Евразии и административного комитета Янлинской демонстрационной промышленной зоны высоких и новых технологий в сфере сельского хозяйства провинции Шэньси документ тщательно был разработан основными сотрудниками команды и утвержден после многократных рассмотрений и совершенствований экспертами редакционного комитета. В завершающую фазу оказали огромное содействие Институт развития современного сельского хозяйства ШОС и аналитический центр «Шёлкового пути» в сфере науки, технологий и инноваций в регионе Большого залива Гуандун-Сянган-Аомэнь.

Пользуясь данной возможностью, выражаем искреннюю благодарность сотрудникам профильных организаций за их всемерную поддержку и коллективу редакционного комитета за их усердную работу!

Также хотели бы высказать слова признательности генеральному секретарю ШОС, экс-министру иностранных дел Узбекистана г-ну Владимиру Норову, который, ознакомившись с данным отчётом, с удовольствием написал предисловие к его официальной версии, чем был очень воодушевлен весь состав редакции.

Из-за ограничений уровня квалификации и опыта в тексте книги, несомненно, существуют недостатки. Рассчитываем на ценные отзывы или соображения от читателей.

Рекомендация специалиста

В данном отчёте внимание фокусируется на проблемах глобального характера, в частности, производстве продовольствия и безопасности пищевых продуктов. Отчёт посвящается анализу тенденций развития научно-технических инноваций государств-членов ШОС в области сельского хозяйства, публикация которого имеет огромную значимость для них в стимулировании социально-экономического развития и поиске лучших решений аграрных проблем.

—— У Путэ, Ректор Северо-западного университета сельского и лесного хозяйства

В данном отчёте всесторонне и углубленно излагается потенциал научно-технических инноваций в области сельского хозяйства в странах ШОС. Он сыграет важную роль в углублении научно-технических инноваций и развитии сельского хозяйства в странах организации и позволит обеспечивать всеобщий доступ к ресурсам сельскохозяйственных технологий и взаимодополняемость их преимуществ.

—— Чэн Цзиньцин, Член партийного рабочего комитета и заместитель начальника административного комитета Демонстрационной зоны Янлин

Этот отчёт прекрасен в том, что он предоставляет материалы для укрепления обучения и обмена аграрными технологиями между членами организации.

——М.Ашраф, Академик Пакистанской академии наук, член Всемирной академии наук, профессор с выдающимися достижениями на национальном уровне, высокоцитируемй учёный, профессор Университета сельского хозяйства Фейсалабада

Рекомендация специалиста

Данный отчет поможет членам ШОС постоянно совершенствовать и повышать инновационный потенциал в секторе сельскохозяйственной науки и технологий на основе рекомендаций отчёта, а также способствовать достижению всеобщего социально-экономического развития стран организации.

—— Алим Пулатов, Исполнительный секретарь Консорциума сельскохозяйственных университетов для развития стран Центральной Азии и Южного Кавказа

Разработка данного отчёта внесла существенный вклад в контакты между государствами-членами ШОС и помогла укрепить сотрудничество между членами организации в области сельского хозяйства во имя всеобщего развития.

—— Айгуль Казамбаева, Начальник научно-исследовательского отдела Западно-Казахстанского аграрно-технического университета имени Жангир хана

Республика Саха (Якутия) Российской Федерации расположена в земледельческой зоне с полярным климатом. Животноводство и сельское хозяйство рассматриваются как основные направления развития. В данном отчёте нам предоставлена важная справочная информация, к тому же, в отчёте задается весьма важный вопрос: направления нашей перспективной работы и дальнейших исследований, особенно в плане того, что необходимо сделать в области аграрных научно-технических инноваций.

—— Константин Нифонтов, Начальник научно-исследовательской части Якутской государственной сельскохозяйственной академии

Demand Analysis on Agri-tech Exchange, Training and Demonstration of SCO (2019)

Editors-in-Chief: Nie Fengying, Zhao Xinli

Deputy Editor-in-Chief: Liu Hongxia

Editorial Board

About Editors-in-Chief

Nie Fengying, with a Doctor of Economics degree, holds an academic title of Professor (Research). She is a doctoral supervisor and a recipient of the State Council Special Allowance. She is currently Deputy Director of the Overseas Agricultural Research Center and the Agricultural Information Institute of the Chinese Academy of Agricultural Sciences, the chief expert of the overseas agricultural research innovation team, and concurrently member of the Expert Advisory Committee of the Leading Group for Poverty Alleviation and Development of the State Council, the Secretary-General of the China Agricultural Modernization Association, and member of Advisory Committee for the UN Food System Summit. Specializing in food security, poverty reduction and overseas agricultural strategy, she has been in charge of over 100 research projects including some key ones under the National Social Science Fund, key international cooperation projects and general projects of the National Natural Science Foundation, projects by the Ministry of Agriculture and Rural Affairs, the Ministry of Science and Technology, the Poverty Alleviation Office of the State Council, China Development Bank, Agricultural Development Bank of China, among other agencies, as well as international projects by FAO, WFP, IFAD, UNDP and ADB, among others. She established comprehensive databases of food security and poverty reduction in poverty-stricken areas based on a 4-round survey of 1,560 farmers in 130 villages, set up an overseas agricultural think tank research and publishing system, and organized a series of international conferences including an international agricultural symposium. Her publications include more than 140 papers and monographs such as *Agricultural Development and Cooperation in "Belt & Road" Countries, China-Latin America Agricultural Cooperation Research, China-EU Agricultural Cooperation Research, Overseas Agricultural Products Market Research, On Food Security and Food Safety, Research on Food Security Status in China, On Food Security and Vulnerability of Farmers in Poor*

Counties in China, etc. She has visited more than 40 countries and participated in international cooperation activities by G20, APEC, SCO, ASEAN and other international organizations. She has won a number of awards and her research team was awarded the title National Women Model Team in 2019.

Zhao Xinli, born in Shenyang, Liaoning Province in 1961, holds a PhD in Aeronautics & Astronautics with post-doctoral research in Systems Engineering. Zhao serves as a lead researcher of the Chinese Ministry of Science and Technology, an advisory research fellow at the China Institute for Science and Technology Policy of Tsinghua University, an adjunct professor at the School of Management of Harbin Institute of Technology, an academician of the International Eurasian Academy of Sciences (IEAS), and a doctoral supervisor. He is a recipient of the State Council Special Allowance. His previous posts include a member of the National Coordinating Group on Patent of China, Executive Director of China Information Industry Association, and Vice-Chairman of the Chinese Council for Local Science and Technology Record. He has chaired dozens of national research projects financed by the 863 Program, the National Natural Science Foundation, and the National Social Science Fund. He has won a number of provincial and ministerial prizes for the great amount of research he has led. He has published more than 30 books and 200 papers in English or Chinese. He used to study or work at Beihang University, Shenyang Aircraft Industry Group, Lockheed Corporation, Tsinghua University, former State Scientific and Technological Commission, the Liaison Office of the Central People's Government in the Macao Special Administrative Region, Institute of Scientific and Technical Information of China, National Academy of Governance, China Science and Technology Exchange Center, and the Permanent Mission of the People's Republic of China to the UN. He is also a member of the expert committee of the Overseas Agricultural Research Center of the Chinese Academy of Agricultural Sciences (CAAS), the Director of the Silk Road Science, Technology and Innovation Think Tank in Guangdong-Hong Kong-Macao Greater Bay Area, and a member of the advisory committee of the SCO Institute of Modern Agricultural Development.

Foreword

The Agricultural Technology Exchange and Training Demonstration Base of the Shanghai Cooperation Organisation was established to implement the proposal of Chinese President Xi Jinping at the Meeting of Council of Heads of State of the Shanghai Cooperation Organisation (hereinafter referred to as the "SCO") held in Bishkek in June 2019 on setting up an SCO agricultural technology exchange and training demonstration base in Shaanxi Province to better serve the exchanges and cooperation on modern agriculture of the SCO member states. The demonstration base is of strategic significance for SCO member states to carry out agri-tech exchange, training and demonstration by virtue of China's economic strength, experience of agricultural development and agri-science and technology as well as future goals of agricultural development of the SCO member states.

This report is an in-depth analysis of the needs for exchange and training on agricultural technologies of the SCO member states in four parts. The first part analyzes the necessity of conducting exchange and training and demonstration on agricultural technologies among the SCO member states. The second part expounds an overview of the agricultural and technological development of each member state from five aspects: overview, agricultural production, agricultural science and technology, agricultural product trade and agricultural policies. The third part presents the key content of this report. Based on the second part and the research on agricultural development and cooperation in countries along the Belt and Road carried out by the research team of the Agricultural Information Institute, CAAS, led by Nie Fengying in the past three years, an in-depth analysis of the demonstration demand and content for exchange and training on agricultural technologies of the SCO member states is delivered from four aspects, including shared problems in regional development, problems challenging SCO member states in agricultural development, insight into the participants and content of exchange, demonstration on agricultural technologies, as well as the planning of training programs. The last part elaborates on the organizational and fund guarantees to promote exchange, training and demonstration on agricultural technologies among the SCO member states.

Preface

On June 15, 2001, the Shanghai Cooperation Organisation (hereinafter referred to as SCO) was officially established. This year marks the 20th anniversary of the SCO. Twenty years on, upholding the "Shanghai Spirit" of mutual trust, mutual benefit, equality, consultation, respect for diversity of civilizations and pursuit of common development, the SCO has grown into one of the world's largest regional organisations. Its economy is nearly 20 trillion U.S. dollars, increasing over 13-fold compared with that in 2001. Its annual foreign trade has reached 6.6 trillion U.S. dollars, 100 times higher than 20 years ago. Covering more than 60% of the land area of Europe and Asia, the SCO has a total population of over 3 billion. According to the IMF forecast, its share in the global economy will rise to 38%-40% in 2025.

Agriculture is a key economic pillar for SCO member states. Agricultural development directly concerns countries' food security and safety, people's life and health, farmers' living standards, economic development and even stability of countries. SCO member states still face grave challenges on food security. For example, most of the SCO member states are in regions vulnerable to climate risks and greenhouse effect; there is a growing demand for food due to rising population; and the agricultural infrastructure, technologies and information are yet to be improved.

On June 14, 2019, Chinese President Xi Jinping proposed the initiative of setting up an SCO demonstration base for exchange and training on agricultural technologies at the 19th meeting of the Council of Heads of State of the SCO in Bishkek. As the world's most populous country, China has always attached great importance to the development of agriculture, and for decades, has issued guiding documents on agricultural development on a yearly basis. As a founding member of the SCO, China's proposal of establishing an SCO demonstration base aims to improve food security and promote cooperation in agriculture among SCO member states. This fully demonstrates China's sense of responsibility and contribution. On October 22, 2020, the SCO member states agreed to build the demonstration base in Yangling Agricultural High-tech Industrial Demonstration Zone in Shaanxi Province, China. I had the honor to attend the inauguration ceremony of the base.

A few days after the inauguration, my Chinese friends hosted the first ceremony for the release of the think-tank reports of the SCO base during the China Yangling Agri-High-Tech Fair. Two think tank reports, the Report on the Development of Agricultural Science, Technology and Innovation Capacity of the SCO (2009-2018) and the Analysis Report on the Demands of SCO Countries for the Exchange, Training and Demonstration of Agricultural Technologies (2019), were released in Chinese, Russian and English. It is a concrete initiative taken by the Management Committee of the Yangling Agricultural High-tech Industrial Demonstration Zone to further promote practical cooperation on the exchange, training and demonstration of agricultural technologies among SCO member states. The reports were prepared by the China Science Center of International Eurasian Academy of Sciences with the funding provided by the demonstration center and in collaboration with the experts and scholars of the Development Research Center of Modern Agriculture of the Northeast Agricultural University, the Overseas Agricultural Research Center of the Chinese Academy of Agricultural Sciences, the Institute of Agricultural Information of the Chinese Academy of Agricultural Science and the Northwest A&F University. The two reports have provided an overview of the agricultural science, technology and innovation capacity as well as the training and demonstration needs of SCO member states, and proposed training and demonstration proposals for different groups.

When I attended an international forum at Tsinghua University in May 2021, I met my good friend and the keynote speaker, Academician Zhao Xinli, former Science and Technology Counsellor of China's Permanent Mission to the United Nations. He is the chief editor of the two think-tank reports. He shared with me the positive comments made by the experts and scholars of SCO member states about the two reports during the release ceremony, and asked me if I could write the preface for the reports. I gladly agreed.

I believe that the publication of the two reports will be a precious gift to the 20th anniversary of the SCO. It will also help improve the agricultural science, technology and innovation capacity of SCO member states, build a platform for exchange and cooperation, seek the best solutions for agricultural science and technology development, enable the sharing of resources and build synergy between countries' strengths, thus contributing to the coordinated development of agricultural science and technology of SCO member states.

I wish the SCO demonstration base for exchange and training on agricultural technologies greater progress on the road ahead.

Secretary-General of SCO

Beijing, July 2021

Speech at the Release Ceremony of the Think Tank Report of SCO
Institute of Modern Agricultural Development

The Speech of Wu Pute, President of Northwest A & F University

Distinguished leaders, experts, guests present here and online, and friends from the media,

Greetings to you all!

On behalf of the SCO Institute of Modern Agricultural Development, let me begin by extending a warm welcome to you all for attending this release ceremony.

On the occasion of the 27th China Yangling Agricultural Hi-tech Fair, we are here to release two important reports, that is, *Demand Analysis on Agri-tech Exchange, Traning and Demonstration of SCO (2019)* and the *Report on National Agricultural Science, Technology and Innovation Capability Development of SCO (2009–2018)*. They are part of our efforts to deliver on the spirit embodied in the remarks made by President Xi Jinping regarding the establishment of the SCO Demonstration Base for Agricultural Technology Exchange and Training in Shaanxi Province. They are also an outcome of the SCO Institute of Modern Agricultural Development since its launch on 6 July this year.

In March this year, the Shaanxi Provincial People's Government issued the *Implementation Plan for the Establishment of the SCO Demonstration Base for Agricultural Technology Exchange and Training in Shaanxi Province*. The document sets out 14 key tasks, ten of which would be completed by Northwest

A&F University and Yangling Agricultural Hi-tech Industry Demonstration Zone.

The SCO Institute of Modern Agricultural Development is dedicated to the research on modern agricultural development strategy, integrated technology demonstration paradigms and standardization, and talent training system and effectiveness evaluation based on the needs for agricultural development in SCO member countries and the development of SCO agricultural bases. The preparation of the two reports as well as a series of subsequent ones has become an important task of the SCO Institute of Modern Agricultural Development in its research on international agricultural issues. Here I would like to take this opportunity to invite experts in relevant fields from SCO member states to join our think tank development and work together to produce more fruitful research results for the SCO agricultural development.

More detailed information will be provided in subsequent sessions about the preparation and main contents of the two reports. On behalf of the SCO Institute of Modern Agricultural Development, I express my deepest appreciation to the expert teams for their studies and the preparation of the two reports. I sincerely wish that all of you continue to support the work of the institute as always.

As the Shanghai Cooperation Organisation will be celebrating its 20th anniversary next year, we look forward to working with the international community to take solid steps towards building a new type of international relations and fostering a community with a shared future for mankind.

May I conclude by expressing our deep appreciation to you all once again for your support to the development of Northwest A&F University.

Thank you all.

25 October 2020

Speech at the Release Ceremony of the Think Tank Report of SCO Institute of Modern Agricultural Development

The Speech of Cheng Jinqing, Deputy Director of Management Committee of Yangling Agricultural Hi-tech Industry Demonstration Zone

President Wu, Academician Zhao, President Luo, Ladies and Gentlemen, Friends,
Good afternoon!

We are proud to host this Release Ceremony of the Think Tank Report of SCO Institute of Modern Agricultural Development on the sideline of the 27th China Yangling Agricultural Hi-tech Fair. This is in line with our efforts to implement President Xi Jinping's proposal to establish an SCO demonstration base for agricultural technology exchange and training in Shaanxi province and also an important move to develop Yangling into a new open hub of agricultural development. On behalf of the Administrative Committee of Yangling Agricultural Hi-tech Industry Demonstration Zone, I extend my warm congratulations on today's event. I welcome leaders, experts and guests participating in the 27th China Yangling Agricultural Hi-tech Fair. I also express our heartfelt thanks to all people from different sectors who have provided support for the demonstration base.

The proposal was made by President Xi Jinping at the 19th meeting of the Council of Heads of State of the SCO in June 2019. It was an initiative to strengthen cooperation and exchanges between China and other SCO member states in modern agriculture, with a view to building a community with a shared future for mankind. As the first national agricultural hi-tech zone and the only pilot agricultural free trade zone in China, it is our mission to deliver on the initiative of President Xi Jinping and promote the opening up of agriculture.

In doing so, we have formulated our implementation plan for the Demonstration Base, which is geared to develop an operating system consisting of "one base and multiple campuses, one center and multiple platforms, and one institute and multiple research centers." In July this year, the SCO Institute of Modern Agricultural Development was officially launched. It will focus on research on the development of modern agricultural industry, technology demonstration paradigms and related standards, technician training system, and assessment of R&D results. Two reports are released here today, the *Report on National Agricultural Science, Technology and Innovation Capability Development of SCO* and *Demand Analysis on Agri-tech Exchange, Training and Demonstration of SCO*, were compiled by experts jointly organised by the Northwest A&F University, the Administrative Committee of Yangling Agricultural Hi-tech Industry Demonstration Zone, the Center for International Agricultural Research of the Chinese Academy of Agricultural Sciences, the China Science Center of the International Eurasian Academy of Sciences, and the Development Research Center of Modern Agriculture at Northeast Agricultural University. These important outcomes achieved since the establishment of the SCO Institute of Modern Agricultural Development are vital to cooperation and exchanges among SCO member states in agricultural science and technology.

By presenting a comprehensive and in-depth analysis of the NASTIC of SCO member states and their needs for training and demonstration of agricultural science and technology, the two reports provide an important basis for national macro-regulation and management of agricultural STI. They hold high significance for deepening STI and agricultural development in SCO member states and achieving the sharing of agricultural technology resources and complementation of advantages, and will fully demonstrate the international influence of Yangling and Shaanxi at large in agricultural technology. On behalf of the Administrative

Committee of Yangling Agricultural Hi-tech Industry Demonstration Zone, I pay tribute to the expert teams engaged in the studies and preparation of the two reports.

Ladies and Gentlemen, Friends

We will keep moving forward on our journey. Under the strong leadership of the Shaanxi provincial government, and with the great support of the public, we will promote the construction of a high-quality demonstration base and further strengthen exchanges, training, and demonstration based on new models, new platforms and new concepts, striving to contribute more "Yangling wisdom" and "Yangling strengths" to the development of modern agriculture in SCO member states.

Thank you all.

25 October 2020

Speech at the Release Ceremony of the Think Tank Report of SCO Institute of Modern Agricultural Development

The Speech of Zhao Xinli, Academician of the International Eurasian Academy of Sciences (IEAS) Former Presidium Standing Committee Member and Secretary General of China Science Center of IEAS

Prof. Luo Jun, Vice President of Northwest A&F University and Executive Vice President of SCO Institute of Modern Agricultural Development,

Deputy Director of the Administrative Committee of Yangling Agricultural Hi-tech Industry Demonstration Zone,

Ladies and Gentlemen, Friends,

Good afternoon.

Today is the Double Ninth Festival, a Chinese traditional festival, which began in ancient China as an auspicious day for celebration of harvest and for ancestral worship.

Yangling is one of the birthplaces of agriculture in China. According to "Basic Annals of Zhou" in Sima Qian's *Records of the Grand Historian*, Hou-ji, known as the first Minister of Agriculture in Chinese history, "taught the people to sow and reap, and how to grow crops" more than four thousand years ago.

Three days ago, the 27th China Yangling Agricultural Hi-tech Fair opened. At the opening ceremony, the SCO Demonstration Base for Agricultural Technology Exchange and Training was jointly inaugurated by Secretary of the CPC Shaanxi

Provincial Committee Liu Guozhong, Secretary-General of the SCO Vladimir Imamovich Norov, Vice Minister of Agriculture and Rural Affairs Zhang Taolin, Vice Minister of Science and Technology Xu Nanping, Governor of Shaanxi Province Zhao Yide, and Chairman of CPPCC Shaanxi Provincial Committee Han Yong.

Today, we are here to hold the release ceremony of the Think Tank Report of SCO Institute of Modern Agricultural Development at the Northwest A&F University on the sideline of the 27th China Yangling Agricultural Hi-tech Fair. This is to celebrate the intellectual contribution of Chinese experts to the exchanges among SCO member states in agricultural technology, and to bring together Chinese and foreign experts to conduct relevant research with the support of the Demonstration Base.

The two reports released here today, namely the *Report on National Agricultural Science, Technology and Innovation Capability Development of SCO (2009-2018)* and the *Demand Analysis on Agri-tech Exchange, Training and Demonstration of SCO (2019)*, are the result of over one year's collective efforts of experts organised by institutions including the China Science Center of International Eurasian Academy of Sciences, the Development Research Center of Modern Agriculture at Northeast Agricultural University, the Center for International Agricultural Research and the Agricultural Information Institute of the Chinese Academy of Agricultural Sciences, and the Northeast Agricultural University with the support of the Administrative Committee of Yangling Agricultural Hi-tech Industry Demonstration Zone. The SCO Institute of Modern Agricultural Development at the Northwest A&F University have funded the translation and publication of the two reports. Therefore, we are able to release the two reports in three languages--Chinese, Russian, and English. As the executive deputy director and one of the editors-in-chief of both reports, I am proud to be part of the expert teams behind the two reports and contribute my part to the opening of the SCO Demonstration Base for Agricultural Technology Exchange and Training.

The International Eurasian Academy of Sciences (IEAS) is headquartered in

Moscow with its current president being Valery Bondur, Vice-President of Russian Academy of Sciences (RAS). It has regional centers in Europe (France), Eurasia (Russia) and the Asia-Pacific region (China) and science centers in 15 countries. Its China Science Center has a roughly equal number of members to that of the Russia Science Center. It is the most active one among the country centers, and its more than 200 academicians hold eminent positions in the international academic community. The China Science Center is committed to integrating science, technology and economy, focusing on cross-cutting themes, promoting harmony between man, nature and society, and carrying out strategic studies on key social development issues, with a focus on the integration of international innovation resources, particularly in the Eurasian continent.

Looking forward, we will work with relevant institutions, experts and scholars from home and abroad to carry out more in-depth, wider-ranging and more targeted think-tank studies and release reports under the framework of SCO cooperation, especially based on the platform of the Demonstration Base. To this end, I suggest that relevant agricultural think tanks, experts, and scholars from the SCO members, observers, and dialogue partners play a big part in the future reports. Preferably we can bring in other think tanks, experts, and scholars with research interests in SCO development. Together we will discuss the themes and frameworks of reports, coauthor the chapters, and share the research results. I look forward to your comments and suggestions.

We wish this release ceremony a complete success.

Once again, I'd like to thank the Administrative Committee of Yangling Agricultural High-tech Industry Demonstration Zone and Northwest A&F University for their support.

I wish you all good health and happiness.

Thank you.

25 October, 2020

Contents

Part I
Necessity of the Agri-tech Exchange, Training and Demonstration of the SCO member states

On June 15, 2001, the heads of state of China, Russia, Kazakhstan, Uzbekistan, Kyrgyzstan and Tajikistan signed the *Declaration on the Establishment of the Shanghai Cooperation Organisation* in Shanghai, marking the official establishment of the Shanghai Cooperation Organisation, unveiling a new type of regional organisation on economic cooperation across Eurasia. On June 8, 2017, the SCO accepted India and Pakistan as full members at the Astana Summit, expanding the organization for the first time. The SCO has enhanced its attractiveness and expanded its circle of friendship, becoming a comprehensive regional organization on economic cooperation with the largest population and the vastest land area and representing a new model for regional cooperation. Within the SCO, in addition to the eight member states, there are four observer states (Afghanistan, Belarus, Iran and Mongolia) and six dialogue partners (Azerbaijan, Armenia, Cambodia, Nepal, Turkey and Sri Lanka).

The SCO member states urgently need to develop modern agriculture. At present, the SCO member states face several important tasks: enhancing food security, adjusting agricultural structure, developing agricultural technologies, stabilizing prices of agricultural products, and increasing investment in agriculture. A balance is required among four major goals: adapting to the people's dietary needs, meeting the supply of industrial raw materials, increasing agricultural products export revenue, and ensuring food security. Aside from Russia and China, other SCO member states have backward technologies in agricultural production, low labor productivity and agricultural mechanization, and extreme shortages of agricultural means like fertilizers and pesticides. They lag behind in labor and technology-intensive agricultural industries such as agricultural planting and processing of livestock products. Their crop yield per unit area and the level of agricultural mechanization are generally lower than those in China. Limited comprehensive national strength, weak agricultural foundation and low modernization level have become the bottlenecks to deepening agricultural trade cooperation. Most of the SCO member states have weak influence and competitiveness in the world agricultural products market. Kyrgyzstan and Tajikistan, which are on the UN list of least developed countries, have small economic aggregates and low crop output and consumption level. For some member states where agriculture is the major share of the national economy, they face high agricultural trade barriers, uneven quality of agricultural products, and a lack of unified quality inspection standards. Along with a low level of economic development and insufficient openness in agriculture is their excessive control of trade and investment. Cooperation mechanisms between the customs and the inspection and quarantine department have not been established, leading to difficulty in coordination, implementation of agreements and inefficient cooperation.

The Qingdao Summit ushered the SCO agricultural cooperation into a new stage. On June 10, 2018, President Xi Jinping proposed to stay committed to the Shanghai Spirit (mutual trust, equality, mutual benefit, equal rights, mutual consultations, respect for the diversity of cultures, and aspiration for joint development) at the SCO Qingdao Summit to jointly build "the SCO community with a shared future" and formulated the Draft Programme of Cooperation among the SCO member states on Food Security. The leaders of SCO member states jointly issued the Qingdao Declaration, proposing to deepen all-round cooperation in agriculture and promote in-depth cooperation in prevention and control of cross-border animal diseases, market access policies of agricultural products, sanitary and phytosanitary measures, and product certification so as to guarantee food security and build a platform of agricultural information. The agricultural sector has gradually become a new highlight and focus for economic and trade cooperation of SCO members. In addition, the Belt and Road Initiative has provided new opportunities for SCO member states to strengthen agricultural trade and technological exchanges.

China and the SCO have established a comprehensive and systematic agricultural cooperation platform for the first time. On June 14, 2019, at the 19th Meeting of Council of Heads of State of the SCO in Bishkek, President Xi Jinping delivered an important speech entitled "Staying Focused and Taking Solid Actions for a Brighter Future of the Shanghai Cooperation Organisation", which includes setting up an SCO demonstration base in Shaanxi, China for exchange and training on agricultural technologies to strengthen cooperation on modern agriculture with other countries in the region. Currently, the Yangling Agricultural Hi-tech Industries Demonstration Zone in Shaanxi Province is selected as the location of the demonstration base. As China's first national-level agricultural high-tech zone and the only free trade zone with agriculture as the theme in China, Yangling has unique strengths in advancing the innovative development of modern agriculture and developing international industrial cooperation. More progress will be made in exchanges and cooperation on agricultural science and technology with the SCO member states, ensuring regional food security, prevention and control of major animal and plant diseases, innovating cooperation methods by encouraging and supporting direct cooperation between agricultural research institutes and enterprises so as to contribute more Yangling solutions to agricultural development worldwide .

It is of great significance to promote development of modern agriculture of the SCO member states by virtue of China's economic strength, experience in agricultural development and achievements in agricultural technologies, while in line with the development status and goals of agricultural development of the SCO member states. In order to deliver on the proposal by President Xi Jinping to "build a community with a shared future for mankind", serve the exchanges and cooperation on modern agriculture of the SCO member states, deepen agricultural cooperation in the whole industrial chain, facilitate the agricultural development of the SCO member states, and push forward their agricultural transformation and upgrade with better quality and efficiency, it is of strategic significance for the SCO member states to carry out agri-tech exchange, training and demonstration through this SCO demonstration base. China has accumulated rich experience and technologies in modern livestock and poultry breeding and deep processing of agricultural and sideline products, such as crop variety selection and breeding, soil improvement, water-saving irrigation, crop cultivation, small agricultural machinery, beef and sheep fattening. Considering China's strengths in agricultural technologies and the agricultural development goals of the SCO member states, we should increase investment and technical support in the agricultural sector and carry out demonstration, exchange and training on agricultural technologies to build a platform for agricultural exchanges and cooperation between China and other SCO member states. This will promote the coordinated development of all member states, boost the growth and opening up of their agricultural economy, and create a new model for regional agricultural cooperation.

Part II
Overview of Agriculture Development and Agricultural Technology of the SCO member states

1 Pakistan

1.1 Overview

Pakistan, located in the northwestern part of the South Asian subcontinent, is at the crossroads of South Asia, the Middle East and Central Asia and hence has a significant geopolitical position. Agriculture plays a vital role for its economy. The share of agriculture in its GDP is bigger than industry and is second only to the services sector. Among its total labor force, 43% work in agriculture. Rural population, who directly or indirectly depend on agriculture for their livelihoods, accounts for over 62% of the national total.

Pakistan's agriculture is dominated by plant production and household-based animal husbandry. Main grain crops are Wheat and rice are its main grain crops, along with cotton and sugar cane as main cash crops. The animal husbandry industry has a good foundation. Pakistan ranks among top Asian countries in terms of large livestock per capita.

The animal husbandry industry accounts for 38% of the agricultural output and contributes about 10% to its GDP. As an important source of foreign exchange earnings, animal husbandry accounts for roughly 16% of its total annual foreign exchange earnings.

1.2 Agricultural Production

(1) Plant Production

Plant production plays a crucial role in Pakistan's agricultural system. Due to its large population, food security is a key issue for Pakistan. The output of wheat, rice and corn in Pakistan accounts for more than 75% of the total national grain output, with wheat generating higher output than the other two. The output of wheat and rice contributes about 1.9% and 0.6% respectively to Pakistan's GDP. Pakistan is the world's fourth largest cotton producer and third largest cotton consumer. Cotton accounts for about 1% of its annual GDP, and is also a key source for Pakistan's foreign exchange earnings.

Due to water scarcity and drought, Pakistan largely depends on glacier melting and monsoon precipitation for its production and domestic water use. About 92% of its land is arid or semi-arid, hence a high dependence on irrigation for agricultural production. The per unit area yields of wheat, rice, corn, sugar cane and cotton in Pakistan are below the world average and even lower than that in China. In 2018, the per unit area yields of wheat, rice, corn and sugarcane in Pakistan were 2.85 tons/ha, 3.84 tons/ha, 4.79 tons/ha, 60.96 tons/ha and 2.03 tons/ha; whereas the world average were 3.43 tons/ha, 4.68 tons/ha, 5.92 tons/ha, 72.59 tons/ha and 2.19 tons/ha and the average yields in China were 5.42 tons/ha, 7.03 tons/ha, 6.10 tons/ha,76.83 tons/ha and 5.28 tons/ha, respectively. In Pakistan, crop yield is restricted primarily by water shortage, along with other constraints such as poor seed quality, extensive management, and backward irrigation and pest control and treatment techniques in succession.

(2) Animal Husbandry

Playing an important role in the Pakistani economy, animal husbandry contributes more than plant production to the total agricultural output. Many farmers live on animal husbandry. In some remote areas, livestock and poultry farming is the sole source of family income. Therefore, animal husbandry also plays an important role in Pakistan's rural poverty alleviation. The main livestock categories are cows, water buffaloes, sheep, goats, camels, and mules.

Animal milk (cow milk, goat milk, camel milk, etc.) is the most important commodity in Pakistan's livestock industry. Pakistan is the fourth largest milk producer after China, India and the United States. Annual diary export revenue exceeds US$30 billion. Water buffalo milk accounts for more than two Thirds of the total domestic milk production. In addition, there is considerable goat milk and camel milk production. Water buffalo milk is better than other milk products because its comprehensive nutritional value is about 1.8 times that of Holstein cow milk. As a highly nutritional alternative, water buffalo milk is increasingly favored by consumers, and its price is much higher than ordinary milk. Camel milk is considered as a nutritional supplement and has certain medicinal value. The demand for camel milk in the international market has far exceeded the supply. Although Pakistan is the fourth largest milk producer in the world, its export volume of domestic milk products is much lower than other countries with the same output. The main reasons for the low commercialization rate and small export of Pakistan milk include lack of supporting industrial facilities and logistics infrastructure required for the development of modern animal husbandry, lack of proper planning for milk collection, transportation and distribution cold chain, lack of value-added approaches and related processing equipment, etc. Millions of liters of milk is wasted every day in Pakistan.

Pakistan is the main poultry meat producer and importer in South Asia, and China has been the main supplier of Pakistani poultry meat for many years. Pakistan is located in the vicinity of many Islamic countries, such as the UAE, Qatar, Oman, Bahrain and Saudi Arabia, which are highly dependent on the import of halal poultry. Therefore, Pakistan enjoys a great potential of processing and exporting its poultry meat and other poultry products. At present, Pakistan's poultry is also facing many problems, such as costly input, high breeding cost, lack of inspection and quarantine facilities etc. At the same time, it also faces competition from China and India. In addition, Pakistan is weak in terms of vaccines, drugs, feed additives, and contract farming.

1.3 Agricultural Technologies

Pakistan is relatively weak in terms of its agricultural development. Insufficient investment in agricultural science and technology, poor quality of agricultural labor force, and harsh environment pose great challenges for agricultural development. Pakistan R&D expenditure accounted for only 0.25% of its GDP in 2015, while R&D expenditure in China accounted for 2.15% of its GDP in 2018. Approximately 85.5% of Pakistan agricultural R&D personnel work in government agencies, resulting in an extremely low portion of population engaged in fundamental and applied research. This is not conducive to the development of agricultural science and technology. The level of agricultural mechanization in Pakistan is the lowest in South Asia. According to estimates by the Pakistani government, tractors are used for only less than 10% of the country's 6.6 million hectares of arable land.

(1) Plant Production Technology

Through the analysis of Pakistan's plant production industry, it can be concluded that the reasons for the low crop yield per unit area in Pakistan are extensive farming approaches, low mechanization level, low comparative benefits, and poor seed quality. The certification rate of cotton, rice, corn, wheat and other seeds is less than 50%, which cannot meet the requirements of food production. The amount of chemical fertilizers is not enough. It is estimated that if sufficient fertilizers were used, crop production could increase by 20%.

(2) Animal Farming Technology

Pakistan is the fourth largest dairy producer in the world, but milk is not used effectively. Due to the lack of incentives, problematic management, and inadequate infrastructure in the dairy industry, the annual milk output of each cow is only 1,000 kg, which is only half of the world average and can be largely increased. In addition, 97% of milk produced by dairy cows is sold through informal or unofficial channels, and only 3% of milk is sold through official channels. The source and flow of milk products are not clear, and the management of the trading market is not standardized. Inadequate nutritious content in animal feeds and poor management have led to low animal farming efficiency. Through scientific analysis and study on the development potential of beef cattle and dairy cattle industry, it is found that if sufficient feed and nutrient supply can be guaranteed and refined management can be adopted, Pakistan's animal husbandry industry can be further improved and the industrial potential can be fully unleashed. In addition, agricultural waste recycling systems need to be developed for better use of crop stalks and livestock manure, which will improve the ecological environment and reduce resource waste. This will also enhance employment in the farming sector and boost economic development.

(3) Water-saving Irrigation Technology

Pakistan suffers severe water shortage. The available surface water per capita dropped from 5,260 cubic meters in 1951 to 1,000 cubic meters in 2016. As the population increases rapidly, water shortage in Pakistan will be worse. It is expected the surface water per capita will fall to 860 cubic meters in 2025. Water scarcity will bring tremendous pressure on agricultural production. Water-saving agriculture has become an effective approach to Pakistan's agricultural development. The Indus Valley is its main agriculture area with high dependence on river water and groundwater irrigation. However, technology defects of traditional irrigation systems lead to water waste. It has become urgent for Pakistan to upgrade traditional irrigation systems and adopt latest water-saving irrigation technologies, such as direct drip irrigation, micro-irrigation, low-energy precision sprinklers, waste water recycling and treatment to improve water utilization efficiency and ease the current water shortage. Otherwise, the land and water resources which are indispensable for Pakistan's agricultural production will fail to serve agricultural production and serious ecological issues will arise, which will cause systemic risks to the entire economic operation.

(4) Agricultural Mechanization Level

Agricultural mechanization in Pakistan is still in its infancy. The cultivation of 85% of its arable land still relies on manual labor and animal power. Millions of small farmers work on seeding, fertilizing and harvesting either manually or using very basic non-powered devices. Agricultural machinery basis is weak, machinery supply is insufficient, and mechanization rate needs to be increased. Pakistan has a tropical climate characterized by high temperature, drought, and little rainfall. Areas with an annual rainfall of less than 250 mm account for more than three-quarters of the country's total area, making the demand for automated irrigation machinery stronger. There are many reasons for the low level of agricultural mechanization in Pakistan. One reason recognized by a majority of agricultural experts is insufficient investment in agriculture, especially in agricultural machinery.

(5) Agricultural products Storage and Processing Technology

Developed countries attach great importance to the processing and deep utilization of agricultural products, and put the storage, preservation and processing of agricultural products in the first place. Pakistan's agricultural exports are mainly primary products. There lacks refined processing of agricultural products, having more primary products than deep-processed products, more low-end products than high-end products, as well as high fruit and vegetable losses in storage and post-production. The reasons lie with Pakistan's relatively backward processing technology, incomplete processing system, small scale enterprises, lack of processing standards, and low integrated utilization rate. These factors seriously affect the export of agricultural products. For example, in 2015, Pakistan had a bumper harvest of mangoes. However, due to the lack of high-temperature steam sterilization plants, mangoes failed to meet inspection and quarantine requirements such as pest control, and therefore didn't enter high value-added markets including Japan. As a result, mango export in 2015 dropped to the lowest in the last five years. Pakistan is known as the Oriental Fruit Basket where high-quality fruits, vegetables and other agricultural products are grown in the northern plateau and some other parts of the country. However, about 50% of agricultural products decay or deteriorate in the harvest and transportation process as a result of the lack of cold chain logistics and transportation equipment and processing facilities, bringing down the added value of agricultural products.

1.4 Agricultural Products Trade

Agricultural export contributes 42% of Pakistan's foreign trade revenue. Agriculture plays a decisive role in the country's overall economic development and foreign trade.

Pakistan imports some agricultural products from Indonesia, Malaysia (mainly animal fats and palm oil), India (mainly cotton, sugar and tea), Canada (mainly rapeseed), the United States (mainly cotton), Kenya (mainly tea), China (mainly vegetables and their products), Australia, Brazil and Thailand.

Pakistan's agricultural products are exported to neighboring countries, the Middle East and Europe. In recent years, the government and businesses have been actively exploring emerging markets such as Africa and Southeast Asia. Cotton is mainly exported to China, followed by

Bangladesh, Turkey and Italy. Grains are exported to Kenya, the UAE and Afghanistan. Coffee and tea are exported to Saudi Arabia, the United States, the UAE, and the United Kingdom. Fish and fish products are exported to Vietnam, Thailand, and China.

Problems in the quantity and quality of Pakistan's agricultural exports observed in recent years make it urgent for the country to expand agricultural exports so as to address its economic difficulties. Existing problems include the following:

First, lack of cooperation among government departments. Departments responsible for different sectors of economic development, such as economic planning, industrial development, the textile sector, science and technology development, and food security, work on their own and lack coordination as well as collaboration. Such working style has adversely affected trade and export.

Second, insufficient attention paid to product quality. Under the Ministry of Science and Technology, there are three national agencies responsible for product quality standard certification, but they have not much say or enough influence. Some agencies work behind closed doors to develop their own product certification standards, testing facilities and laboratories, which are not in line with international standards. This is why many countries require Pakistan's export products to comply with international standards rather than its own national standards. Some export companies believe that improving quality is a burden rather than investment, and they have an aversion to complicated compliance procedures and high testing costs.

Third, agriculture is the advantageous sector in Pakistan's export, but its export potential has not yet been fully tapped. Government policies often favor major cash crops, while insufficient attention is paid to improve the capabilities and efficiency of small enterprises in fruit, vegetable, fishery and other industries. Even in terms of major cash crops, some products with huge export potential have not received enough attention. Rice is the most exported product after textiles, but the output of high added-value basmati rice has seen a continuous decline in the past ten years. Export of wheat and sugar has become more dependent on subsidies.

1.5 Agriculture Policies

Pakistan has always attached great importance to agriculture sector and has actively taken effective measures to boost agricultural development, including strengthening agricultural scientific research, vigorously building water conservancy projects, improving farmland irrigation networks, achieving agricultural mechanization, providing large amount of agricultural credit and subsidies, and implementing favorable purchase price to stimulate farmers' enthusiasm for production. In addition, efforts have been made to maximize land potential, increase per unit area output, and explore diversified channels of agricultural operations. Great progress has been witnessed in Pakistan's agricultural development after decades of hard work. In the early 1980s, Pakistan started to export grain as food production became sufficient to meet domestic demand.

Pakistan's Vision 2030 says that the country should develop an efficient, competitive, and sustainable agriculture sector to guarantee national food security with due contributions to Pakistan's economic development. The overall goal is to achieve sustainable development and inclusive growth in rural areas.

2 India

2.1 Overview

India is the largest country in the South Asian subcontinent and a developing country dominated by agriculture. In 2016, its total population was 1.324 billion, ranking second in the world, among which 80% live on agriculture. The 170 million hectares of arable land area ranks second in the world, with larger arable land per capita (1.86 mu or 0.124 hectare) than that of China (1.35 mu or 0.09 hectare). The tropical monsoon climate gives India more rainfall and sunshine than China. Most areas are very suitable for agricultural development with two or three harvests of grains a year. Accounting for about 80% of the total agricultural output, plant production dominates the agricultural sector, followed by animal husbandry, fishery, and forestry. Ninety-two percent of rural residents' annual income comes from plant production and animal husbandry, and only 4% from forestry and 1.3% from fishery. India is less developed than China in terms of farming land management, agricultural mechanization and water conservancy construction. Its agricultural development is characterized by uneven precipitation, severe drought and unstable crop yields.

2.2 Agricultural Production

With a large-scale and diversified agriculture industry, India has become the world's leading producer and consumer of agricultural products. Agriculture is dominated by planting of food and cash crops and animal husbandry.

(1) Plant Production

Rice and wheat are major food crops in India. India is the second largest rice and grain producer in the world. Rice, its most important food crop, contributes 40% of its total food production and wheat 30%. India's rice and wheat yields in 2018 were 3,878 kg/ha and 3,371 kg/ha, respectively, much lower than the yield of 7,028 kg/ha and 5,416 kg/ha in China.

Cash crops occupy about 24% of the total sown area, and the output accounts for 45% of the plant production industry. Cotton, jute, tea, sugar cane and peanuts are among a wide range of its cash crop varieties. Although India is the world's top cotton producer and the second largest cotton exporter, its cotton yield per unit area (1,187 kg/ha) is significantly lower than that in China (5,280 kg/ha). India is also the largest producer, consumer and a major exporter of tea and the largest sugar consumer and the second largest sugar producer in the world.

In addition, India is also the biggest producer and exporter of spices and the second biggest producer of fruits and vegetables in the world. Production of mangoes, bananas, coconuts, cashews, papaya and pomegranates ranks top globally.

(2) Animal Husbandry

Animal husbandry contributes 30% of the total agricultural output. In particular, cattle farming takes up 65.8% of the total animal husbandry output. India has the largest number of cattle in the world with the biggest number of live cattle stock and slaughtered cattle. In terms of livestock and slaughter number, India's water buffalo constitutes 57% of the world total and dairy cow 16%. Cattle play a pivotal role in the development of India's agriculture and are an important part of India's agricultural economy. Cattle are the main source of power for cultivating land, pulling carts, grinding flour, etc. India's milk production ranks first in the world, making up more than 20% of the global output. Most of its milk is consumed domestically, leaving only a small portion for export.

Poultry industry is an important part of animal husbandry. Thanks to its rapidly growing poultry industry, India is becoming the world's second largest poultry market, with an average annual growth rate of 15% to 20%, faster than any other country in the world. Broiler production ranks fifth in the world with an annual output of 2.9 million metric tons and broiler consumption ranks seventh.

2.3 Agricultural Technologies

In terms of arable land and food production, India ranks first and third in the world respectively. In 2018, India's grain output was 318.3 million tons, equivalent to half the number in China (612.2 million tons). The main reasons for the gap lie in low grain yield per unit area, inadequate infrastructure, and low level of mechanization. In addition, 90% of India's investment in agricultural science and technology is from the government, while only 10% from the private sector.

(1) Plant Production Technology

India's underdeveloped agricultural sector relies heavily on flood irrigation rather than drip irrigation. Irrigation technology is applied on 36.3% of the total agricultural land. The per unit area yields of major food crops and cash crops are significantly lower than the world average and much lower than that in China. The main reasons are: first, a high degree of dependence on natural conditions such as rainfall leads to poor resilience. As a result, agriculture is often prone to floods and droughts caused by a monsoon climate. Second, farming relies heavily on manual work and traditional tools and input on farming machinery is limited. The cultivation of 85% of its arable land relies on manual labor and animal power, and 70% of the arable land is irrigated by rainwater. Third, superior seed varieties are insufficient, and advanced agricultural technologies are adopted only for wheat and rice growing. This has led to low yields of legumes and oil crops, forcing India to import a large amount of edible oil to meet domestic needs. Fourth, farming is operated by individual farmers, who only work on a small area of land and have weak purchasing power, unable to invest in advanced plant production technologies.

BT cotton seeds are dominant hybrid seeds, followed by hybrid corn, rice, pearl millet, sunflower, castor and sorghum. Although rice is the most grown variety, hybrid rice seeds account for merely 3%. The Indian government attaches great importance to hybrid rice, but it has done a poor job in organizing and coordinating the research and promotion of hybrid rice nationwide, leading to a big gap between research results and actual needs because there are more researchers working in laboratories than those doing field experiments. As for hybrid rice promotion, farmers are not trained to learn about the technology and therefore lack motivation to plant in compliance with high-yield hybrid rice cultivation technique standard.

(2) Animal Farming Technology

India has the greatest number of water buffalo in the world and is the top milk producer. However, dairy processing is in a very small scale, as only 12% of milk is sent for deep processing, compared to the world average of 70%. Poultry farming is operated on individual basis as most farmers take poultry farming as an additional source of family income. Poultry production costs in India are lower than feed costs. Lack of natural grassland and high-quality feed seeds, and low coverage of improved livestock and poultry breeds have seriously hindered the development of animal husbandry in India.

(3) Water-saving Irrigation Technology

India is a severely water-stressed country. The growing population and traditional water-wasting flood irrigation make India a water deficit country. At present, only one third of the country's farmland can be effectively irrigated and the rest still depends on the unpredictable monsoon rain. Approximately 5% of irrigated farmland uses micro-irrigation (MIS) technology. There lacks a unified layout of comprehensive water conservancy measures in India and poor coordination between engineering and biological measures leads to serious soil erosion. Improper irrigation adds to soil salinization. Water use efficiency is low and irrigation facilities are not well preserved. In order to maintain the sustainable growth of agricultural production, India should expand the irrigated area of arable land and vigorously promote new agricultural irrigation technologies such as micro-irrigation.

(4) Agricultural Mechanization Level

As the overall level of industrialization in India is low, the agricultural machinery manufacturing industry is still in its infancy, with few local agricultural machinery manufacturers. Although there are some modern farms in India, its agriculture sector is still dominated by the small-scale farmer economy, where each individual farmer operates on a relatively small basis and many still rely on manual and animal power. Lack of money for machinery purchases makes it difficult to realize modernization and mechanization in the farming industry. As for agricultural mechanization, India ranks among the top developing countries in receiving large amount, wide range and diverse types of agricultural machinery from the foreign aid for a long time.

(5) Agricultural Products Storage and Processing Technology

Due to shortage of the technology for deep processing and storage of agricultural products, most agricultural products in India are not classified into grades nor deep processed. For example, India is known as the world's largest onion producer. Although water makes up 85% of onion weight, onions dehydrate quickly. In case of the abnormal weather conditions, 25% to 30% of onions may become rotten. Cold chain storage has not been implemented in most areas of India. There are currently about 7,000 cold storage facilities in India distributed mainly in Uttar Pradesh for storing potatoes. Unless India establishes an efficient food storage system, an onion bumper harvest can quickly become a catastrophe for farmers. In addition, India does not have advanced food processing technologies, including dehydration which can increase the storage time of onions. Currently, only less than 5% of vegetables and fruits in India are processed. To solve existing problems, India should conduct a series of reforms in agricultural production methods, logistics, and storage, which can only be achieved through government efforts because of the small-scale farmer economy.

(6) Agricultural Biotechnology

Food security is always a top concern of India. The development of biotechnology has been highly valued by the Indian government. In recent years, the Indian government has identified agricultural biotechnology development as a key national project, and has made progress in many aspects. India is becoming another leading Asian country after China in the field of agricultural biotechnology. Development of genetically modified insect-resistant cotton makes India a major cotton producer and exporter in the world. Currently, the only genetically modified food allowed to be imported in the Indian market is genetically modified soybean oil from the United States.

(7) Agricultural Information Technology

India boasts a well-developed IT industry and has nurtured a large number of Internet companies with strong technical strength and financial resources. However, they have not contributed to the development of E-agriculture in India. The Indian government is the main driving force for E-agriculture development. Thanks to government efforts, more and more Indian farmers have begun to use information and communication technologies such as the Internet to obtain information about production technology and market information which can help them make market-oriented production and sales decisions. This has improved agricultural modernization, production efficiency and farmers' income. However, relying solely on the Indian government for E-agricultural development is far from enough. The biggest challenges for the development of E-agriculture in India include the poorly educated rural population and outdated infrastructure, especially information and communication infrastructure. For example, power failure often occurs even in areas with electricity supply.

2.4 Agricultural Products Trade

India is a major producer and consumer of agricultural products. Its agricultural products are mostly self-sufficient with only a small amount for import and export. In 2018, the most exported agricultural products were grains, fish, crustaceans, meat and edible offal, coffee, tea, spices and fruits. In 2017, the top five imported agricultural products were animal and vegetable oils, vegetables, fruits and nuts, grains and sugar.

In general, India's agricultural trade is characterized by a low degree of concentration. Its important agricultural trading partners are Indonesia, the United States, China, Vietnam and Iran. Underdeveloped agriculture industry and extremely high production cost have driven up price of agricultural products, making Indian products less competitive in the international market. As a result, many previous export markets have been lost.

The Indian government has set the goal to increase agricultural export from 30 billion U.S. dollars in 2018 to 60 billion U.S. dollars by 2022, and to 100 billion U.S. dollars in the next few years, while increasing farmers' incomes at the same time. The government will help farmers diversify types of exported products, explore more export destinations, and promote the export of high value-added agricultural products. The government will pay more attention to market access, sanitary and phytosanitary and other technical issues. One of its key tasks is expanding export of specialty and organic agricultural products.

2.5 Agricultural Policies

The Indian government has implemented a number of favorable policies throughout four periods of agricultural development since its independence to ensure the food security of more than 1.3 billion people. Policies directly related to agriculture and food cover the following aspects: managing price and marketing channels of many types of agricultural products; offering variable agricultural inputs at government subsidies; providing general services (such as research and promotion, etc.) for the entire agricultural sector; providing staple food to selected population at government-subsidized prices; managing border transactions through trade policies.

The policies implemented by the Indian government have contributed to achieving self-sufficiency in food production and poverty reduction, but also restricted the role of market and squeezed private investment, undermining sustainable productivity and is not conducive to building a modern, efficient and resilient agricultural industry system. Facing continuous calls from the United States and other Western developed countries for marketization and the need to establish a healthy and stable domestic market, India should deepen agricultural marketization reform, shift the focus of government support from lowering price to income subsidy, and eventually build a more open and stable trade policy framework.

Agriculture is weaker than secondary and tertiary industries in India, and the priority for agricultural development will be given to improving infrastructure construction, enhancing scientific and technological support, and strengthening sustainable development capabilities.

3 Russia

3.1 Overview

Straddling both Europe and Asia, Russia is the largest country in the world with an area of 17.0982 million square kilometers. Russia enjoys extremely rich water resources, vast and fertile arable land that covers about 416 million hectares, accounting for 10% of the world's total. There are 168 million hectares of black soil and meadow black soil area, which becomes the world's largest and most fertile one. Its arable land per capita reaches 0.84 hectare, 9 times that of China. As one of the most important sectors of the Russian economy, agriculture accounts for roughly 4% of GDP. Its rural population makes up around 25% of the total population, and agricultural production activities contribute 9% of employment nationwide, with only 13.46 million people. Although agriculture is less developed than industry, it is considered Russia's economic future, because Russia has changed from an agricultural product importer to a net exporter.

Russia's agriculture sector is composed of plant production and animal husbandry, and plant production accounts for 55% of its total gross agricultural production. Grain production serves as the foundation of Russian agriculture. Wheat represents one of the few types of food crops in Russia, which is well known around the world. Contributing 45% of its total agricultural production, animal husbandry is of great importance for Russian agriculture. Dairy is a key component of its animal husbandry industry. In recent years, Russian agriculture has experienced huge growth. The main reason behind this is that the Russian government and financial institutions have increased agricultural subsidies, strengthened agricultural privatization reforms, and reduced agricultural imports. However, agricultural production is still challenged by problems such as insufficient funding, weak technological innovation, and labor shortage.

3.2 Agricultural Production

Russia is the only country in the world that spans 9 time zones, and only 30% of the entire territory has suitable climate with periodic seasonal changes. As an important part of the national economy, agriculture has witnessed remarkable progress in recent years.

(1) Plant Production

Russian crops mainly include cereal crops, cash crops (cotton, sugar beet, sunflower, flax, etc.), as well as potatoes, vegetables, melons, fruits and feed. As the most important part of the plant production industry, cereal crops refer to wheat, barley, oats and rye. Wheat is Russia's most important food crop whose output accounts for more than 55% of cereal output, making an outstanding contribution to the country's grain reserve. Barley is the second most important cereal crop which accounts for one fourth of its total grain production and is mainly used as basic feed for mixed feed production and as a food crop for beer brewing, dehulled barley and compressed food production. Potatoes are another essential daily food for Russian residents and are called Russia's "second bread". In addition to cereal crops, harvest of oil crops is also impressive.

Russia's traditional and most important oil crop is sunflower seeds whose sown area and output account for 75% and 80% of the total oil crop respectively, but non-traditional oil crops such as soybeans and rapeseed have also seen rapid growth in recent years.

Recent years have witnessed rapid growth of the Russian plant production industry. Grain output reached 134 million tons in 2017, a record high in 40 years. Despite adverse weather conditions in 2018, the cereal output exceeded 110 million tons, which was 11% higher than the average the previous five years. Since 2000, Russia's cereal production has experienced many fluctuations, which is mainly caused by ups and downs in wheat production. Completely banning genetic modification and adopting extensive land management model, Russia, with a sparsely populated territory, has a per unit area crop yield lower than other countries. As for wheat and sunflower seeds, which are two traditional crops in Russia, thanks to the advanced management experience, the per unit area yields are not far behind the global level, but are still lower than China. In 2018, the yield of wheat per unit area was 2,725kg/ha, lower than that in China (5,416kg/ha). The yield of sunflower seeds per unit area was 1,604 kg/ha, much lower than that in China (2,898 kg/ha). Such non-traditional crops as soybean and rapeseed saw less yield per unit area than in China. In 2018, the per hectare yields of soybean and rapeseed were 1,469 kg and 1,327 kg, respectively, lower than the unit area yield in China (1,780 kg and 2,028 kg).

(2) Animal Husbandry

Russia has a vast grassland area of 403 million hectares, accounting for about 23.6% of its territory. Rich feed resources are conducive to the development of animal husbandry, mainly referring to cattle, pig, sheep, poultry farming industries. In addition, small-scale horse keeping and sericulture are also part of its animal husbandry industry. The current output of animal husbandry accounts for 45% of the total agricultural output. In recent years, due to the continuous improvement of science and technology in the sector, the output of meat and poultry eggs in Russia has shown an obvious trend of growth, among which the output of meat has entered the top five in the world and has seen the fastest growth. In 2018, Russian meat import dropped to the lowest level, with poultry export exceeding import. Pork import dropped significantly.

Russia's pig farming has been growing steadily in the past decade, with 3.71 million tons of pork produced in 2018. The industrial production of major pig farms in Russia has been much developed. In 2005, the proportion of industrial pigs was 28%, while in 2018, it increased to 86% (supplied by 70 integrated enterprises). Only less than 15% were produced in domestic pig farms. Since 2009, chicken has replaced pork as the most produced meat in Russia. As two most important types of meat in Russia, chicken and pork account for 40% and 35% of the total meat production respectively. Dairy industry has always been an important part of animal husbandry. Milk output accounted for more than 80% of livestock production before 2007. Although this proportion has declined in recent years, it still stands at about 70%. Russia plans to become an exporter of poultry and pork and achieve complete self-sufficiency in meat, milk and sugar in the future. Measures taken by the government to support animal husbandry aim at achieving technological modernization, stimulating the increase of animal stock and productivity and raising the genetic potential of livestock.

3.3 Agricultural Technologies

There are 310 agricultural research institutions, 528 experimental farms, 63 breeding centers (49 for crops and 14 for livestock), 94,000 researchers and hundreds of thousands of excellent breeding stock in Russia. Every year, 250 to 300 new crop and animal varieties are tested on a regional basis. In particular, Russia leads the world in hybridization technology for new grain varieties. Russia cultivates a batch of new crop varieties every two to three years, and at the same time takes a leading position in fertilization, irrigation technology, pest control and animal vaccine.

(1) Plant Production technology

In Russia, there are nearly 100 research institutions engaged in plant breeding. It is estimated that half of the agricultural output growth over the past 30 years is attributed to improved varieties. Russia has made important achievements in variety resources research, collection and evaluation of traditional crops, winter wheat breeding, research on beer barley and hybrid rye, corn hybridization research, breeding of sweet corn, breeding of high oil content and high yield sunflower varieties and so on. Russian Academy of Agricultural Sciences is strong in agricultural research. After a long breeding process, a number of world-famous drought- and cold-resistant winter wheat varieties have been developed. The N. I. Vavilov All-Russian Research Institute of the Plant Industry has established one of the world's four crop germplasm gene banks in the world, which provides breeding scientists with a large number of precious breeding materials.

However, the commercialization rate of these scientific and technological achievements is relatively low, because some are only applicable to a certain condition or climate. Crop yield is even lower than the original varieties in case of adverse climate. Therefore, research findings are not universally applicable and about 70% of research results are not applied or promoted each year. Due to various factors such as lack of unified management among production institutions and shortage of agronomists, Russian potential in precision agriculture has not been fully tapped.

(2) Animal Farming Technology

Russian boasts a strong research foundation for animal husbandry and veterinary sciences, reaching the world's leading level in improvement of animal species, breeding optimization, cultivation and plantation of high-quality feed crops, forage silage processing and so on. In order to preserve considerable resource of high-yield breeding, the Institute of Animal

Husbandry of the Russian Academy of Agricultural Sciences established a seed bank of breeding bulls. Thanks to policies adopted in recent years, Russia has achieved better self-sufficiency in the development of livestock technology and the supply of meat and food. The Russian government has also attached great importance to the construction of large and medium-sized commercial livestock farms. Currently, 70% of livestock equipment, feed additives and farm facilities are imported, and in some areas 100%. In addition, Russian ranches are shrinking, and some private ranchers are feeding only hay to their livestock throughout the grazing season. If modern agricultural technology is vigorously promoted, the productivity of herbage can be improved. For example, more herbage can be harvested on a smaller area of grassland by improving seeding technology and applying fertilizer in an appropriate manner, which can save land and increase productivity.

(3) Smart Agricultural Technology

In 2016, Russia issued the Road Map of Basic Application of the Internet of Things. IoT system is expected to be built at the federal level from 2017 to 2020. According to the Road Map, priority is given to smart agriculture. In 2017, focus was on controllers, sensors, networked device control systems, analytical solutions such as cloud processing services for receiving data, machine learning technology, auto-driving system and artificial intelligence. At the same time, the Russian Ministry of Industry and Trade, the Russian Ministry of Digital Development, Communications and Mass Media, the Internet Initiatives Development Fund, the constituent entities of the Russian Federation and other relevant government agencies will identify pilot industries and regions for the application of IoT technology. Pilot projects were launched in one region from 2017 to 2018. At least 20 IoT projects are planned to be implemented by 2020.

(4) Biotechnology

The Russian government attaches great importance to the

development of biotechnology. The single cell feed protein developed in Russia is world-leading, which has solved the nutrition problem in livestock and poultry raising. In addition, breakthroughs have been made in the research of lysine and threonine, the production of microbial pesticides and other control agents, the application of embryo engineering technology, technical scheme of liquid excrement treatment and the industrial production of virus-free potatoes.

(5) Facility Agricultural Technology

In recent years, Russia's investment in facility agriculture continues to increase. Russia has built and upgraded more than 1,000 hectares of high-tech greenhouses between 2014 and 2018, of which about 350 hectares were put into operation in 2018. Greenhouse construction in Russia saw its peak from 2017 to 2019. New greenhouses are much more efficient than the old ones. The total output of greenhouse vegetables in 2018 increased by 65% compared with that in 2014. The area of off-season greenhouses in Russia increased by a quarter in four years. Even so, Russian vegetable production cannot fully satisfy the domestic market, and 50% of the tomatoes and 20% of the cucumbers still need to be imported. Talent shortage is a potential problem affecting the rapid development of greenhouses, especially the shortage of agronomists who can operate modern greenhouses. Most of Russia's greenhouse workers are recruited from the Netherlands, Italy, Spain and other countries, and most of its greenhouse equipment is also imported.

(6) Agricultural Mechanization Level

Russia has a vast territory and the farming area is flat and fertile, which is suitable for mechanized operation. But considering the vast land, agricultural machinery application is relatively inadequate, averaging only 0.0065 machinery per hectare. With inefficient tools of production, most small farms rely partly or entirely on manual labor because they cannot afford machinery. Russia also lacks personnel for the use and maintenance of machinery and equipment. Russia's agricultural equipment has continued to decline since 2007, even as its crop yields have grown, according to a study. Plows, planters, tractors, grain harvesters, and tillers were reduced by 57%, 52%, 51%, 50%, and 47% respectively. In Russia, one tractor serves an average of 247 hectares, compared with 38 hectares in the United States and 14 hectares in France. About 60% of tractors in Russia have been in service longer than their normal life of 10 to 12 years. At present, Russian machinery manufacturing fails to meet domestic demand.

(7) Agricultural Product Storage and Processing Technology

Russia's weak storage and transport infrastructure leads to around 7% to 8% grain loss. The backward agricultural storage facilities result in serious waste of agricultural products. According to statistics of the Russian Academy of Agricultural Sciences, due to the backward logistics, storage and transportation system as well as insufficient technology and equipment, about 15-20 million tons of grain, 1 million tons of meat and 7 million tons of milk are lost every year. In addition, the underdeveloped deep processing technology makes added value of agricultural products rather low.

3.4 Agricultural Products Trade

Since the start of the 21st century, Russia has shown an overall growth trend in the import volume of agricultural products though the growth rate has slowed down. It mainly imports from Belarus, Brazil, China, Ecuador and Germany. Russia's agricultural export entered a period of overall growth after 2000. Its export destinations include Egypt, Turkey, China, Kazakhstan and Belarus.

Grain has seen a trade surplus, which is expanding year by year. Grain has experienced net export since 2001. Russia has achieved grain self-sufficiency and guaranteed national food security in recent years, and has become one of the world's three largest grain exporters, who has the ability to continue to increase export, while ensuring domestic supply and national food security. Russia has been the world's largest wheat exporter for three consecutive years from 2016 to 2018.

Russia's livestock products cannot meet domestic demand so it imports meat and dairy products. Livestock export is extremely small compared with its import. Russia imports pork from Brazil, Chile, Belarus and other countries. Quality and cheap frozen pork from Brazil has become Russia's main imported pork product, accounting for about 90% of Russia's pork import. Chile and Belarus are the second and third largest pork suppliers for Russia respectively. Russia mainly imports beef from Brazil, Paraguay and Belarus. In addition, Russia imports a large number of fruits and vegetables because its fruit and vegetable production is limited by climate conditions.

According to its Ministry of Agriculture, Russia will become one of the top ten agricultural exporters if the current growth rate of agricultural export is maintained. Agriculture has become an important driving force for Russia's economic development. Currently, Russia ranks among the world's top ones in the export of certain agricultural products.

3.5 Agricultural Policies

The Russian government has adopted a series of policies to support agricultural production. The Agricultural Law came into force in 2007. The Government then issued the 2008-2012 Plan for Agricultural Development, Agricultural Product Market Regulation and Rural Development, which was the first five-year agricultural development plan in Russia. According to the plan, sustainable rural development will be achieved. Competitiveness of Russia's agricultural sector will be enhanced through more financial support, agricultural modernization and quicker development of key areas. Natural resources should be protected and restored, such as soil conservation. Agriculture has become one of the priorities of national economic development and the government has once again played a leading role in agricultural development.

According to *the 2019 National Agricultural Development Plan* issued by Ministry of Agriculture, output of grain, fish, vegetable oil, meat and meat products has exceeded the targets set in the Food Security Guidelines, making Russia self-sufficient in agricultural sector. For future agricultural development, focus will be put on soil improvement, acid soil treatment, restoration of agricultural land and implementation of the national agricultural science and technology development plan. Funds for soil improvement in 2019 amounted to 15.8 billion rubles (US$247 million), up from 11.2 billion rubles in 2018. Priority will be given to support agricultural export. Meanwhile, the government will provide assistance to farmers suffering from natural disasters. Small agricultural enterprises will be further developed so as to facilitate rural development as a whole. Material and technical support will be provided for agro-industrial complexes.

The Russian government issued the *2019-2027 Federal Gene Technology Development Plan* in 2019, which aims to accelerate the development of gene technology so as to facilitate medicine and agriculture development and to monitor and prevent emergencies in related fields. The Plan implemented in three-year periods is to use genetic editing technology for plant, animal and aquatic product development, development of biological products for health care, agriculture and industrial biotechnology, and diagnosis and immune biological product development.

4 Kazakhstan

4.1 Overview

Kazakhstan is a transcontinental country mainly located in Central Asia. Spanning across Asia and Europe, it is the world's largest landlocked country. Most of its vast territory is plains and lowlands. Located within the north temperate zone, the country enjoys abundant solar and thermal resources. There are quite many rivers, lakes and glaciers within the territory. Kazakhstan suffers imbalanced regional distribution of water, which is greatly affected by climate. In recent years, the share of the country's total output value of agriculture in its GDP has basically remained around 7%. Kazakhstan has a rural population of 8,323, 900, accounting for 46.77% of the national total.

Kazakhstan's agriculture is dominated by animal husbandry and plant production. As the largest food producer in Central Asia, Kazakhstan mainly produces food crops, vegetable crops and oil crops. With a huge territory, abundant land resources, and vast meadows and pastures, the country boasts unique natural resources for developing the animal husbandry sector. Plant production and animal husbandry contribute 49.1% and 50.6% to the total output value of agriculture respectively.

4.2 Agricultural Production

(1) Plant Production

Food crops, cotton, fruits, vegetables and oil crops are the main varieties. As Kazakhstan's top food crop, wheat contributes about three quarters of its total food crops. Other food crops include barley, corn, rice and oats. With favorable production conditions, cotton is the main exported product for earning foreign exchange. Kazakhstan has the highest latitude for cotton planting. Currently, the cotton sowing area accounts for about one third of the arable land. Potatoes, tomatoes, onions, carrots, kale and other vegetables are planted in the country. In recent years, the vegetable sowing area has maintained a sustained increase in general. More oil crops are planted as well.. As the main oil crop, sunflower planting area contributes about half of the total planting area of oil crops.

Despite its vast land area, Kazakhstan has a sparsely distributed population, limited labor resources and unbalanced water resources. Therefore, its agriculture has long been in a state of extensive cropping, poor harvest and extensive management. The large crop sowing area forms a sharp contrast with the yield per unit area. Due to Kazakhstan's extensive agricultural production means, insufficient investment, backward technologies and other factors, the country has a low productivity in agriculture, with the yield of grain, cotton, fruits and vegetables per unit area far lower than that of China. In 2018, Kazakhstan's wheat yield was 13,944,100 tons, equivalent to 1,228 kg/ha, only one quarter of the wheat yield per unit area of China (5,416 kg/ha). The cotton yield was 343,600 tons, equivalent to 2,592 kg/ha, half of the cotton yield per unit area of China (5,280 kg/ha).

(2) Animal Husbandry

Although animal husbandry occupies an important position in the national economy of the country, it is experiencing slow development in recent years. The technical equipment in this respect is backward. The animal husbandry industry is dominated by small-scale free-range raising, with an insufficient degree of intensification. In Kazakhstan, more than 90% of meat, milk and wool are produced by private enterprises and farmers. By contrast, large-scale agro-pastoral enterprises have a low level of intensification and only a small proportion of their products are sold in the country. For example, the meat, raw milk and wool they produce only account for 5.7%, 4% and 5% of Kazakhstan's market share respectively. Cattle, sheep, horses, camels, pigs and other livestock animals are bred, and meat, milk, eggs, wool and other livestock products are produced. The dairy product sector is unable to satisfy domestic demand and its market space is severely squeezed by imported products. Imported dairy products account for sixty percent of the whole market share of Kazakhstan.

The increase in small-scale free-range raising and feed costs has resulted in a sharp increase in the prices of meat products in Kazakhstan in recent years. The dominance of small-scale free-range raising in its animal husbandry sector is not conducive to the reduction of production costs. Additionally, due to the effects of drought and other adverse climate conditions in recent years, the crops planted in Kazakhstan, including feeds, have been decreased, directly leading to the increase in feed prices. The feeds available each year, such as hay, straw and bran, are in a tighter supply. In addition, the annual sustained rise in fuel oil, petroleum, natural gas, coal and water directly leads to the substantial increase in the cost of the animal husbandry sector, reduction of livestock animals and rise in meat prices. Besides, the animal husbandry sector in Kazakhstan is also troubled by the following problems: undeveloped livestock breeding; grim epidemics and the low level of epidemic prevention; lack of accurate information on the number of livestock animals raised; and disconnection between scientific research and actual commercial needs.

4.3 Agricultural Technologies

After the Soviet Union collapsed, Kazakhstan saw a dramatic drop in the incomes of domestic farmers and agricultural workers, to only 30% of industrial workers. Low income and poor benefits forced a large number of young people and technicians to leave the grain industry. A large number of agricultural technology extension stations and agricultural machinery repair stations were deserted. Quite a lot of grain researchers left research departments, resulting in the stagnation of research work. Since its independence, Kazakhstan has invested little in agricultural research and made few innovations in this respect. New foreign processes and technologies were mainly introduced abroad to improve domestic agricultural production.

(1) Plant Production Technology

In recent years, Kazakhstan has seen a significant improvement of agricultural production and huge increase in crop yield thanks to the expansion of arable land, selection of chemical fertilizers and high-quality seeds, as well as the use of modern science and technology. However, in contrast to developed countries and regions in the world, the country has insufficient agricultural investments and underdeveloped agricultural infrastructure. The grain industry relied much on climate conditions. With extensive crop planting methods, the country is troubled by a lack of advanced planting and cultivation techniques, large yield fluctuations and low yield per unit area, making it fall behind the world's average level.

At present, the facility agriculture has just got started in Kazakhstan. During the development, it is restricted by high cost of input and a serious shortage of senior agricultural technicians. Most of the greenhouses do not follow the same standards, with smart greenhouses introduced from the Netherlands, Spain, Israel and China. Due to the lack of vegetable farmers in greenhouses, backward cultivation techniques and poor management level, the greenhouses have low yields..

(2) Animal Farming Technology

The decreasing of livestock animals and slow progress of improved livestock and poultry farming have severely affected the production of livestock products in Kazakhstan. The output of meat, milk, eggs and wool has remained at a low level, thus affecting the market supply and residents' consumption. With an inefficient linear livestock breeding method, the improved stock rate of large meat-producing livestock animals in the country is about 2%. The lack of improved stock bases and incomplete improved stock breeding system has resulted in the low production performance of individual livestock animals while affecting both output and quality of breeding stocks. As the traditional production model of the animal husbandry sector prevails, artificial insemination, embryo transfer, simultaneous estrus, superovulation and other new biological technologies have been constrained in promotion and application.

(3) Water-saving Technology

Most of the rivers in Kazakhstan are inland rivers, along with an arid climate, large evaporation and scarce rainfall. Vegetations are mainly grown on grasslands and deserts and there is a shortage of water resources. The low popularization rate of water-saving agricultural irrigation, low utilization rate of water resources for agricultural irrigation and rapid development of agriculture in Kazakhstan have added water consumption and aggravated water shortage. As the main cash crop of the country, cotton consumes a large quantity of water. The country has a strong demand for the water-saving agricultural technology due to the little rainfall and limited water resources.

(4) Agricultural Mechanization Level

The agricultural equipment for grain production, export and logistics transportation of the country has seriously aged. Most of the agricultural machinery are large-sized ones for plowing, harrowing, sowing and harvesting, with over half of them left over from the Soviet era. The number of cultivating, topdressing and plant protection machinery is far from sufficient. Kazakhstan takes agricultural modernization and introduction of agricultural technologies and equipment as one of its national strategies.

(5) Agricultural Product Storage and Processing Technology

Kazakhstan has a low development level of grain processing, especially deep and fine processing. There are only a small number of agricultural product processing enterprises with low processing capacity. Additionally, almost all processing equipment was left over from the Soviet era. Around 95% of the enterprises use outdated production techniques, limited product diversification, high energy consumption and rough packages, which can no longer meet the diversified needs of consumers in a market economy. The consumption preferences and habits of residents in the country indicate a large demand for candy, bread, fries, pastries, dairy products, meat products, etc. However, advanced processing technologies and equipment are urgently required due to the insufficient processing capacity for these foods.

4.4 Agricultural Products Trade

Kazakhstan's agricultural trade has developed rapidly but has been in deficit in recent years. On the export of agricultural products, cereals hold the largest share, 90% of which are wheat. Other products with high volume of export include starch, medicinal plants, cotton, animal and vegetable oils, tobacco, vegetables, and aquatic products. Edible fruits and nuts hold the largest share on the import of agricultural products in the country.

Uzbekistan, Afghanistan, Tajikistan, China and Russia are the five main agricultural export trading partners of Kazakhstan. In 2017, its total volume of export of agricultural products to the five countries accounted for 65% of that to the world. Wheat is mainly exported to the CIS countries (Azerbaijan, Uzbekistan, Tajikistan and Kyrgyzstan). In terms of import, Russia, Uzbekistan, China, Belarus and Brazil are the five main trading partners. In 2017, the five countries above contributed about 60% of the total agricultural imports of Kazakhstan.

4.5 Agricultural Policies

The Kazakhstan 2050 Strategy released in 2012 specified agricultural development as below: Kazakhstan is already a major food exporter with a huge potential for production, and should urgently speed up agricultural modernization. While ensuring domestic food security, Kazakhstan should become an important player in the world's food market. Accordingly, major measures include the following aspects: first, expanding the planting area; second, increasing the grain yield per unit area; third, expanding the scale of animal farming; fourth, facilitating ecologically clean product; fifth, developing household farms and small- and medium-sized agro-industrial enterprises; sixth, improving plant production structure, and increasing the competitiveness of the country in food export; seventh, meeting the demand for agricultural water with better water-saving technologies, etc.; eighth, improving laws and regulations in terms of land tax, etc.; ninth, increasing agricultural budget. The Kazakh government did not only enhance the status of agriculture at the macro level, but also emphasize the importance of agricultural development. Also, corresponding countermeasures to deal with the problems encountered during the early development of agriculture were formulated. In 2013, the government approved a new developmental program Agribusiness – 2020. This program includes increasing the competitiveness of agricultural products and allocating special funds to ease farmers' loan burden and further improve the production subsidy mechanism.

To promote grain production and maintain the grain market stability, the Kazakhstan government has formulated the following prevailing measures. Grain storage permits are granted and only the enterprises satisfying the conditions specified by the government are qualified to deal in food storage. A food quality certification system is implemented. National food reserve through government procurement is established and its quality and quantity are ensured. The prices of improved varieties are reduced and subsidies are granted for such improved varieties. Subsidies including fertilizers and fuels are granted to agricultural producers and quarantine. Grants are provided or agricultural research and technological promotion and also for soil improvement.

In terms of crop planting, the government has not only reduced the prices of agricultural materials for plowing and harvesting, such as seeds and fuels, but also provided subsidies for chemical fertilizers, herbicides, and water diversion and irrigation, etc. Also, the government bears all costs of cotton quality inspections for farmers. Since 2012, in addition to continuing the prevailing subsidy program on prioritized crop varieties, the government has also implemented new subsidy measures on seed breeding to facilitate competition, improve seed quality, and reduce seed prices. That means the previous direct subsidy for seeds has been replaced by subsidy for ultimate purchasers of high-quality seeds. Due to insufficient production funds, excessively high intermediate costs and leasers' high exchange rate risk in the import of agricultural machinery, the country has seen increasingly declining agricultural machinery and equipment purchased by agricultural producers in recent years. In order to solve the problem, the agricultural authorities of Kazakhstan subsidizes the imported agricultural machinery and equipment, and also reduce the loan interests offered to leasing companies, so as to ensure a majority of agricultural producers can rent machinery and equipment and enable normal agricultural production.

The Kazakh Ministry of Agriculture has formulated *the Plan on the Production Development of Animal Husbandry 2020* to push forward the production of the animal husbandry through professional planning. Currently, there is a lack of large-scale feed processing plants in the country. As a result, local feed processing workshops have to be relied on for production, resulting in high production cost, sustained high feed prices, and excessive employees in the industry. In order to solve the above issues, the draft plan will modernize existing feed processing plants through investment subsides, preferential loans and national financial support

5 Kyrgyzstan

5.1 Overview

Kyrgyzstan is a landlocked country in the northeastern part of Central Asia. It joined the WTO as a developing country in 2001. Now it is the country with the most open economy among the five countries in Central Asia. About 65% of its population lives in rural areas, and about half of its employed workforce is engaged in agricultural work. With strong sunlight, little rainfall and dry air, the country has a typical continental climate, featuring very hot summers and very cold winters. The big temperature difference between day and night makes it a typical dry farming area with abundant arable land resources and a large area of natural pastures. Hailed as the "water tower" of the five Central Asian countries, Kyrgyzstan is rich in water resources, 4.4% of which is covered by water. It controls the lifeblood of water resources in Central Asia and enjoys favorable conditions in agricultural development.

Agriculture holds an important position in Kyrgyzstan's economy. Dominated by plant production and animal husbandry, the sector contributes about 13% to the GDP of the country. The agricultural development is generally at a low level with undeveloped infrastructure and insufficient equipment and irrigation facilities, and thus the sector is largely at the mercy of the weather or elements. Additionally, its development mainly depends on the export of primary products, and the imports of processed products are far more than the exports. In Kyrgyzstan, food and agricultural product processing is a key production sector where foreign investment is encouraged.

5.2 Agricultural Production

(1) Plant Production

The plant production in Kyrgyzstan is mainly a land-intensive type. Food crops take a large share while cash crops have a small proportion. With good sunshine and rich water resources, the land here is suitable for growing crops. The main food crops include wheat, corn, and barley. The wheat sowing area accounts for more than 50% of the total arable land area. In 2018, Kyrgyzstan's wheat yield was 2,427kg/ha, far less than that in China (5,416 kg/ha). The main cash crops are cotton and sugar beet. The seed cotton yield in Kyrgyzstan was 3,242 kg/ha, far less than that in China (5,280 kg/ha).

As for fruits and vegetables, Kyrgyzstan has achieved self-sufficiency in several kinds of products, such as potatoes, onions, tomatoes and cucumbers. Summer and off-season vegetables are mainly imported from China and Uzbekistan due to the low production level and backward technology in storage and preservation. The range of fruit is very small, mainly apples, grapes and melons, and their yield is too low to satisfy local people's demands. Therefore, Kyrgyzstan needs to import fruits from China and other neighbors to make up for its inadequate domestic supply.

(2) Animal Husbandry

Kyrgyzstan is a major producer of animal husbandry in Central Asia, with more than nine million hectares of pastures and natural grassland. The animal husbandry enjoys unique resource endowment, such as rich grassland resources, abundant sunshine and suitable climate. The sector is mainly composed of farming of cattle, sheep, horses and poultry; pork production; bee keeping; sericulture; and fishery. The country is competitive in the export of live animals; beef, mutton and animal skins; milk, etc. Exports of these products have seen a slight rise for several years in a row.

5.3 Agricultural Technology

(1) Plant Production

Kyrgyzstan still faces challenges in agricultural development despite good momentum in plant production and increasing yield per unit area. Taking into account the conditions of mountainous terrain and continental climate, the Kyrgyz scientists have been developing and cultivating new varieties of wheat, barley and hybrid corn with high survival rates in mountains, in a bid to increase the wheat yield. Agricultural production in this country is undermined by low soil fertility and low input of pesticides and chemical fertilizers. All pesticides and chemical fertilizers are imported, and advanced and practical agricultural technology cannot be widely promoted or applied. As a result, farm crops feature small yield, poor quality and low economic returns. In addition, plant production is seriously affected by diseases, pests and weeds. For example, wheat powdery mildew occurs in a lot of areas, which has caused an output reduction of up to 70% during the worst time. Land resources are not fully utilized as crops are planted once each year in most cases, and the rate of intercropping is very low. Kyrgyzstan could raise the utilization of arable land, increase crop yield, and improve food security by taking comprehensive measures, such as adopting scientific crop rotation while ensuring a benign state of soil, controlling diseases, using chemical fertilizers in a sound way and applying water-saving irrigation technology.

In Kyrgyzstan, vegetables used in winter are mainly imported from other countries and regions. The protected agriculture is just at its early stage as the equipment and cultivation technologies remain backward. Most of the vegetables are grown in simple sheds. With the assistance of foreign projects, Kyrgyzstan has built some greenhouses, which are mainly imported from the Republic of Korea (ROK), China and Russia. The vegetables planted are traditional varieties of Russia and Central Asia, while protected vegetables mainly include tomatoes, peppers, cucumbers and fennel, etc.

(2) Farming Technology

The economic chaos of Kyrgyzstan after it gained independence in 1991 has had a direct influence on the animal husbandry sector. First, the number of livestock declined sharply which has not yet returned to the level before the country's independence. The production way remains traditional and outdated, which results in low efficiency and small quantity in producing meat, milk, eggs and other livestock products. Due to a lack of unified testing standards, the products have limited access to the international market. Now it is getting even harder for the traditional animal husbandry sector to adapt itself to social development as the modernization is accelerating. Therefore, it is necessary for the country to shift the traditional means to modern means, so as to help its livestock products enter the international market and meet the development need of the whole sector. Horse farming has been well developed in the country, as different meadows can be grazed by horses throughout the year, and the production cost is low. The driving horses for both pulling a carriage and being ridden by people are highly adaptable and excellent in breeds. The new Kyrgyz horse is one of the most famous breeds.

(3) Water-Saving Irrigation Technology

Kyrgyzstan's rivers, featuring good natural water quality and low mineralization level, are suitable for farmland irrigation and drinking. Since gaining independence, Kyrgyzstan has not made much repair and maintenance of irrigation facilities due to insufficient budget, thus leading to serious aging of irrigation facilities. The agricultural sector, as the main water user, has a very low water utilization efficiency because of the difficulties in deploying water storage facilities, aged irrigation projects and undeveloped supporting systems. Known as the "water tower" of Central Asia, the country still faces the shortage of water for agriculture, which has become an issue that cannot be ignored.

(4) Agricultural Mechanization

Agricultural mechanization has remained one of the most serious challenges faced by Kyrgyzstan since its independence. Agricultural machinery is the most important part of agriculture. However, in Kyrgyzstan, a majority of agricultural machines have got aged or been out of work due to the interrupted supply of accessories. At present, the lack of agricultural equipment and machinery makes the workload of each tractor is confronted with their expected workload. Some obsolete machines and equipment should be updated immediately. From 1995 to the present, with the aids of Japan and China and the funding by Kyrgyzstan itself, the replacement rate of tractors in the country has reached 9.1%; of harvesters, 12%; of sowers, 5.9%; and of plows, 18.2%. Agricultural experts in the country believe that it is necessary to develop financial leasing service to accelerate the upgrading of agricultural equipment.

(5) Storage and Processing Technology for Agricultural Products

Agricultural development in Kyrgyzstan is confronted with a lot of challenges, such as weak industrial foundation and low technical level. The processing enterprises have such a small size that they are subject to market prices and demand and unable to keep close contact with producers. As a result, the value creation of agricultural products is entirely dependent on foreign demand, and structural problems hinder the development of the agricultural product processing. Currently, Kyrgyzstan's industrial chain for the processing of agricultural products is incomplete and undeveloped in key links including processing, transport, preservation and storage, etc. The industrial technology level is low, the cooperation between industrial and agricultural enterprises is not enough, and the social supporting system is not sound. Due to funding shortage, poor sales channels and backward processing technologies and equipment, a meaningful industrial chain has not yet been established. The agricultural resources have not been effectively utilized and deep processing needs to be developed, which has caused a waste of plenty of fruits, vegetables and milk. Additionally, the inefficient logistics leads to difficulties in expanding exports of farm produce, as there are no sound ways for long-time storage, processing and transportation. Kyrgyzstan has an annual output of seed cotton of about 100,000 tons and output of wool of 11,000 tons. However, restricted by its low processing capacity, the country directly exports 90% to 95% of its cotton and wool to other countries and regions, while most of its textiles are imported.

5.4 Trade in Agricultural Products

As the first country that joined the WTO among the five Central Asian countries, Kyrgyzstan has a high degree of openness and strong dependence on foreign trade. In terms of agricultural trade, the country is highly competitive in the export of a variety of plant products (including cotton, vegetables, fruits and tobacco) and of live animal products (including cattle, sheep and horses).

Kyrgyzstan has a limited comprehensive agricultural production capacity and faces difficulties in ensuring food security. Focusing on developing processing industry, it is highly dependent on the import of some agricultural products, including raw materials. Its major agricultural imports in recent years include wheat, fats, sugar, fruits, and vegetables.

China, Russia, Kazakhstan, Turkey, and Uzbekistan are major trading partners of Kyrgyzstan in terms of agricultural products. In 2017, the agricultural exports of Kyrgyzstan to Russia and Kazakhstan dropped slightly.

5.5 Agricultural Policies

According to its agricultural development plans in recent years, the priorities on the agenda include strengthening infrastructure construction to facilitate the import and export of agricultural supplies; introducing more high-quality varieties to promote the cultivation of high-yield varieties that adapt to the Kyrgyz environment; enhancing irrigation to improve the utilization of water resources; promoting new agricultural production technologies to increase production efficiency; improving agroeconomic trade environment and raising the scientific and technological level.

The Ministry of Agriculture of Kyrgyzstan has identified three prioritized areas for development. First, supporting and promoting exports of agricultural products to international markets. The Ministry is committed to establishing close cooperation relationship with agricultural associations and government institutions. Currently, it has signed memorandums of understanding on cooperation with 18 associations throughout the country, allowing direct access to about 400,000 farmers. The Export Promotion Department of the Ministry is responsible for affairs related to exporting domestic products to foreign markets. Second, the Ministry makes efforts to promote the development of food processing industry. It has worked out a roadmap for the development of each region and their processing enterprises and taken targeted measures to push the establishment of new food processing businesses. Third, the Ministry has set up the second state-owned enterprise in the country, which is named "Digital Agriculture", in order to accelerate the digitalization of the agricultural sector.

The focus of Kyrgyzstan's supporting policies for agricultural development is financing for a range of areas. Eleven sectors, including dairy products, animal products, fishery products, tobacco products, fruits and vegetables, have been identified as prioritized sectors receiving national financing and loans. The Ministry of Agriculture has signed an agreement worth 5.3 billion soms with nine commercial banks to support financing of agricultural projects and provide preferential loans for production and processing companies in agriculture and animal husbandry. The processing companies could obtain preferential loans at an interest rate of only 6% to increase the added value of agricultural products; for those enterprises engaged in horticulture, greenhouse management, drip irrigation system and introduction of artificial insemination equipment in the animal husbandry sector, the interest rate is 8%; and for other companies in animal husbandry and agricultural, the rate is 10%.

Kyrgyzstan has formulated the National Irrigation Development Plan 2017-2026 as an important means to improve the efficiency of water use. The country works to guarantee its food security, eliminate poverty and encourage people to move from rural to urban areas. According to the plan, around 588 million soms would be invested in the construction of 65,500 hectares of new irrigated land, involving all prefectures and cities throughout the country, which is projected to benefit over 240,000 people.

6 Tajikistan

6.1 Overview

Tajikistan is a mountainous, landlocked country in the southeastern Central Asia with an area of 14.26 million hectares. With most of the Pamirs lying within it, Tajikistan is bordered by Xinjiang, China to the east, by Afghanistan to the south, Uzbekistan to the west, Kyrgyzstan to the north. Sitting at a place where Europe and Asia meet, the country has a very important strategic location. The country enjoys rich water resources, accounting for more than half of the total of Central Asia. Its economic development is at the lowest level among the members of the Commonwealth of Independent States (CIS). The agricultural output makes up around 20% of its GDP, and the rural population amounted to 6.3 million, about 75% of its total population.

Agriculture, dominated by plant production and animal husbandry, occupies a significant position in Tajikistan's economy. Plant production, mainly cotton plant production, contributes about 70% of the total output of agriculture. Animal husbandry, mainly grazing, contributes about 30% of the total agricultural output. The most common livestock include sheep, cattle and horses. Of the 860,000 hectares of arable land, 40% is used for cotton , 30% for feed crops plant and 23% for food crop. Tajikistan has not yet achieved self-sufficiency in food supply. Developing agriculture and ensuring food security is therefore a major national strategy for Tajikistan.

6.2 Agricultural Production

(1) Plant Production

Plant production plays a significant role in Tajikistan's agriculture. High-quality cotton with fine fibers is widely planted. As the most important cash crop, cotton contributes about 60% of the agricultural output and becomes a critical part of the national economy. After the 1930s, lots of cotton was planted in the areas of Vakhsh and Kafirnigan Rivers in the southwestern part of Tajikistan as the Soviet government actively promoted agricultural collectiveness and encouraged cotton plant production. The major food crops include wheat, rye, rice, barley, oats, corn, etc. Potatoes, vegetables, grapes and several other fruits are also grown in the country.

Since 2006, Tajikistan has improved the farming method, changed the plant production means and increased the level of mechanization, thus bringing about the significant increase in the yield of major crops per unit area. Nevertheless, the crop yield per unit area in the country remains lower than that in China. As a result of the backward and seriously inadequate infrastructure and production equipment, the average cotton yield fluctuates significantly in Tajikistan. In 2018, the yield of seed cotton was 300,300 tons, with a yield per unit area of 1,616 kg/ha, less than one third of the unit yield of China (5,280 kg/ha). The wheat yield was 779,000 tons and the yield per unit area was 3,048 kg/ha, lower than that in China (5,416 kg/ha).

(2) Animal Husbandry

Animal husbandry is dominated by cattle and sheep farming. As a traditional part of animal husbandry in Tajikistan, the industry of cattle and sheep farming provides meat, milk, animal skins and other related products. Pork production and the farming of poultry and horses also play a role in animal husbandry. Since its independence in 1991, Tajikistan has seen reduced pasture area due to civil wars and other reasons, resulting in a decline in the number of livestock and the output of meat and milk. Tajikistan has a mountainous terrain and is the smallest country in Central Asia. The Gorno-Badakhshan Autonomous Prefecture in its eastern part is located on the Pamirs. With steep terrain, scarce rainfall and sparsely distributed vegetations, the prefecture faces difficulties in developing animal husbandry. There are only a few small pastures in the central and western valleys and piedmont belts with an altitude of less than 3,000m. Unfavorable conditions like small areas of pastures and serious shortage of feeds have confined grazing capacity and the number of livestock. As a result, the output of major livestock products is relatively small, and the per capita meat, milk and eggs have remained at a low level for long. The herders lead a semi-nomadic life and follow the outmoded production means. Both the kinds of livestock and the varieties of livestock products are rather small, and the infrastructure and the ability to resist natural disasters are quite poor.

6.3 Agricultural Technology

During the Soviet era, Tajikistan constantly expanded the irrigation area of arable land and improved farming techniques based on its own conditions. It made remarkable achievements in the biology, genetics, physiology, biochemistry and other aspects in relation to cotton. After its independence, its agricultural science and technology shrank drastically because of a serious shortage of research funds caused by economic crisis. First, both the number of scientists and the technological potential fell sharply. The brain drain was grave as some scientists returned to Russia and some went to western countries. Second, the serious funding shortage has adversely impacted the development of agricultural science and technology. In Tajikistan, the funding of research institutions are mainly from government grants, and for fundamental research departments, government support is the sole funding source. Under severe financial strain, the state now cannot afford the funding necessary for research and development, and thus agricultural research has been dealt a heavy below.

(1) Plant Production Technology

Tajikistan enjoys good germplasm resources, but the field management mode remains extensive. Farmers have no experience and expertise of refined management. Meanwhile, measures for improving soil fertility, agricultural ecologic management system and soil have not been formulated or taken. It is of great significance for Tajikistan to increase the yield of food crops per unit area. However, the increase of cotton yield, is hindered by a lot of factors, including backward cultivation technology, lack of coherent and sound crop rotation system, declined soil fertility, low fertilizer utilization rate, and limited power of farmers in purchasing chemical fertilizers.

(2) Water-Saving Irrigation Technology

Tajikistan is rich in fresh water resources and thus has favorable conditions for irrigation. Currently, water pumps are used for irrigating the farmland of 240,000 hectares. Such a mode has caused some problems. For example, water pumps consume a lot of electric energy and increase the cost. In addition, up to 30%~60% of the water resources are lost during the irrigation process, which means around 15,000 cubic meters of water is consumed for irrigating one hectare of farmland. Hence, the utilization of water resources is rather low.

(3) Agricultural Mechanization

Since its independence, Tajikistan has not upgraded and repaired the agricultural machinery or equipment due to lack of funds and technologies, thus resulting in a low level of mechanization in crop production. In some regions, the planting of such crops as wheat, cotton and is still done manually. Another challenge is the operation and maintenance of imported agricultural machinery and equipment, which requires farmers to understand the basics of operation. Little knowledge in this regard has prevented the machinery from fulfilling their potential.

(4) Storage and Processing Technology for Agricultural Products

The climate and soil of Tajikistan provide good conditions for the growth of quality fruits and vegetables, which, however, cannot be stored for a long time or transported to distant places. Hence, it is necessary to process them into downstream products. At present, fruit and vegetable processing businesses in the country are generally small-scale with outdated processing and packaging technologies. Most of the juice sold in the Tajikistan market is imported from Russia and other European countries. Tajik apricots have a big potential in export, but they are now only be sold in local market as there is no good way to preserve fresh or dried apricots.

6.4 Trade in Agricultural Products

In recent years, Tajikistan has witnessed increasing imports and exports of agricultural products. It mainly exports agricultural products as raw materials, while importing products in short supply in the country. This indicates its agricultural trade is still at a relatively primary stage, with a small trade volume.

The export mix is simple, mainly composed of cotton, fruits and vegetables. Cotton is the largest category of exported products, accounting for about 80% to 85% of Tajikistan's total exports and serving as the major income source of farmers. The large export markets include Turkey, Iran, Russia and Pakistan, etc. The Tajik farmers are getting increasingly enthusiastic about growing fruits and vegetables with the constant rise of the prices of these products in recent years. In 2018, one sixth of the fruits and vegetables produced in Tajikistan were exported to Afghanistan, Russia, Kazakhstan, Kyrgyzstan and other countries.

Tajikistan is a net food importer. Its major imports include cereals, flour, vegetable oil, sugar and confectioneries. Its largest food import source is Kazakhstan, followed by Netherlands, Austria, Switzerland, Italy, and so on.

6.5 Agricultural Policies

Tajikistan has formulated strategic policies and guidelines for developing science and technology, and promulgated a number of laws, regulations and administrative orders to support and enhance the development of science and technology, such as the Law on National Science and Technology Policy in 1998 and the Law on the Academy of Sciences in 2002. The National Development Strategy of the Republic of Tajikistan for the Period up to 2030, published in 2016, pointed out that rural producers and processing companies are inefficient, which leads to undeveloped system of processing of agricultural products, disruptions in the supply of raw materials and low quality of agricultural products. Agribusiness recycles only 20% of the agricultural products of the country. The Strategy proposed specific priorities in agro-industrial complex (AIC): food self-reliance and self-sufficiency and food security, based on the transition to a high level industrialization; more efficient use of land and water and human resources through better reclamation-irrigation of agricultural lands and ensuring productive employment of the rural population; reconstruction and rehabilitation of irrigation infrastructure and introduction of modern energy-saving irrigation technologies.

The State of the Union address of Tajikistan in 2018 identified four strategic objectives. They were achieving energy security and energy efficiency, ensuring Tajikistan's connectivity, food security, and transition to industrial economy. The main tasks for agricultural development were ensuring food security; improving crop yields and developing the seeds production; developing the livestock industry, and increasing the output of meat and dairy products. Efforts would also be made to improve the storage technology for agricultural products to reduce losses and waste. With a view to fulfilling these objectives, the country channeled over one billion TJS (about US$200 million) to the development of agriculture from 2016 to 2018.

7 Uzbekistan

7.1 Overview

Uzbekistan is a landlocked country in the central part of Central Asia. As a major agricultural country in the region, agriculture is Uzbekistan's economic lifeline and pillar sector. The country has a rugged terrain, with about three fourths of its land is grasslands, deserts or semi-deserts. There is a temperate continental type of climate in Uzbekistan where river water rapidly escapes through evaporation and filtration or runs off into irrigation systems. Winter is cold, rainy and snowy, while summer is hot and dry, with evaporation greater than precipitation. Due to the arid conditions, Uzbekistan has suffered from shortage of water resources for a long time. It has an arable land of 4.27 million hectares, accounting for about 10% of its total land area; an agricultural population of 14.2 million, about 60% of its total population. The per capita arable land is about 0.17 hectares. Uzbekistan is the world's fifth largest cotton producer and second largest cotton exporter.

The natural conditions have constrained the development of Uzbekistan's agriculture to some extent, but there is still room for growth. The agricultural output accounts for approximately one third of the country's total GDP. Cotton contributes 40% of its total agricultural output as the largest category of agricultural exports. Animal husbandry, sericulture, as well as fruit and vegetable production also occupy a significant position.

7.2 Agricultural Production

(1) Plant Production

As the major food crop in Uzbekistan, wheat contributes 90% of the country's total yield of grain, followed by corn and rice. Cotton is the major cash crop and the cotton plant production is a pillar industry. The cotton planting area even reaches almost half of the total arable land area in some years. Uzbekistan is also an important vegetable production region in Central Asia, producing 2.7 to 3 million tons of vegetables annually, including tomatoes, cucumbers, onions, cabbages, carrots, edible beets, eggplants and peppers, etc. The output of tomatoes, in particular, could hit more than one million tons. In 2017, Uzbekistan witnessed a seed cotton yield per unit area of 2,600 kg/ha, compared with 4,730 kg/ha in China, a wheat yield per unit area of 4,799 kg/ha, compared with 5,480 kg/ha in China.

(2) Animal Husbandry

Uzbekistan has a long history of animal husbandry, and wool and meat are the major products. The country produces and exports plenty of lamb skins. The animal husbandry mainly consists of the farming of cattle, sheep and chickens. The area of dessert pastures stands at 26.5 million hectares. In 2016, a total of 1,138 cattle farms, 592 poultry farms, 601 fish farms and 1,428 bee farms were built nationwide. Currently, more than 10 million livestock are raised on private small farms and private commercial farms. Domestic poultry supply can meet 80% of the country's needs, while for eggs, the rate is 100%. The country has a developed sericulture industry, which ranks sixth in the world with an annual output of 16,000 tons of cocoons.

7.3 Agricultural Technology

(1) Plant Production Technology

Uzbekistan attaches great importance to cotton breeding research, but the technical level of plant production management has not improved much due to the extensive mode adopted in cotton field management. Few advanced techniques are applied in cotton planting. As a result, cotton yield in the country is obviously lower than that in China's Xinjiang in general. After the introduction of China's planting technology in 2018, cotton yield in Uzbekistan doubled compared with those years with traditional practices.

(2) Animal Farming Technology

Uzbekistan is short of improved livestock and poultry breeds, and backward in breeding technologies. It has few new livestock varieties with high output and good ability to resist disease, and the coverage of improved breeds is rather low. In recent years, the country has imported around livestock varieties from Ukraine, Belarus, Poland, Austria, and Germany, with a view to improving the raising standards of the animal husbandry sector and increasing the number of livestock on farms.

(3) Water-Saving Irrigation Technology

Located in an arid region, Uzbekistan has scarce water resources and low irrigation level, both of which constrain its agricultural production. The strain of water resources makes the country in a vulnerable situation. Unfavorable geographical location and climate conditions and extensive development and utilization of water resources have had a negative effect on both the reform and development of irrigation agriculture and the overall progress of national economic reform. Due to undeveloped irrigation means and inefficient water utilization, about 90% of the water resources in the country are used for irrigation agriculture and the natural loss of water reaches about 50% of the total. Therefore, how to ensure the basic irrigation water has been a long-standing issue. At present, salinization has occurred to 46.6% of the irrigated lands. In order to facilitate the sustainable agricultural development, it is necessary for Uzbekistan to speed up the construction of irrigation facilities, improve irrigation technology and develop a water-saving agriculture.

(4) Agricultural Mechanization

Although the manufacturing of agricultural machinery in Uzbekistan has long been indebted, the state has to exempt tariffs for some imported agricultural machinery and encourage importing agricultural machinery from other countries, aiming to promote the development of domestic agriculture. Uzbekistan has a high level of cotton mechanization. Except for cotton picking, all other operations have been mechanized. Subsoil ploughs, smoothing harrows and double-layer fertilizer spreaders and other equipment have been used. However, in terms of reliability of cotton field machinery and actual effect of operations, both quality and effect of mechanical operations on cotton fields are lower than those in Xinjiang.

(5) Storage and Processing Technology for Agricultural Products

In Uzbekistan, the storage and processing technology for agricultural products is relatively undeveloped. Each year, the country harvests over 16 million tons of fruits, vegetables, melons and beans on average and produces nearly 1.5 million tons of meat and ten million tons of milk, but the average industrial processing level is only 15% to 20% of the output. The storage and selection of agricultural products fail to reach standards, causing a crop loss of nearly 30%. Only 3% to 4% of vegetables and 11% of fruits are exported.

7.4 Trade in Agricultural Products

In 2017, Uzbekistan mainly exported cotton, fresh fruits, processed fruits, nuts and other products, whose combined export volume accounted for 16% of the country's total exports. The export volume of cotton reached US$905 million. Vegetable oil, wheat, vegetables, other agricultural products and meat were mainly imported, whose combined import volume accounted for 10% of the country's total imports. Trade in agricultural products had a surplus, which has got narrowed in recent years.

In 2017, Uzbekistan mainly exported agricultural products to Russia, CIS countries and China. The exports to China and Russia had a share of 50% in its total volume of export. Cotton is mainly exported to China, Russia, Turkey, Iran and other countries. Agricultural products are mainly imported from Russia, the CIS and Europe and contribute about 70% of the country's total imports of agricultural products. Wheat is the major imported grain, mainly from Kazakhstan, Denmark, Russia, Turkey and other countries. Meat and fat are mainly imported from Russia, Malaysia and Kazakhstan.

7.5 Agricultural Policies

(1) Reform Measures for Agricultural Economy

Land reform. Since its independence in 1991, Uzbekistan launched land reform as the most important action in agriculture. The country has allocated the state-owned farms and collective farms under the planned economy to farmers. Land reform has greatly aroused the enthusiasm of farmers, enabled the country to come through the gloomy situation in agricultural production after its independence, and contributed to the significant increase in agricultural yields.

Ensuring food security. In order to further improve food security, guarantee basic domestic food supply and promote the growth in agricultural exports, Uzbekistan is improving the agricultural production structure and reducing the cotton plant production area. According to the Food Program established by the President of Uzbekistan, the country would improve cotton planting area from 2015 to 2019 progressively, and change some lands with low cotton yield per unit area into areas for planting fruits, vegetables, potatoes and other crops with good yield.

Improving agricultural product structure. According to the statistics, during the period 1990 to 2010, the share of Uzbekistan's seed cotton yield in the total yield of agricultural products declined from 47.7% to 11.1%; the yield of food crops, potatoes, fruits and vegetables rose significantly; and the mix of Uzbekistan's agricultural products was improved to some extent. However, it is difficult to further raise productivity after farmer's enthusiasm reaches a certain height. Despite the change in the structure of Uzbekistan's plant production, the cotton industry still holds a large proportion.

(2) Reform Policies for Agricultural Economy

The Uzbekistan government has formulated a necessary legal framework to ensure the implementation of economic reforms in the agricultural sector. In recent years, it has promulgated various outlines and measures as the policy basis for reforms, mainly including the National Outline for the Upgrading and Further Modernization of Agricultural Production Technologies and Equipment 2012-2016, the National Outline on the Soil Improvement and Sound Utilization of Water Resources on Irrigated Lands 2013-2017, Accelerating the Development of Supporting Services in Rural Areas of Uzbekistan 2013-2016, the Measures on Promoting Agricultural Reform and Development 2016-2020, etc. The introduction of such policies and measures has paved the way for Uzbekistan's agricultural economic reforms and enabled its steady growth in agricultural production in recent years.

(3) Major Points of Reform on Agricultural Economy

The elements of reform on agricultural economy mainly include: implementing asset and result reforms; improving the efficiency of land and water use; continuing to increase grain yield, ensuring food security; and promoting the modernization of agricultural production and the upgrading of agricultural technology.

Uzbekistan has made remarkable achievements in food security and agricultural development by effectively implementing agricultural reform policies. However, there are still some challenges, such as inefficient land use, incomplete water resources system, undeveloped irrigation technology, etc.

8 China

8.1 Overview

China, as the most populous country, accounts for nearly one-fifth of the world's population. Ensuring adequate food for its people and ensuring food security have always been China's top priority in developing agriculture. The country has a large agricultural population (40.42% in 2018), and agriculture plays a critical role in its national economy. With a land area of 9.6 million square kilometers, China has an arable land of only 1.28 million square kilometers, making up about 7% of the world's arable land. In recent years, China has accelerated its agricultural modernization, but there are still many problems.

8.2 Agricultural Production

Compared with developed countries, China faces many difficulties and challenges in agricultural development, such as low automation of agricultural production, high input and low output of per unit arable land, and inability to meet domestic demand for agricultural materials. Meanwhile, the shortage of land and water resources, as well as frequent natural disasters also hinder China's agricultural growth.

Prominent quality and safety problems of agricultural products. In recent years, a number of serious incidents concerning food, such as the addition of melamine to food, watermelons with swelling agents, and use of clenbuterol, have created great concern for food safety. People have paid unprecedented attention to the quality and safety of agricultural products. Food is the first necessity for mankind, and food security is key to a country's stability and its people's wellbeing, and is therefore crucial for fair market competition and sound economic development.

Salient structural imbalance in agricultural production. The effective supply of agricultural products cannot meet the changing market demand. Agriculture is not strong or competitive enough despite its big size, which leads to structural imbalances in the supply of agricultural products. Meanwhile, the imbalanced supply structure brings huge pressure to the environment. The capacity of ecological system is approaching its limits due to excessive development of forestland, grassland and wetland, over-exploited groundwater, and serious agricultural pollution from non-point sources.

Low returns of agriculture. Currently, the high-cost agricultural production has become an issue of concern, making food prices in China higher than those in the international markets. The excessive use of pesticides and fertilizers brings duel pressures of high cost and degraded environment. All this has posed a threat to the sustainable agricultural development in China.

8.3 Agricultural Technology

Crop breeding: China closely follows the frontiers of crop molecular breeding technique, but its originality is weak. At the same time, the industrial application of technology is far lagging behind its international peers. The country has achieved remarkable results in cultivating crop varieties, but the industrial application of genetically modified varieties is in a very backward stage, which cannot meet the diversified needs of modern agricultural development.

Animal breeding: China has developed a series of distinctive livestock and poultry breeds, such as Jingfen and Jinghong series of laying hens bred by Beijing Yukou Poultry Company, and high-quality yellow-feathered broiler breeds cultivated by Wens Group. Despite the achievements, China remains dependent on imports for species of livestock and poultry in large-scale farms, such as dairy cows, beef cattle, pigs and broilers.

Soil improvement and protection: China keeps up with or even leads the international advanced technology in improving soil with obstacles and increasing soil fertility.

Fertilizer saving technology: China has basically kept abreast of the world advanced level in soil testing and formulated fertilization techniques, precision fertilization, and ertigation.

Water-saving technology: China has developed plastic mulching techniques and products with its own characteristics, but there is still a big gap with the world's advanced level in original biological water-saving theory, sensor technology related to intelligent water-saving irrigation, and intelligent decision-making model.

Chemical-saving technology: China has had a systematic forecasting and early warning system for major diseases and insect pests by integrating biology, information science, and Internet plus technology, significantly improving the ability of preventing and mitigating biological disasters. However, the current pesticide utilization rate in China is merely 38.8%, indicating a big gap with 60% in European countries and the United States. China still lags behind those countries in terms of precision pesticide application and variable spray techniques.

Animal feeding and nutrition: China has gained a number of innovative results in testing technology for feed quality and safety, assessment technology for feed biological value, pollution-free new feed additive technology, livestock product nutrition improvement technology, and testing technology for farming environment quality. However, there is still room for improvement in research and development (R&D) of low-protein diet technology and other new feed additive technologies and eco-friendly feed technologies. In addition, China suffers increasingly severe shortage of feed ingredients, and the dependence of feed protein and energy ingredients on foreign sources has mounted year by year. For example, China's dependence on imports of soybeans has reached more than 80%. In recent years, China has been enhancing scientific research on feeds and comprehensive utilization of resources, fully exploiting the feed value of raw materials, and vigorously developing grain-free feeds.

Prevention and control of animal diseases: compared with developed countries, China faces many inadequacies including little originality in research on most major animal diseases, zoonotic diseases and immune mechanisms. For new diseases and foreign diseases such as African swine fever and bluetongue, China now mainly focuses on epidemic monitoring, doing less in exploring pathogenic mechanisms, diagnostic targets and vaccine candidates, and being weak in disease risk assessment and early warning technology. However, China remains globally advanced in R&D of vaccine products, such as the attenuated vaccine for swine fever rabbit, pseudorabies vaccine, equine infectious anemia donkey-leukocyte attenuated vaccine, and avian influenza vaccine.

Agricultural facilities and machinery: China has made breakthroughs in the areas of rice precise direct-seeding technology, corn grain harvesting, peanut mechanized harvesting, fruit selection and grading, and conservation tillage. At present, China's agricultural machinery mainly includes field operation machinery for the three major grain crops (wheat, corn and rice).

Processing technology for agricultural products: China is internationally advanced in industrial technology for processing traditional Chinese food, but weak in originality and integration of the processing technology and equipment.

Utilization use of agricultural wastes: China is comparable to developed countries in R&D of aerobic fermentation of manure calculation, biogas/biological natural gas technology, straw gasification, and techniques for processing and utilizing dead livestock and poultry.

R&D of agricultural biotechnology: China closely follows the international trend in gene editing technology, whole genome selection technology, genetic modification technology, synthetic biotechnology, gender control technology, etc. But as a whole, China shows weakness in originality of agricultural biotechnology and products.

Agricultural information technology: China keeps pace with the world development in applying artificial intelligence technology in agriculture, but there is still a huge gap with the international advanced level in the core technology. It is highly dependent on imports of computing chips, main algorithms, platform software, etc.

8.4 Trade in Agricultural Products

In 2018, China's foreign trade in agricultural products continued to grow, with exports increasing by 6.5% yoy to US$80.45 billion, and imports rising by 9.1% yoy to US$137.26 billion. The trade deficit was up by US$6.49 billion to US$56.81 billion.

China's top five categories of exported agricultural products are aquatic products, vegetables, fruits, livestock products and beverages; the top five categories of imported agricultural products are oilseeds, livestock products, aquatic products, fruits and beverages. The top five export markets are Japan, Hong Kong SAR, the United States, Vietnam and the ROK, accounting for 49.5% of China's total exports; the top five import sources are Brazil, the United States, Australia, Canada and New Zealand, making up 54.5% of China's total imports.

The top five provinces in agricultural exports are Shandong, Guangdong, Fujian, Zhejiang and Liaoning and the top five provinces in imports are Guangdong, Jiangsu, Shandong, Shanghai and Tianjin.

8.5 Agricultural Policies

(1) The Guideline of Prioritizing the Development of Agriculture and Rural Areas Proposed in 2019 No. 1 Central Document

According to the Document, the period 2019-20 will be decisive in finishing the building of a moderately prosperous society in all respects. There are many challenging tasks in the work related to agriculture, rural areas, and rural people. Addressing issues in this regard should have a central place on the agenda of the CPC. China should further seek unity in thinking, stay confident, implement the plans and arrangements, and consolidate the sound momentum for agricultural and rural development. The country should capitalize on the role of agriculture and rural areas as the ballast stone in a bid to gain the upper hand in effectively handling risks and challenges, and lay a solid foundation for maintaining sustained and sound economic development and overall social stability and achieving the first centenary goal as scheduled.

The Document emphasized that China must prioritize the development of agriculture and rural areas and support competent officials and excellent talents to work in agriculture and rural areas. Priorities will be given to the allocation of elements for the development of agriculture and rural areas by resolutely breaking down the institutional barriers that hinder the free flow and equal exchange of urban and rural elements and promoting the flow of resource elements to the countryside. Budgetary input and financial services will be increased to ensure the development of agriculture and rural areas; more public finance resources will be channeled to agriculture and rural areas; and rural public services will be improved to ensure that both urban and rural areas gradually come to adopt the same basic public service systems and standards.

(2) The 13th Five-Year Plan for the Development of Rural Economy

The 13th Five-Year Plan for the Development of Rural Economy issued in 2016 by the National Development and Reform Commission of China set out the following goals.

First, make a large-scale push to see the development of high-quality farmland. Efforts will be made to build 53.3~66.67 million hectares of high-quality farmland by 2020; strengthen farmland irrigation and water conservancy, accelerate related upgrades of water-saving facilities in medium-sized and large irrigation areas, and carry out pilot program for modern large and medium-sized irrigated areas. Technological innovation in the seed industry will be promoted, joint research on major scientific research on improved varieties will be fully advanced, and the new round of major grain crops replacement will be sped up. Agricultural mechanization will be pushed forward actively, especially the mechanization of entire production of major food crops, and the mechanized operation of rice production and corn and potato harvesting will be improved.

Second, promote information technology adoption in agriculture. Efforts will be made to launch a campaign of Internet Plus modern agriculture, promote the integration of information technology into agricultural production, operations, management, and services, and develop a network-based, intelligent, and sophisticated modern plant production and breeding model. Big data, Internet of Things, cloud computing and other technologies will be adopted to establish an intelligent data acquisition, processing, application, services, and sharing system. The application of smart weather and agricultural remote sensing technology will be developed, the agricultural information monitoring and early warning system will be set up and improved, and the level of agricultural information technology will be raised.

Third, continue to implement the national plan of increasing 50 billion kilograms of grain production. Efforts will be made to increase grain output in 800 major grain-producing counties, expand soybean plant production in Northeast China, consolidate production capacity of Xinjiang cotton, Guangxi and Yunnan sugarcane, and oilseeds in the Yangtze River Basin. Supports will be given to the central and western regions to develop special cash crops, mountain animal husbandry, woody oil crops, fruit industry, edible fungi, traditional Chinese medicine, and under-forest economy in accordance with local conditions, etc.

Fourth, support agriculture to go global. Efforts will be made to fully leverage the strengths of leading agro-industrial enterprises and farm enterprises to foster a number of multinational grain treaders, distributors and agricultural enterprise groups with international competitiveness and brand awareness. Supports will be given to enterprises to build agricultural production, processing, storage and transportation bases abroad, and build a global agricultural industrial chain. Production capacity cooperation in the fields of agricultural machinery and equipment, agricultural and veterinary drugs, and fertilizers will be promoted by enhancing the alliance with international agricultural companies. The key network of agricultural products market will be improved, and the upgrading and transformation of agricultural product wholesale markets or logistics centers will be stepped up. Great efforts will be made to build a number of agricultural product distribution centers, logistics processing and distribution centers and international agricultural product exhibition centers with domestic and international influence at a faster pace to make price formation centers play their roles.

(3) The Special Plan for Technological Innovation in Rural Areas During the 13th Five-Year Plan Period

The Special Plan for Technological Innovation in Rural Areas During the 13th Five-Year Plan Period was jointly prepared in 2017 by 16 ministries and commissions including the Ministry of Science and Technology, the Ministry of Agriculture and Rural Affairs and the State Oceanic Administration. The Plan set out the following objectives.

First, breeding of major farm crops. Priority will be given to the technological innovation and industrial application of the seed industry of major crops such as rice, wheat, corn, soybeans and cotton, in a bid to make breakthroughs in the core technologies of gene discovery, variety design and breeding of improved varieties, create new germplasm with great application prospects, cultivate and apply a group of groundbreaking major new varieties with independent intellectual property rights.

Second, breeding of major cash crops. Priority will be given to the breeding of vegetables, oil crops, edible fungi, sugar crops, tea, potato crops, feed crops, etc. Efforts will made to conduct study on core technologies, including collection, evaluation and utilization of germplasm resources, gene discovery, molecular design and transgenic breeding, and molecular marker assisted selection breeding, aiming to create a group of new varieties with high quality, high yield and high efficiency.

Third, breeding of major livestock and aquatic animals/plants. Priority will be given to the breeding of important livestock and poultry such as pigs, cattle, sheep, chickens, and waterfowl, and major aquatic animals/plants such as fish, shrimp, crabs, shellfish, algae, and ginseng. It is expected to make breakthroughs in core technologies, such as gene discovery, variety design, and breeding of improved varieties. Efforts will be made to intensify research on selection, screening and inspection technologies for imported biological species resources, and foster a number of high-performance animal species.

Fourth, breeding of major trees, fruits, flowers and grass. Cutting-edge research should be conducted in the collection, evaluation and utilization of forest, fruits, flowers and grass germplasm resources; cell engineering breeding; genetic engineering breeding, molecular marker-assisted breeding; aerospace breeding, etc. It is expected to develop new breeding ways, make breakthroughs in core breeding technologies and cultivate some excellent new varieties.

The Plan also proposed to implement the program of fostering high-tech agricultural enterprises. Focusing on modern agricultural industries such as biological seed industry, agricultural machinery, agricultural Internet of Things and food manufacturing, China is going to introduce supporting policies for incubating and cultivating high-tech agricultural companies, encourage firms, universities and research institutes to jointly apply for relevant national science and technology programs, and endeavor to foster around 10,000 high-tech agricultural businesses by 2020.

Part III
Demand Analysis of Agri-Tech Exchange, Training and Demonstration among SCO member states

At present, all SCO member states are facing the pressing task of economic development, while agriculture is the focus of this task. It is imperative for the SCO member states to make breakthroughs in agricultural technology to accomplish a great transition from traditional to modern agriculture and move faster to narrow the development gap with developed countries.

Due to the differences in economic models, resource endowments, productivity, and policy environments, SCO member states have their respective strengths and weakness in agricultural products, technology and talents.

China is now in the second most advanced group in terms of agricultural technology and innovation, with a contribution of 58.3% to the global technology progress. The country has made major headways in the areas of variety breeding, pest and disease control, facility agriculture, R&D of agricultural machinery, IT application in agricultural production, precision agriculture, intelligent agriculture, dry and water-efficient farming, drip and spray irrigation, sound application of fertilizers and pesticides, the recovery of resources from agricultural waste, and so on. However, it remains undeveloped in the fields of animal breeding, prevention and control of major diseases, deep processing of agro-products, agricultural biotechnology and IT application in agriculture. As the initiator and birthplace of the SCO, China is committed to deepening the cooperation on agriculture among the SCO member states, raising the members' agricultural productivity, and pursuing the common progress and prosperity of all SCO member states. It works to carry out targeted exchanges, training and demonstration activities related to agriculture technology for people in the relevant areas from the SCO member states based on its own strength and experiences in agricultural development, the conditions of other members as described in Part I, and the common and different challenges faced by the SCO states. This effort is of great strategic significance.

1 Common Challenges in Regional Development

1.1 Joint Prevention and Control of Cross-Border Animal Epidemics

The prevention and control of some major regional animal diseases and epidemics (such as avian influenza, African swine fever, foot-and-mouth disease, etc.) is an issue of common concern for all member states when they work to expand regional agricultural trade, reduce trade barriers, and open markets to each other. member states should enhance their dialogue, exchanges and cooperation, meet challenges together, strengthen joint prevention and control of cross-border animal epidemics, and create biosafety channels. The sharing of relevant experiences in animal disease prevention and control, vaccine development and immunization policy implementation will not only promote the effective control of animal epidemics in SCO member states, also actively facilitate in building mutual trust among member states and promoting trade in animals and animal products.

1.2 Land Degradation and Desertification

Land desertification in some SCO member states, especially in Northern India, Pakistan, Central Asia and Northwest China, is expanding and has grown into serious obstacles threatening agricultural sustainable development. With the increasing population, the rising impact of global climate change and the declining salt water level in Central Asia, land salinization, infertility, extreme aridity and degradation of surface vegetation trended more seriously. Overgrazing and traditional irrigation in the long run in Kyrgyzstan led to the severe secondary salinization of the soil in some areas. What's worse, the excessive use of river water drastically reduced the area of lakes as well as the capability of the lake to regulate the climate; and the land desertification further intensified coupled with excessive reclamation. Extremely arid climate and active geomorphic wind process coupled with the destruction of the land surface by human over-reclamation, over-grazing, wood chopping, deforestation, river changes, and road construction in Pakistan resulted in intensified desertification in the Thar regions. Most member states are concerning about how to apply advanced science and technology into the prevention and control of land degradation and desertification and speed up the effort and effectiveness in reducing the affected area.

1.3 Water Shortage

Water shortage is now the focus of attention of all countries in the world. Water shortage, uneven distribution of limited water resources, serious pollution of the water environment, etc. are urgent problems to be solved in modern society because they have posed a major threat to the economic development of countries around the world. A sound manipulation on problems of flooding water, shortage of water, waste water and polluted water directly affects and determines the sustainable use of water resources, the safety of food production, the mode of economic growth, the continuous progress in the national economy, the safety of the ecological environment, and the stability of the domestic and international environment. All SCO states except Russia are confronted with water shortage which proves to be the fundamental factor restricting their agricultural development. Scientific use of water to improve the utilization rate of water resource and alleviate the adverse effects of water shortages on agricultural production is challenge for all member states to address.

1.4 Climate Change

The climate change directly affects food security of all countries, aggravating the adversity of plant diseases and insect pests, reducing grain yields and quality and seriously endangering food security. As the SCO member states are geographically close, interests-interrelated and exposed to similar and increasing natural disasters and extreme weathers caused by climate change in recent years, the joint response to climate change will become a must. Since the United Nations Conference on Environment and Development in 1992, the Chinese government has taken the lead in formulating the China's Agenda 21 - White Paper on China's Population, Environment and Development in the 21st Century, and adopted a series of policy and measures based on national conditions to contribute in global climate change mitigation. According to the report by the Energy Policy Institute at the University of Chicago (EPIC) published in March 2018, the content level of fine particulate matter in China's air fell by an average of 32% between 2013 and 2017. The report commented highly that China has combated air pollution "excellently regardless of standards citation," in just four years and such achievements took the United States decades of years to attain. The practice in the past ten years and longer proved that China has been and is still exploring a win-win development path to tackle climate change and protect the environment, while pursuing economic growth.

1.5 Agro-Products Quality and Safety Certification System That Is Not in Line with International Standards

The quality and safety of agricultural products has become the focus of the governments and the top concern of the people of all countries. By far, many problems in the agricultural product quality and safety certification system of most member states resulted in severe green export barriers confronted with the continuous improvement of international market access standards. Failure of meeting the requirements of international standards often holds back exports, leading to great losses of farmers and export enterprises and undermining the market reputation of agricultural products from member states. The quality and safety standards of agricultural products in developed countries such as members of the European Union mostly adopt a systematic management system which prioritizes monitoring the entire food chain "from farm to table" as the basic principle of food safety managements. However, the quality and safety indicators in some SCO member states fails to cover the entire production process and the formulation and revision of pesticide and veterinary drug limit standards are in poor integration with that for drug registration and drug ban. International standards are updated at a fast pace while those in some SCO member states are lagging behind the changes. It is therefore imperative for all member states to tackle the issue by setting up a certification system in line with the international standards to facilitate and expand trade in agricultural products.

1.6 Low Agricultural Trade Facilitation

Trade facilitation often has a positive co-relationship with the degree of economic development. In most SCO member states, there is a low level of facilitation in cross-border trade of agricultural products, especially the long time, high cost, and low efficiency in customs clearance. The problem is partially caused by their great differences in culture, geography, history, social customs, legal systems, and uneven development of economy. In addition, these countries, most of which are developing ones, feature undeveloped highways, ports, storage infrastructure, as well as numerous obstacles in customs efficiency, information and internet technology, inspection and quarantine, institutional environment and other software facilities restraining the facilitation of agricultural trade. The SCO member states need to improve the facilitation of agricultural trade, promote and expand the scale of trade, and pursue sustained growth in agricultural trade. The most effective measures by far are to take customs facilitation as the breakthrough to promote the overall development of trade facilitation in infrastructure construction, logistics and transportation, agricultural products inspection and quarantine and cross-border agricultural e-commerce.

1.7 Poverty Reduction

Poverty remains a formidable challenge to mankind in the modern world. Poverty eradication is and always has been a goal and a basic right of all peoples in their pursuit of a happy life. It has been a pressing task facing the developing world since the end of the World War II. China is to eliminate all impoverished population out of poverty by 2020 and such a world-renowned achievement in poverty alleviation together with the complete set of system on poverty alleviation through development, accumulated Chinese experience and anti-poverty development models crystallize wisdom of human civilization and contribute great reference significance for all members of the whole world. For example, Chinese Central Government proposed a package of "five approaches" projects to promote targeted poverty alleviation, to be specific, to implement the effective approaches of production development and, or relocation, ecological compensation, education, and lastly social security, respectively for targeted impoverished people. The poor household and population were guaranteed to eliminate their poverty through synergistic projects in employment, health-care, products marketing, and benefits from the fixed asset. China has won awards from the Food and Agriculture Organisation of the United Nations and World Food Summit for outstanding progress in fighting hunger. Most SCO members are agricultural countries in tradition and nature, and the rural population accounts for a relatively large proportion of more than 50% (excluding China with a rural population proportion of 42%, Russia 26% and Kazakhstan 42%), especially India, with a proportion of over 66%, which makes poverty alleviation, living standards improvement and sustainable development common challenges to be addressed.

2 Different Challenges on Agricultural Development Facing SCO member states

In addition to the common challenges, the SCO members face different challenges alongside the agricultural development due to their various status and conditions.

2.1 Pakistan

In Pakistan, the agricultural population proportion is high, and the agricultural science and technology input and the scientific and education level of agricultural labor force remain low. Agricultural production is in extensive mode and the machinery application is limited, mostly by manual labor or limited use of mechanization, leading to low comparative production efficiency. The quality of seeds is poor, and high-quality seeds and chemical fertilization are in shortage. Water resources are lacking and its use efficiency stays low. Animal husbandry is with low level of technical equipment. Agricultural products processing technology are outdated and incomplete. Enterprises are small and insufficient in processing standards and comprehensive utilization. Many of its exported agricultural products are poor in quality and the certification system is not complete.

2.2 India

As a large food producer, India has the second largest arable land in the world and the superior natural conditions for agricultural production, but has a large number of hungry people in the world. As an agricultural country, India is at a low overall level of agricultural production. The outdated agricultural infrastructure construction, especially the poorly-equipped farmland water facilities, greatly hinders its agricultural production potential. Farmers hold scattered land, bear rising production costs and lack the community-level agricultural technology extension system. The unit yield of major food crops (rice, wheat), cash crops (cotton, soybeans, and rapeseed) and others are significantly lower than the average level in China and the whole world. Irrigation facilities are backward and flood irrigation is mostly applied while drip irrigation technology is relatively lacking. The ability to resist disasters is not good. The use of improved varieties and the promotion of advanced agricultural technologies proceed slowly. Mechanized farming is low and the public agricultural investment is insufficient. Chemical fertilizers are excessively applied. Given insufficient freezers and refrigerated trucks and poor road conditions, nearly 40% of food is wasted. The grain storage and processing capacity and facilities need improvement and the development of grain added value is insufficient.

2.3 Russia

The economy in Russia grows slowly or even negatively. Serious income disparity occurs between rural and urban areas: an overall shortage of labor, especially young laborers skilled in agricultural production techniques in rural areas in general. Government input and capital is severely insufficient. Logistics infrastructure for agro-products is backward and the marketing channels are impeded. Agriculture development is highly dependent on the international market. Climatic conditions are the main restraints on agricultural production with the comprehensive natural conditions of agriculture being poor, especially in the northeast Russia. The production tools are low in efficiency and some small farms cannot afford machinery and rely on manual labor. Crops are mainly wheat and other limited grains. The pasture is shrinking and meat and dairy products are mainly imported. Fruits and vegetables are also mostly imported due to climate conditions. Abnormal weather (drought, hail) affects food production. The development of agricultural science and technology is constrained by a lot of factors, such as brain drain in agricultural research, inadequate investment in innovation, and the understaffed research teams.

2.4 Kazakhstan

Kazakhstan is a landlocked country with relatively developed agriculture. Agriculture is in extensive cultivation and the yield per unit area of wheat and cotton is significantly lower than that in China. Grain processing, storage and transportation capacity is either insufficient or backward. Agricultural production input is generally insufficient, production technology is backward and agricultural mechanization level is low. Agricultural means liker fertilizers and chemicals are in short supply. In animal farming, feed security is inadequate, costs are increasing, small-scale free-range operations, low level of intensive farming, underdeveloped breeding, and slow livestock and poultry variety improvement and premature veterinary services are also serious issues. Agricultural labor is lacking and technical personnel are incompetent and old. About 60% of dairy products rely on imports. Labor-intensive and technology-intensive agricultural products such as fruits, vegetables, facility agricultural products, and processed agricultural products are at a disadvantaged level compared with those in China.

2.5 Kyrgyzstan

Kyrgyzstan is generally weak in agricultural production capacity and has low unit grain yields. It faces food security challenges, insufficient agricultural technical measures, poor control of diseases and pests, low soil fertility and low application of pesticides and fertilizers. The industrial chain for processing agricultural products is not mature, and the technological level of processing, transportation, fresh-keeping, storage and other key links lags behind. Irrigation facilities are aging and water resources utilization efficiency is low. Research project funds and test equipment are inadequate. There is a serious outflow of outstanding agricultural scientific research personnel, and the primary-level agricultural technical personnel are in shortage. Agricultural products, especially processed food and other labor-intensive products, are mostly imported.

2.6 Tajikistan

Agriculture in Tajikistan is slowly recovering, but it faces serious shortage in food supply, with 40% of food being imported. Agricultural investment is seriously inadequate and crop yield per unit is low. Farming land is in shortage. Soil fertility is poor. High-quality arable land is insufficient. Soil fertility is poor, high-quality arable land are insufficient, soil fertility and agricultural ecological management system and soil improvement technical measures are lacking. Agriculture is characterized by monoculture farming and has high external dependence. Farming is extensive and less intensified. Agricultural machinery is aging, insufficient and backward. Cultivation and farming technology is backward, research on plant protection and agricultural machinery promotion proceeds slowly and high-tech biotechnology research on selection and breeding of new varieties remains blank. Crop varieties are degraded, high-quality varieties are lacking, and variety research and development capabilities are insufficient. Livestock varieties are poor, grassland resource utilization is low, and feed is severely short. Farming production is extensive and chemicals like fertilizers and pesticides are in shortage. Agricultural products processing industry is backward, deep-processing technology for cotton and others is basically imported. Agricultural science and technology extension system is incomplete, research funds and talents are in severe shortage, research teams need the joining of new young talents, techniques are backward, and equipment is outdated.

2.7 Uzbekistan

With a severe arid continental climate, Uzbekistan faces natural constraints in developing agriculture and thus has a monoculture farming, low production level with most farming relying on manual labor. Water resources utilization is unreasonable and in low efficiency which caused large number of ecological problems. The land capability for agriculture is unsustainable and salinization is the biggest problem for land with about 2 million hectares of arable land salinized to various degrees and large areas of pastures hit with serious desertification, petrification and salinization. Agricultural machinery and equipment are aging, technology level is low, and crops lose severely during harvesting, transportation and storage. Agricultural trade is mainly on primary products and foreign investment in agricultural cooperation is low. Most machines and equipment of the cotton factory are aging and the efficiency of the stripping machine is low, resulting in the unclean stripping of the short lint on the cotton seed, and the low lint yield. The old oil pressing equipment produce an oil extraction rate of only 10-15% , lower than the rate of 23% in China.

2.8 China

Sustainable development has always been the core of modern agriculture. The sustainable agricultural development is crucial for China's agricultural economy and provides the fundamental solution to the issues relating to agriculture, rural areas and farmers in the country. China is confronted with various constraints in pursuing sustainable agricultural development. For example, agriculture is severely restricted by the shortage of land and water resources and frequent natural disasters, insufficient technological innovation, small investment in agricultural technology, and low industrial application of technology findings, wide regional gaps in innovation. There are salient problems of agricultural product quality and safety and imbalance of production structure.

Agriculture is not strong or competitive enough despite its big size, which leads to structural imbalances in the supply of agricultural products. The capacity of ecological system is approaching its limits due to excessive development of forestland, grassland and wetland, over-exploited groundwater, and serious agricultural pollution from non-point sources. The excessive use of pesticides and fertilizers brings duel pressures of high cost and degraded environment. All this has posed a threat to the sustainable agricultural development in China.

3 Participants and Activities of Agricultural Technology Exchange, Training and Demonstration

Due to the differences in geographical location, climatic condition, resource endowments, and water resources, SCO member states have various agricultural products and exports. Therefore, targeted exchange, training and demonstration activities will be carried out according to the specific conditions of participants.

Table 1 Main Agricultural Produces and Exports of SCO Members

	Grain Crops	Cash Crops	Animal Products	Agro-Exports
Russia	Wheat, barley, rye, oats	Flax, sunflower, beet	Beef, pork, mutton, poultry, milk, eggs	Wheat
India	Rice, wheat	Cotton, tea	Poultry, beef and mutton	Cotton, beef
Pakistan	Rice, wheat	Cotton, sugar cane	Beef, mutton, poultry, milk	Cotton
Kazakhstan	Rice, wheat	Cotton	Beef, mutton, poultry	Wheat, cotton
Kyrgyzstan	Wheat	Cotton, beet	Beef, mutton, poultry, milk, eggs	Live animals, cotton
Tajikistan	Wheat	Cotton	Beef, mutton, poultry	Cotton
Uzbekistan	Wheat	Cotton	Beef, mutton, poultry, milk	Cotton
China	Rice, wheat, cotton	Cotton, oil, sugar, tobacco, hemp, medicinal materials, etc.	Beef, mutton, poultry, milk, eggs	Mainly aquatic products, vegetable, fruit

3.1 Targeted Activities for Senior Agricultural Officials

As a major country in the region, China takes into account the practical needs of partner countries in agricultural cooperation earnestly and shoulders its responsibility in building an effective communication mechanism for SCO members. The state-level agricultural officials are always those that make and implement national policies and take the leadership in public administration and management. Their professional competency and management capabilities directly affect the formulation and implementation of their national agricultural policies.

China is fully making use of the SCO platform to strengthen high-level communication with other member countries, hold agricultural technology exchange, training and demonstration events for high-level agricultural officials to enhance their comprehensive management capabilities, in a bid to drive forward the agriculture modernization and improve the environment for international agricultural cooperation, increase regional connectivity and overall efficiency, promote the healthy development of regional agriculture for common development and prosperity.

Based on the common issues faced by most member states, the technology exchange, training and demonstration activities in the following areas can be carried out, as shown in Table 2.

Table 2 Targeted Activities for Senior Agricultural Officials

	Russia	India	Paki-stan	Kazak-hstan	Kyrgy-zstan	Tajiki-stan	Uzbe-kistan	China
Joint Control of Cross-border Animal Epidemics	✓	✓	✓	✓	✓	✓	✓	✓
Integrated Use of Water Resources	✓	✓	✓	✓	✓	✓	✓	✓
Chinese Program to Combat Land Degradation and Desertification	✓	✓	✓	✓	✓	✓	✓	×
Agro-products Quality and Safety Certification	✓	✓	✓	✓	✓	✓	✓	✓
Agro-products Cross-border E-commerce	✓	✓	✓	✓	✓	✓	✓	✓
Inspection and Quarantine of Imported and Exported Agro-Products	✓	✓	✓	✓	✓	✓	✓	✓
Chinese Program for Poverty Alleviation	✓	✓	✓	✓	✓	✓	✓	×
Chinese Program to Address Climate Change	✓	✓	✓	✓	✓	✓	✓	×

Notes: × means the activity is not necessary while √ means necessary, unless otherwise stated.

3.2 Targeted Activities for Technical Personnel

Chinese agricultural science and technology has leaped forward since the reform and opening up and many of these practical technologies suit the needs of most member states and can be promoted and applied to boost their agriculture and promote the mutual progress of agricultural technology and economy in these countries. Up to now, the technical training courses for developing countries hosted by China have increasingly become a brilliant example in expanding opening up, implementing win-win cooperation and ultimately benefiting all mankind. Based on relatively advanced technology in domains of plant production, water-saving irrigation and agricultural information technology, China can organize technical training and exchanges for professional and technical staff from other member states to improve their professional capacity and promote depper agriculture cooperation among member countries to pursue agricultural modernization and common prosperity of the regional economy. In addition, agricultural biotechnology and IT of India, crop and animal farming technology of Russia are also critical fields for member states to communicate and learn in pursuit of the mutual progress of modern agriculture.

Participants of these exchange, training and demonstration programs are professional and technical personnel engaged in agricultural research in agricultural institutes, universities, companies and other institutions. The activities cover 12 major fields like crop and animal breeding and soil improvement and conservation (see Tables 3-14).

(1) Crop Breeding Technology

This section mainly includes hybrid rice farming Technology, hybrid wheat farming Technology, transgenic insect-resistant cotton farming technology.

Table 3 Targeted Activities in Crop Breeding Technology

	Russia	India	Paki-stan	Kazak-hstan	Kyrgy-zstan	Tajiki-stan	Uzbeki-stan	China
Hybrid Rice	×	✓	✓	✓	×	×	×	×
Hybrid Wheat	×	✓	✓	✓	✓	✓	✓	×
Transgenic Insect-resistant Cotton	×	×	✓	✓	✓	✓	✓	✓

(2) Animal Breeding Technology

This section mainly includes dairy cow molecular breeding technology, dairy cow genome selection technology and beef cattle molecular breeding technology.

Table 4 Targeted Activities in Animal Breeding

	Russia	India	Paki-stan	Kazak-hstan	Kyrgy-zstan	Tajiki-stan	Uzbeki-stan	China
Dairy Cow Molecular Breeding	×	✓	✓	✓	✓	✓	✓	✓
Dairy Cow Genome Selection	×	✓	✓	✓	✓	✓	✓	✓
Beef Cattle Molecular Breeding	×	✓	✓	✓	✓	✓	✓	✓

(3) Soil Improvement and Conservation Technology

This section mainly includes comprehensive treatment and efficient utilization of saline land, paddy soil improvement and fertility enhancement technology, and soil organic matter improvement technology.

Table 5 Targeted Activities in Soil Improvement and Conservation

	Russia	India	Paki-stan	Kazak-hstan	Kyrgy-zstan	Tajiki-stan	Uzbeki-stan	China
Saline Land Treatment and Utilization	✓	✓	✓	✓	×	×	✓	×
Paddy Soil Improvement and Fertility Enhancement	×	✓	✓	✓	×	×	×	×
Soil Organic Matter Improvement	✓	✓	✓	✓	✓	✓	✓	×

(4) Fertilizer-Saving Technology

This section mainly includes soil testing for fertilization technology and integrated irrigation and fertilization technology (fertigation technology).

Table 6 Targeted Activities in Fertilizer-Saving Technology

	Russia	India	Paki-stan	Kazak-hstan	Kyrgy-zstan	Tajiki-stan	Uzbeki-stan	China
Soil Testing for Fertilization	✓	✓	✓	✓	✓	✓	✓	✗
Irrigation and Fertilization (Fertigation)	✓	✓	✓	✓	✓	✓	✓	✗

(5) Water-Saving Technology

This section mainly includes plastic mulching technology, drip irrigation technology, unconventional water utilization technology.

Table 7 Targeted Activities in Water-Saving Technology

	Russia	India	Paki-stan	Kazak-hstan	Kyrgy-zstan	Tajiki-stan	Uzbeki-stan	China
Plastic Mulching	✗	✓	✓	✓	✓	✓	✓	✗
Drip and Sprinkling Irrigation	✗	✓	✓	✓	✓	✓	✓	✗
Unconventional Water Utilization	✗	✓	✓	✓	✓	✓	✓	✗

(6) Chemical-Saving Technology

This section mainly includes biological control technology, plant protection drone, and major pests and diseases forecasting technology.

Table 8 Targeted Activities in Chemical-Saving Technology

	Russia	India	Paki-stan	Kazak-hstan	Kyrgy-zstan	Tajiki-stan	Uzbeki-stan	China
Biological Control Technology	✓	✓	✓	✓	✓	✓	✓	✗
Plant Protection Drone	✓	✓	✓	✓	✓	✓	✓	✗
Major Pests and Diseases Forecasting	✓	✓	✓	✓	✓	✓	✓	✗

(7) Animal Feeding and Nutrition Technology

This section mainly includes new pasture breeding, feed resources and raw materials development, livestock and poultry farming technology and equipment, livestock products nutrition improvement, non-grain feed resources, new feed formula and integrated utilization technology, quality inspection of breeding environment, feed quality and safety inspection technology.

Table 9 Targeted Activities in Animal Feeding and Nutrition

	Russia	India	Paki-stan	Kazak-hstan	Kyrgy-zstan	Tajiki-stan	Uzbeki-stan	China
New Pasture Breeding	✓	✓	✓	✓	✓	✓	✓	✓
Feed Resources and Raw Materials Development	✓	✓	✓	✓	✓	✓	✓	✓
Livestock and Poultry Breeding Technology and Equipment	✓	✓	✓	✓	✓	✓	✓	✓
Livestock Products Nutrition Improvement	✓	✓	✓	✓	✓	✓	✓	✓
Non-grain Feed Resources Development	✓	✓	✓	✓	✓	✓	✓	✓
Feed Formula and Integrated Utilization	✓	✓	✓	✓	✓	✓	✓	✓
Quality Inspection of Breeding Environment	✓	✓	✓	✓	✓	✓	✓	✓
Feed Quality and Safety Inspection	✓	✓	✓	✓	✓	✓	✓	✓

(8) Animal Disease Prevention and Control Technology

This section mainly includes bird flu vaccine development technology and animal disease diagnosis technology.

Table 10 Targeted Activities in Animal Disease Control

	Russia	India	Paki-stan	Kazak-hstan	Kyrgy-zstan	Tajiki-stan	Uzbeki-stan	China
Bird-flu Vaccine Development	✓	✓	✓	✓	✓	✓	✓	×
Animal Disease Diagnosis	✓	✓	✓	✓	✓	✓	✓	✓

(9) Agricultural Facilities and Machinery

This section mainly includes precise and direct machinery seeding of rice, conservation tillage technology, facility agriculture technology and plant factory technology.

Table 11 Targeted Activities in Agricultural Facilities and Machinery

	Russia	India	Paki-stan	Kazak-hstan	Kyrgy-zstan	Tajiki-stan	Uzbeki-stan	China
Precise and Direct Machinery Rice Seeding	×	✓	✓	✓	×	×	×	×
Conservation Tillage	✓	✓	✓	✓	✓	✓	✓	×
Facility Agriculture	✓	×	×	✓	✓	✓	✓	×
Plant Factory	✓	✓	✓	✓	✓	✓	✓	×

(10) Deep Processing of Agricultural Products

This section mainly includes agricultural products post-harvest preservation and processing technology; agricultural products low-temperature preservation technology and agricultural products cold chain logistics.

Table 12 Targeted Activities in Deep Processing of Agricultural Products

	Russia	India	Paki-stan	Kazak-hstan	Kyrgy-zstan	Tajiki-stan	Uzbeki-stan	China
Post-harvest Preservation and Processing	✓	✓	✓	✓	✓	✓	✓	✓
Low-temperature Preservation	✓	✓	✓	✓	✓	✓	✓	✓
Cold Chain Logistics	✓	✓	✓	✓	✓	✓	✓	✓

(11) Recovery of Agricultural Waste

This section mainly includes cornstalk macerator technique, biomass energy utilization technology, stalk-fired cogeneration technology, livestock manure composting technology, manure pollution and greenhouse gas coordinated control technology, straw molding technology, etc.

Table 13 Targeted Activities in Recovery of Agricultural Waste

	Russia	India	Paki-stan	Kazak-hstan	Kyrgy-zstan	Tajiki-stan	Uzbeki-stan	China
Cornstalk Macerator Technique	✓	✓	✓	✓	✓	✓	✓	×
Biomass Energy Utilization	✓	✓	✓	✓	✓	✓	✓	✓
Stalk-fired Cogeneration	✓	✓	✓	✓	✓	✓	✓	✓
Livestock Manure Composting	✓	✓	✓	✓	✓	✓	✓	✓
Manure Pollution and Greenhouse Gas Integrated Control	✓	✓	✓	✓	✓	✓	✓	✓
Straw Molding	✓	✓	✓	✓	✓	✓	✓	✓

(12) Cutting-Edge Technology

This section mainly includes agricultural artificial intelligence technology, agricultural Internet of Things technology, agricultural big data technology, agricultural robot technology, etc.

Table 14 Targeted Activities in Cutting-edge Technology

	Russia	India	Paki-stan	Kazak-hstan	Kyrgy-zstan	Tajiki-stan	Uzbeki-stan	China
Agricultural Artificial Intelligence	✓	✓	✓	✓	✓	✓	✓	✓
Agricultural Internet of Things	✓	✓	✓	✓	✓	✓	✓	✓
Agricultural Big Data	✓	✓	✓	✓	✓	✓	✓	✓
Agricultural Robot	✓	✓	✓	✓	✓	✓	✓	✓

3.3 Targeted Activities for Professional Farmers

Exchanges, training and demonstration programs for professional farmers will facilitate mechanized farming, decrease production costs, improve production efficiency, and promote the increase of size, the adoption of standards, and the brand establishing in agricultural production.

Currently, when most young and educated youth leave for cities and towns, the older and less educated agriculture laborers in each member country fail to meet the demand of modern agricultural development with outdated mentality, low cultural level and lack of innovativeness. The technological capacity and foundation of modern professional farmers play a key role in the future development of modern agriculture. It is urgent for all member states to build a modern professional farmer team with high quality, skill and management to boost the development of large-scale, standardized, hi-tech-based, ecological, leisurely and artistic agriculture in their countries.

China has rich experience in training modern professional farmers. Yangling Agricultural Hi-tech Industry Demonstration Zone has made remarkable results in scientific and technological training for farmers in arid areas over the past ten years, directly linking farmers to technology, farmers to enterprises (bases, parks), and farmers to experts. Hundreds of thousands of farmers have broadened their horizons and mastered new technologies through training. They have become "vanguards" in the development of modern agriculture and "local experts" in demonstrating and extending advanced agricultural technologies.

Technical training and exchanges held by China for professional farmers from other SCO member countries can improve their scientific and technological quality, professional and management capability, increase agricultural production efficiency and the added value of agricultural products; deepen their understanding of the new agricultural situation and new concepts for better operation and management capacity and enhance their legal awareness and social responsibility so as to better lead agricultural production in their countries.

To provide good services for professional farmers, the focus should be agricultural industry development, the agricultural production skills and agricultural operation and management capacities. By doing so, the farms will gain improvement in both technical and management level.

Participants of these activities can be livestock keepers, household farmers, backbones of professional cooperatives, leading agricultural enterprises, agricultural industrial workers, agricultural employees, rural information officers, agricultural product brokers, agricultural machinery operators, animal and plant epidemic prevention personnel, etc. This section will mainly include the use of small machinery technology, quality rice high-yield cultivation technology, quality wheat high-yield cultivation technology, high-yield cotton cultivation technology, agricultural products rough processing, prevention and control of crop diseases and pests, vegetable facility farming, soil testing and formula fertilization, new beef cattle breeding technology, new meat sheep breeding technology, broiler breeding technology, new technology of efficient breeding, agricultural production and management.

Table 15 Targeted Activities for Professional Farmers

	Russia	India	Paki-stan	Kazak-hstan	Kyrgy-zstan	Tajiki-stan	Uzbeki-stan	China
Use of Small Machinery	✓	✓	✓	✓	✓	✓	✓	×
Quality Rice High-yield Cultivation	×	✓	✓	✓	×	×	×	×
Quality Wheat High-yield Cultivation	✓	✓	✓	✓	✓	✓	✓	×
High-yield Cotton Cultivation	×	✓	✓	✓	✓	✓	✓	✓
Agricultural Products Rough Processing	✓	✓	✓	✓	✓	✓	✓	×
Prevention & Control of Crop Diseases and Pests	✓	✓	✓	✓	✓	✓	✓	×
Vegetable Facility Farming	✓	×	×	✓	✓	✓	✓	×
Grafting Technique	✓	✓	✓	✓	✓	✓	✓	×
Soil Testing & Formula Fertilization	✓	✓	✓	✓	✓	✓	✓	×
Beef Cattle Breeding	✓	✓	✓	✓	✓	✓	✓	×
Mutton Sheep Breeding	✓	✓	✓	✓	✓	✓	✓	×
Broiler Breeding	✓	✓	✓	✓	✓	✓	✓	×
New Technology of Efficient Breeding	✓	✓	✓	✓	✓	✓	✓	×
Agricultural Production and Management	✓	✓	✓	✓	✓	✓	✓	×
Agro-products Marketing Strategy	✓	✓	✓	✓	✓	✓	✓	×

4 Program Scheme for Agricultural Technology Exchange, Training and Demonstration

4.1 For Senior Agricultural Officials

The scheme is based on the seven items listed in Table 2 with the specific planning as follows:

(1) Venue: Yangling Agricultural Hi-tech Industry Demonstration Zone, Shaanxi Province; Beijing, China

(2) Mode: short-term training plus field trips

(3) Arrangement: 20-30 participants per session, 14-21 days per session, and one session per year

(4) Teaching Manner: face-to-face instruction by experts

(5) Lecturers: experts in related fields from Renmin University of China, China Agricultural University, Chinese Academy of Agricultural Sciences, Northwest A&F University, Peking University, Tsinghua University and recognized institutions from other SCO member states

(6) Achievement: graduation certificates

4.2 For Technical Personnel

The program could cover the 12 agricultural fields provided above, and the actual needs of member countries. Targeted programs in various fields shall be planned as follows:

(1) Venue: China (Yangling Agricultural Hi-tech Industry Demonstration Zone, Shaanxi province); Overseas (respective member state)

(2) Mode: Short-term training+field visits; long-term distance training; international student program; short-term training and exchanges and on-site guidance by Chinese experts sent to various countries.

(3) Arrangement:

Short-term training + field visits: 20-30 participants per session, 14-21 days per session and one session per year;

Long-term distance training: 3 months per session, 8 credit hours per month, 24 credit hours per session and 2 sessions per year;

International student program: international students from SCO member states to pursue degree in Chinese agricultural universities;

Short-term training and exchanges and on-site guidance by Chinese experts: 5 days per session, 1 session per country per year and 7 sessions for 7 member states in total.

(4) Teaching Manner: face-to-face and distance instruction by experts

(5) Lecturers: experts in related fields from renowned Chinese agricultural universities and other institutions;

(6) Achievement: graduation certificate

4.3 For Modern Professional Farmers

The program could cover the 15 agricultural fields shown in Table 13 and the actual needs of member countries. Targeted program in each field shall be planned as follows:

(1) Venue: Overseas (in respective member state)

(2) Mode: Short-term training and exchanges and on-site guidance by Chinese experts sent to various countries; long-term distance training; Videos of high-yield crop cultivation techniques and livestock breeding techniques (to be recorded by Chinese experts) for farmers in the target country

(3) Arrangement:

Short-term training and exchanges and training by Chinese experts sent to various countries: 2-day training + 3-days on-site guidance, 5 days per session and one session per country per year, 7 sessions for 7 countries in total;

Long-term distance training: remote teaching, 3 months per session, 8 credit hours per month, 24 credit hours per session and 2 sessions per year;

Videos of high-yield crop cultivation techniques and livestock breeding techniques: watching videos in different groups organized by associations.

(4) Teaching Manner: face-to-face and distance instruction by experts

(5) Lecturers: technicians in related fields from renowned Chinese agricultural universities, institutions, enterprises, technique extension services; and agricultural technicians from other SCO member states will be invited as lecturers.

(6) Achievement: graduation certificate

Part IV
Safeguard Measures for SCO Agricultural Technology Exchange, Training and Demonstration Program

1 Organisational level

At the 19th Meeting of the Council of Heads of State of the SCO, Chinese President Xi Jinping expressed that the SCO member states should make the organisation an example of solidarity and mutual trust, common security, mutually beneficial cooperation, inclusiveness and mutual learning. China as the initiator of the SCO is taking the lead in constructing the community with a shared future for the SCO. Further agricultural cooperation among SCO members will help build their respective economic strengths, overcome their own agricultural technology gap, improve the efficient use of agricultural resources, raise people's living standards and quality, and achieve common development and prosperity.

As a quality diplomatic resource, agricultural cooperation has become the priority and focus on the diplomatic agenda of state leaders. Agricultural exchanges and cooperation have become a major support to the Belt and Road Initiative as China has signed 101 agricultural cooperation agreements with 48 countries along the Silk Road. The 2018 SCO Summit established agricultural cooperation as an important part of cooperation among SCO member states.

Approved by the State Council, the Inter-ministerial Joint Conference on International Agricultural Cooperation mechanism has been set up, which is composed of 21 ministerial-level agencies with the Minister of Agriculture and Rural Affairs as the chief convener. It gathers all relevant stakeholders in agriculture and provides a strong organisational guarantee for China's international agricultural cooperation.

Suggestions on Promoting Agricultural Foreign Cooperation, Plans for International Agricultural Cooperation, Agreement Between the Governments of the member states on Cooperation in Agriculture, Vision and Actions for Jointly Promoting the Belt and Road Agricultural Cooperation, and other documents have been issued to guide the directions for SCO agricultural cooperation.

2 Funding Level

Funding serves as a material support for the advancement and implementation of SCO agricultural technology exchanges, training and demonstration program. The program budgeting can cover three major sections, ie. the budget for the agricultural senior officials, the agricultural professional and technical personnel, and the modern professional farmers. So far, no further details could be provided due to the fact that the project training scale and cost standards have not been determined yet.

Appendix 1

Questionnaire on Agricultural Development Conditions of SCO member states (Chinese Version)

贵国作为上合组织成员国、观察员国或者对话伙伴国之一，为了更好促进两国农业科技交流与合作，上合组织智库项目组打算在上合组织成员国、观察员国以及对话伙伴国之间对农业技术交流、培训与示范的需求内容进行一项问卷调研。因此，恳请您在百忙之中，帮助我们完成如下问题，对 您给予的无私帮助在此表示由衷的感谢。

1. 请选择您的国籍（请在合适选项下画✓）

俄罗斯（ ）印度（ ）巴基斯坦（ ）塔吉克斯坦（ ）

吉尔吉斯斯坦（ ）哈萨克斯坦（ ）乌兹别克斯坦（ ）

蒙古（ ）伊朗（ ）阿富汗（ ）白俄罗斯（ ）阿塞拜疆（ ）

亚美尼亚（ ）柬埔寨（ ）尼泊尔（ ）土耳其（ ）斯里兰卡（ ）

2. 请选择您的职业（请在合适选项下画✓）

A. 学生（ ）　　　　　　　　B. 科研人员（ ）

C. 政府官员（ ）　　　　　　D. 企业职员（ ）

E. 农民（ ）　　　　　　　　F. 其他（ ）

3. 您认为贵国农业发展水平如何？（请在合适选项下画✓）

A. 发达（ ）　　　　　　　　B. 不发达（ ）

4. 您认为贵国在哪些农业技术方面比较先进（多选题，请在合适选项下画✓）

A. 作物育种技术（ ）　　　　B. 动物育种技术（ ）

C. 土壤改良保育技术（ ）　　D. 节肥技术（ ）

E. 节水技术（　）

F. 节药技术（　）

G. 动物饲养营养技术（　）

H. 动物疫病防控技术（　）

I. 园艺设施与农机设备（　）

J. 农产品深加工技术（　）

K. 农业废弃物资源化利用（　）

L. 土地荒漠化治理技术（　）

M. 农业生物技术（　）

N. 农业信息技术（　）

5, 您认为影响贵国农业科技创新的因素有哪些（多项选择，请在合适选项下画√）

A. 农业科技投入不足（　）

B. 农业技术创新设备落后（　）

C. 农业创新人才流失严重（　）

D. 科研激励机制不健全（　）

E. 农业科技人员科技创新能力不足（　）

F. 应用基础理论研究能力不足（　）

6. 您认为贵国和中国在哪些农业问题上应当共同面对和解决？（多项选择，请在合适选项下画√）

A. 跨境动物疫病联防联控（　）

B. 土地退化和荒漠化（　）

C. 水资源短缺（　）

D. 应对气候变化（　）

E. 农产品质量安全体系与国际不接轨（　）

F. 农产品贸易便利化水平低（　）

G. 降低贫困人口（　）

7. 您认为影响贵国粮食产量的因素有哪些？（多项选择，请在合适选项下画√）

A. 灌溉设施缺乏（　）

B. 水资源缺乏（　）

C. 土壤肥力差（　）

D. 自然灾害（　）

E. 栽培技术落后（　）

F. 缺乏良种（　）

G. 农民文化素质低（　）

H. 肥料和农药缺乏（　）

I. 缺乏农机具（　）

J. 机械化程度低（　）

K. 收获、储藏与加工技术落后（　）

8. 您认为影响本国畜牧业发展的因素有哪些？（多项选择，请在合适选项下画√）

A. 养殖成本高（ ）   B. 缺乏良种（ ）

C. 缺乏饲料（ ）   D. 养殖技术落后（ ）

E. 缺乏疫病防治措施（ ）   F. 养殖户文化素质低（ ）

9. 您认为贵国与中国在哪些农业技术方面可以进行合作与交流？（多项选择，请在合适选项下画√）

A. 作物育种技术（ ）   B. 动物育种技术（ ）

C. 土壤改良保育技术（ ）   D. 节肥技术（ ）

E. 节水技术（ ）   F. 节药技术（ ）

G. 动物饲养营养技术（ ）   H. 动物疫病防控技术（ ）

I. 园艺设施与农机设备（ ）   J. 农业废弃物资源化利用（ ）

K. 土地荒漠化治理技术（ ）   L. 农产品深加工技术（ ）

M. 农业生物技术（ ）   N. 农业信息技术（ ）

Appendix 2

Questionnaire on Agricultural Development Conditions of SCO member states (English Version)

Shanghai Cooperation Organisation (SCO) Think Tank Project Team plans to conduct a questionnaire survey on the demands for the agricultural technology exchange, training and demonstration program among the SCO member countries, observer countries and dialogue partners in order to promote their exchange and cooperation of agricultural science and technology well with China. You are cordially invited to complete the following questions. Your support and cooperation are highly appreciated.

1. Please tick your nationality.

Russia (   ); India (   ); Pakistan (   ); Tajikistan (   ); Kyrgyzstan (   );
 Kazakhstan (   ); Uzbekistan (   ); Mongolia (   ); Iran (   )
Afghanistan (   ); Belarus (   ); Azerbaijan (   ); Armenia (   );
 Cambodia (   ) ; Nepal (   ) ; Turkey (   ); Sri Lanka (   )

2. Please tick your occupation.

A. Student (   )

B. Researcher (   )

C. Government official (   )

D. Enterprise staff (   )

E. Farmers (   )

E. Others (   )

3. How do you assess the level of agricultural development in your country?

A. Developed ( )

B. Undeveloped ( )

4. What agricultural technologies are relatively advanced in your country (multiple options)?

A. Crop breeding technology ( )

B. Animal breeding technology ( )

C. Soil improvement and conservation ( )

D. Fertilizer saving technology ( )

E. Water saving technology ( )

F. Pesticide saving technology ( )

G. Animal feeding and nutrition technology ( )

H. Prevention and Control of animal diseases ( )

I. Agricultural machinery and equipment ( )

J. Deep processing of agricultural products ( )

K. Utilization of agricultural wastes ( )

L. Land desertification control ( )

M. Agricultural biotechnology ( )

N. Agricultural information technology ( )

5. What are the obstacles to agricultural science and technology innovation in your country? (multiple options)

A. Insufficient input in agricultural science and technology ( )

B. Backward instruments and equipment for technology innovation ( )

C. Agricultural brain drain ( )

D. Imperfect incentive mechanism for scientific research ( )

E. Insufficient innovation ability of agricultural scientific and technological personnel ( )

F. Insufficient capacity for basic and theory research ( )

6. What agricultural challenges do you think your country and China should face and solve together? (multiple options)

A. Joint prevention and control of cross-border animal diseases (　)

B. Land degradation and desertification (　)

C. Shortage of water resources (　)

D. Combating climate change (　)

E. Mismatch of the agricultural products quality and safety system with the international standards (　)

F. Low level of trade facilitation for agricultural products (　)

G. Poverty reduction (　)

7. What affect the grain output in your country? (multiple options)

A. Lack of irrigation facilities (　)

B. Shortage of water resources (　)

C. Low soil fertility (　)

D. Natural disasters (　)

E. Backward cultivation technique (　)

F. Lack of fine varieties (　)

G. Low education level of farmers (　)

H. Lack of fertilizers and pesticides (　)

I. Lack of agricultural machinery and tools (　)

J. Low level of mechanization (　)

K. Backward harvesting, storage and deep processing technology (　)

8. What affect the development of animal husbandry in your country? (multiple options)

A. High farming costs (　)

B. Lack of fine breeds (　)

C. Insufficient feed resources(　)

D. Backward feeding technology(　)

E. Lack of prevention and control measures for animal diseases (　)

F. Low education level of farmers ( )

9. What could be the areas for agricultural technology cooperation and exchanges between your country and China in the future? (multiple options)

A. Crop breeding technology ( )

B. Animal breeding technology ( )

C. Soil improvement and conservation technology ( )

D. Fertilizer saving technology ( )

E. Water saving technology ( )

F. Pesticide saving technology ( )

G. Animal feeding and nutrition technology( )

H. Prevention and Control Technology of animal diseases ( )

I. Agricultural machinery and equipment ( )

J. Utilization of agricultural wastes ( )

K. Land desertification control technology ( )

L. Deep processing technology of agricultural products ( )

M. Agricultural biotechnology ( )

N. Agricultural information technology ( )

Bibliography

1. Gao Yun, Liu Zuxin, Jiao Jian, Zhao Yuelong, Li Shujun. "An analysis of agricultural cooperation between China and Pakistan" [J]. *World Agriculture*. *2015 (8)*: 26-31.

2. Liu Yizhuo, Deng Miaochang. "Analysis over agricultural production, trade and tariff policy in India" [J]. *World Agriculture*. *2015 (2)*: 78-80.

3. Li Jinfeng. "Review and evaluation of the development of the Shanghai Cooperation Organisation in 15 years" [J]. *Russian Journal*. *2017, 7 (42)*; 47-54.

4. Zhang Wenli, Zhai Xueling. "Restrictions and trend of Sino-Indian agricultural cooperation" [J]. *International Economic Cooperation*. *2017 (10)*: 40-44.

5. He Jingjing, Wu Miao, Hao Yun, Zhang Xiaoyun, Wang Lixian. "Agricultural economic reform policies and effects of Uzbekistan" [J]. *Agricultural Outlook*. *2017 (11)*: 35-38.

6. Zuo Ximei, Guo Hui, Xun Zhijian. "Analysis of the impact of trade facilitation on the trade between China and SCO member states" [J]. *New Finance*. *2018 (1)*:58-63.

7. Hu Yuanhong, Li Xin. "Analysis of the economic cooperation among SCO member states in the new situation" [J]. *Overseas Investment and Export Credit*. *2018 (3)*: 3-6.

8. Sun Zhuangzhi. "The political construction of the Shanghai Cooperation Organisation under the new situation" [J]. *World Knowledge*. *2018 (11)*: 20-22.

9. Zhou Zhenyong, Li Hongbo, Zhang Yang, etc. "Scale, structure and characteristics of animal husbandry in Kyrgyzstan" [J]. *Grassivore*. *2018 (5)*: 48-59.

10. Zhang Pei. "SCO: the strategic pivot of 'Belt & Road' Initiative" [J]. *Corps Party School Journal*. *2018 (6)*: 65-67.

11. Jin Yingji "SCO: a new model of regional cooperation for building a community with a shared future" [J]. *China Development Observer*. *2018 (12)*: 10-16.

12. Wu Yuan, Lei Yang. "Status and prospects of agricultural development in Pakistan" [J]. *World Agriculture*. *2018 (1)*: 166-174.

13. Sun Yuanhua, Peng Wenjun. "Evaluation on the development of SCO International Logistics Park in "Belt & Road" Initiative [J]. *Logistics Technology*. *2019, 38 (5)*: 35-38.

14. Zheng Guofu. "Opportunities and challenges for agricultural trade cooperation between China and SCO members in the 'Belt & Road' initiative" [J]. *Agricultural Economics*. *2019 (6)*: 132-134.

15. Guo Yan. "SCO Demonstration Zone with full vitality" [J]. *China Foreign Trade, 2019* (6): 26-27.

16. Zheng Guofu. "Temporal and spatial characteristics, competition and cooperation relations and prospects of Agricultural products trade cooperation between China and SCO members" [J]. *Regional and Global Development*. *2019 (5)*: 115-132&159.

17. Zou Xin. "SCO development difficulties in the new era and China's countermeasures" [J]. *Journal of the Party School of CPC Jinan Municipal Committee*. *2019 (1)*: 34-37.

18. Qin Peng, Peng Kun. "Comments on SCO Treaty System[J]. *Journal of Xinjiang University (Social Sciences Edition)*.*2019, 47 (4)*: 28-34.

19. Zeng xianghong "Theoretical innovation of SCO research: assessment and prospects" [J]. *Studies in Russia, Eastern Europe and Central Asia*. *2019 (1)*: 31-49&155.

20. Qin Peng, Xu Huijun. "Organisational legal system of the Shanghai Cooperation Organisation" [J]. *Journal of the Party School of Guizhou Province*. *2019 (3)*; 102-109.

21. Qiang Guoling. "Impact of SCO organization and the institutional environment on trade between China and the five Central Asian countries: An Empirical Analysis Based on Gravity Model" [J]. *Finance Theory and Teaching*. *2019 (2)*: 61-64.

Afterword

We would like to express our heartfelt appreciation to the Administrative Committee of Yangling Agricultural Hi-tech Industry Demonstration Zonefor its trust in the China Science Center of International Eurasian Academy of Sciences (CSC IEAS), the SCO Institute of Modern Agricultural Development of Northwest A&F University, and the contributors of this report. We also express sincere thanks to Li Jiuhong, former Deputy Director of the Administrative Committee of Yangling Agricultural Hi-tech Industry Demonstration Zone; Cheng Jinqing, Deputy Director of the Administrative Committee; Ming Tao, Director of the International Cooperation Bureau of the Committee, Hao Siyuan, Director of the Science and Technology Bureau of the Committee, and Ma Jing, Director of the Foreign Affairs office and Executive Deputy Director of the office of SCO Agricultural Base, for their great support in the writing and publication of this report.

This report has received financial support from the Administrative Committee of Yangling Agricultural Hi-tech Industry Demonstration Zone and partial financial support from the Ministry of Science and Technology of China. The report has also been included into the phased results of the National Social Science Fund Project "Study on Priorities and Difficulties in Open Cooperation of Science and Technology in the Implementation of Belt and Road Initiative" (Project No.: 18BGJ075).

It takes nearly two years for us to finish this report, from planning, preparation, compilation and revision to publication. We have received strong support from the Overseas Agriculture Research Center of Chinese Academy of Agricultural Sciences (CAAS), Agricultural Information Institute of CAAS, Northwest A&F University, the China Science Center of International Eurasian Academy of Sciences, and the Administrative Committee of Yangling Agricultural Hi-tech Industry Demonstration Zone in Shaanxi Province. It is a result of hard work by our excellent research team and has been reviewed for several rounds and finalized by specialists and experts in relevant areas. We also gained support from some other organizations, including the SCO Institute of Modern Agricultural Development and the Think Tank of Research on Silk Road Science and Technology Innovation in Guangdong-Hong Kong-Macao Greater Bay Area.

We would like to express our gratitude to all the organizations that have shown their strong support and all the contributors and members of the editorial board for their hard work.

We also extend our deep appreciation to Mr. Vladimir Norov, Secretary-General of the SCO and the former Foreign Minister of Uzbekistan. After reading this report, he was pleased to write the foreword to the report, which has greatly encouraged all our contributors and editors.

Expert Recommendation

This report focuses on global issues such as crop production and food safety and analyzes the trend of agricultural science and technology innovation in SCO member states. It plays a vital role for SCO member states to enhance their economic and social development and seek better solutions to agricultural problems.

—Wu Pute, President of Northwest A&F University

This report expounds on SCO Member States' needs for training and demonstration of agricultural science and technology innovation in an all-round way, which is of great significance for promoting the SCO Member States' scientific and technological innovation and agricultural development, and realizing the sharing of agricultural technology resources.

—Cheng Jinqing, Deputy Director of Administrative Committee of Yangling Agricultural Hi-tech Industry Demonstration Zone

This excellent report provides data support for strengthening agricultural technology training and exchanges among the SCO member states.

—Professor M. Ashraf from the University of Agriculture, Faisalabad. He is an Academician of the Pakistan Academy of Sciences, an Academician of the Third World Academy of Sciences (TWAS), a Professor with National Outstanding Achievement, and a Highly Cited Scholar

Expert Recommendation

This report will help each member state continue to improve its agricultural technology innovation capabilities based on the recommendations in the report, facilitating the common economic and social development of each member country.

—Alim Platov, Executive Secretary of Central Asia and South Caucasus Consortium of Agricultural Universities for Development (CASCADE)

This report has made a very important contribution to the member states of the SCO. It helps to strengthen cooperation in the agricultural field to promote common development.

—Aigul Kazambyeva, Head of the Research Department of the West Kazakhstan Agrarian and Technical University named after Zhangir Khan

As Russian Federation is located in a polar region, animal husbandry and agriculture are fields of great importance. The report provides us with important references and information and also raises very important questions: what is the direction of our future work and research, and especially what should be done to enhance agricultural science and technology innovation.

—Konstantin Nifontov, Director of the Scientific Research Department of the Yakut State Agricultural Academy, Russia